高校实验室常用危化品安全信息手册

郭玉鹏　屈学俭　李政　主编

U0331746

化学工业出版社

·北京·

《高校实验室常用危化品安全信息手册》精选高等学校化学等专业教学工作中常用的 159 种危险化学品，详细介绍了化学品的中英文名称、CAS 编号、分子式等基本信息，GHS 标签象形图、GHS 危险性分类，基本理化特性，个人防护，试剂的使用与安全存储，急救措施，消防措施，泄漏应急处置及废弃处置等信息。

《高校实验室常用危化品安全信息手册》主要作为高等学校涉及化学品的实验室中的必备工具书，也是学生、教师危险化学品使用安全教育用书，受众对象针对性强；在使用与存储栏目，除根据相关数据库信息以外，结合编者在长期试剂使用过程中积累的经验，增加试剂配制方法，指导作用更明显，这是其他书籍上很少见的。另外，本书配备二维码，读者扫码可获得更加详细的内容和生动的图片、视频等信息，指导和警示作用更加显著。

本书可作为化学、化工、材料、环境科学、生命科学、农业等专业学生安全教育用书，也可供科研院所、企业等进入实验室人员参考。

图书在版编目（CIP）数据

高校实验室常用危化品安全信息手册/郭玉鹏，屈学俭，李政主编. —北京：化学工业出版社，2020.2（2023.10重印）
ISBN 978-7-122-35994-0

Ⅰ.①高… Ⅱ.①郭… ②屈… ③李… Ⅲ.①高等学校-实验室管理-危险物品管理-安全管理-手册 Ⅳ.①G642.423-62

中国版本图书馆 CIP 数据核字（2020）第 008594 号

责任编辑：李 琰 宋林青 装帧设计：关 飞
责任校对：王素芹

出版发行：化学工业出版社（北京市东城区青年湖南街 13 号 邮政编码 100011）
印 装：三河市延风印装有限公司
787mm×1092mm 1/16 印张 21¾ 字数 545 千字 2023 年 10 月北京第 1 版第 5 次印刷

购书咨询：010-64518888 售后服务：010-64518899
网 址：http://www.cip.com.cn
凡购买本书，如有缺损质量问题，本社销售中心负责调换。

定 价：68.00 元

编写人员名单

主　　编　郭玉鹏　屈学俭　李　政

副 主 编　童程霞　成荣敏　郑松志　王　羽　张　贺

编写人员（按姓氏汉语拼音排序）

　　　　　成荣敏　范　勇　郭玉鹏　雷　殷　李　政　刘庆文

　　　　　马　强　屈学俭　宋志光　童程霞　王　羽　王兴华

　　　　　魏士刚　许文辉　张　贺　郑松志　朱万春

前　言

高等学校化学、化工类专业，以及其他如环境、材料、医学等专业在日常实验课程教学和科学研究中，经常会使用大量的化学试剂。具有毒害、腐蚀、爆炸、燃烧助燃等性质，对人体、设施、环境具有危害的化学试剂被称为危险化学品。教师、学生及其他人员在使用危险化学品的过程中，如果对危险化学品的理化特性、使用与储存、个体防护、废弃处置、消防和急救措施等缺乏认知，在使用时极易产生安全隐患或发生安全事故。尤其是在出现危险状况时，如果没有采取有效的措施，可能威胁到师生的生命财产安全，同时还可能对实验设施和环境造成一定的破坏。因此，必须熟知危险化学品的理化性质、使用和处理方法以及安全防护等。然而，对于危险化学品的使用者来说，很难在短时间之内对上述内容进行充分的学习和掌握。

基于上述背景，编者根据吉林大学化学国家级实验示范中心的教师和技术人员在长期的对危险化学品的管理和使用过程中积累的经验，在查阅最新国内外资料并参考相关的书籍、资料的基础上，结合国内高校化学实验室危险化学品使用的现状编写了本书。本手册精选高等学校化学类实验室常用的 159 种危险化学品，科学、简洁地介绍了危险化学品的中英文名称、CAS 编号、分子式等基本信息，GHS 危险性分类、GHS 标签象形图，基本理化特性，个人防护，试剂的使用与存储，急救措施，消防措施，泄漏应急处理及废弃处置等信息。同时，本手册还包括常用试剂的配制方法等实操信息，既丰富了手册的内容，也方便了使用者参考。

本手册在编写过程中，力求做到内容针对性强、实用性强和查阅方便，以给危险化学品使用者提供一本特色鲜明的工具书。它不仅对教师的实验教学、技术人员对危险化学品的管理以及学生在实验中的使用产生积极的促进作用，还对其他相关人员在科学研究和工业生产当中，加强危险化学品的安全管理，预防和减少危险化学品安全事故，保障人民群众的生命财产安全，保护环境，同样具有很强的指导作用。另外，本书配备二维码，读者扫码登录后，会通过化学工业出版社相关网站获得更加详细的内容、图片和视频等信息，指导和危险警示作用更加显著。

《高校实验室常用危化品安全信息手册》由吉林大学化学国家级实验示范中心的教师编写，由郭玉鹏、屈学俭和李政担任主编。郭玉鹏负责策划和统稿，屈学俭、李政和魏士刚负责全书的审定。童程霞负责收集无机类试剂 55 种，郑松志负责收集有机类试剂 30 种，许文辉负责收集有机类试剂及气体 38 种，成荣敏负责收集有机类相关试剂 36 种。在编写过程中，得到了吉林大学化学学院、实验室与设备管理处和教务处等职能部门领导的大力支持，他们为本手册的编写提供了诸多合理化建议，在此一并表示诚挚的谢意！

由于编者的水平和能力有限，在编写过程中难免存在不足和疏漏之处，衷心恳请专家和读者不吝赐教，以便及时改正。

吉林大学《高校实验室常用危化品安全信息手册》编写组

2019 年 12 月

目 录

危险化学品简介

Ⅰ 危险化学品的概念

国家《危险化学品安全管理条例》（2013 年修正本，中华人民共和国国务院令第 645 号）第一章第三条对危险化学品的定义：是指具有毒害、腐蚀、爆炸、燃烧、助燃等性质，对人体、设施、环境具有危害的剧毒化学品和其他化学品。

《危险化学品目录》由国务院安全生产监督管理部门会同国务院工业和信息化、公安、环境保护、卫生、质量监督检验检疫、交通运输、铁路、民用航空、农业主管部门，根据化学品危险特性的鉴别和分类标准确定、公布，并适时调整。

Ⅱ 基本分类

按照我国《危险化学品目录》，将危险化学品分为物理危险（16 类）、健康危害（10 类）和环境危害（2 类）共 28 类。

1. 物理危险

爆炸物：不稳定爆炸物，1.1、1.2、1.3、1.4、1.5、1.6。

易燃气体：类别 1、类别 2、化学不稳定性气体类别 A、化学不稳定性气体类别 B。

气溶胶（又称气雾剂）：类别 1、类别 2、类别 3。

氧化性气体：类别 1。

加压气体：压缩气体、液化气体、冷冻液化气体、溶解气体。

易燃液体：类别 1、类别 2、类别 3、类别 4。

易燃固体：类别 1、类别 2。

自反应物质和混合物：A 型、B 型、C 型、D 型、E 型。

自燃液体：类别 1。

自燃固体：类别 1。

自热物质和混合物：类别 1、类别 2。

遇水放出易燃气体的物质和混合物：类别 1、类别 2、类别 3。

氧化性液体：类别 1、类别 2、类别 3。

氧化性固体：类别 1、类别 2、类别 3。

有机过氧化物：A 型、B 型、C 型、D 型、E 型、F 型、G 型。

金属腐蚀物：类别 1。

2. 健康危害

急性毒性：类别1、类别2、类别3、类别4、类别5。

皮肤腐蚀/刺激：类别1A、类别1B、类别1C、类别2、类别3。

严重眼损伤/眼刺激：类别1、类别2A、类别2B。

呼吸道或皮肤致敏：呼吸道致敏物1A、呼吸道致敏物1B、皮肤致敏物1A、皮肤致敏物1B。

生殖细胞致突变性：类别1A、类别1B、类别2。

致癌性：类别1A、类别1B、类别2。

生殖毒性：类别1A、类别1B、类别2、附加类别。

特异性靶器官毒性-一次接触：类别1、类别2、类别3。

特异性靶器官毒性-反复接触：类别1、类别2。

吸入危害：类别1、类别2。

3. 环境危害

危害水生环境-急性危害：类别1、类别2、类别3；危害水生环境-长期危害：（一）不能快速降解物质，已掌握充分的慢性毒性资料，类别1、类别2；（二）可快速降解的物质，已掌握充分的慢性毒性资料，类别1、类别2、类别3。

对臭氧层的危害：类别1。

更详细分类及解释参见附录。

Ⅲ 危险化学品的标志

按照国家《化学品分类和危险性公示通则》的规定，化学品的危害性包括三大类，分别为理化危险、健康危险和环境危险。危险性公示一般用标签象形图来描述，来标志化学品的危险特性。象形图是一种图形构成，它包括一个符号加上其他图形要素，如边界、背景图样或颜色，意在传达具体的信息。详细信息参考国家标准。

下列符号是GHS中应当使用的标准符号。除了将其用于某些健康危险的新符号，即感叹号及环境之外，都是规章范本使用的标准符号集的组成部分，见下图。

火焰	圆圈上方火焰	爆炸弹
腐蚀	高压气瓶	骷髅和交叉骨
感叹号	环境	健康危害

使用说明

本手册所收集的危化品均来自《危险化学品目录》2018 版、《易制毒化学品的分类和品种目录》2017 版及《易制爆危险化学品名录》2017 版，且为高校化学教学及科研实验室常用化学品。

Ⅰ 编写说明

根据高校化学实验室危险化学品使用的特点，结合《化学品安全技术说明书内容和项目顺序》（GB 16483—2008）中的规定，对危险化学品的相关信息进行了有针对性的精简，这样的改变更方便高校师生及科研人员的使用和查阅。

本手册中对危险化学品信息收集主要包括九部分。

1. 基本信息

包括化学品中文名称、中文名称别名、化学品英文名称、CAS No.、UN No.、分子式、分子量。

2. 危险性概述

包括 GHS 危险性分类、GHS 标签象形图、是否为易制毒或易制爆试剂、燃烧及爆炸、危险反应及分解产物、禁配物、健康危害、环境危害。

3. 理化特性

包括外观与性状、熔点/（凝固点）、沸点、闪点、爆炸上限、爆炸下限、自燃温度、溶解性。

4. 个人防护

包括皮肤和身体、眼睛、呼吸及设施配备。

5. 使用与储存

包括使用注意事项、配制方法、储存注意事项。

6. 急救措施

包括皮肤接触、眼睛接触、吸入、食入的急救及对施救者的忠告。

7. 消防措施

包括灭火剂、灭火注意事项及防护、是否可用水灭火。

8. 泄漏应急处理

包括防护措施和装备、处置材料和方法、环保措施。

9. 废弃处置

包括处置方法、污染包装物、废弃注意事项。

Ⅱ 其他说明

1.部分名词解释。

CAS No.：美国化学文摘社对化学品的唯一登记号。

UN No.：联合国危险货物编号。

GHS 分类：根据物质或混合物的物理、健康、环境危害特性，按《全球化学品统一分类和标签制度》（GHS）的分类标准，对物质的危害性进行的分类。参见危险化学品简介章节及附录。

GHS 标签象形图：由符号及其他图形要素，如边框、背景图案和颜色组成，表述特定信息的图形组合。参见危险化学品简介章节。

禁配物：化学品在其化学性质上相抵触的物质。

闪点：在指定的条件下，试样被加热到它的蒸气与空气混合气接触发生火焰时，即能产生闪燃的最低温度，一般注明开杯（OC）或闭杯（CC）值。

爆炸上下限：可燃气等与空气混合，形成可燃性混合气，遇火源即能发生燃烧爆炸的最高浓度，称为爆炸上限。可燃气等与空气混合，形成可燃性混合气，遇火源即能发生燃烧爆炸的最低浓度，称为爆炸下限。气体和液体的单位用（体积分数/％）表示（可燃性物质在混合物中所占体积），粉尘用（$mg \cdot m^{-3}$ 或 $g \cdot m^{-3}$）表示（可燃性物质在混合物中所占体积的质量比）。

2.关于危险化学品储存的说明。由于危险化学品储存条件多样复杂，本手册只列出了最基本的储存条件，对温湿度条件没有做特殊描述，可参见附录。

3.关于试剂配制的说明。试剂配制的方法和常用浓度主要参考高校化学专业实验教材和相关参考书。

4.关于急救措施的说明。根据国家标准 GB 17916—2013 中的描述，对于危险化学品皮肤接触、眼睛接触急救措施中，用清水或低浓度生理盐水冲洗的时间，如果不特别说明，一般冲洗时间保持 10～15min。

5.关于消防措施的说明。易燃易爆性危化品的消防方法国标有严格的规定，本手册中提及的灭火剂一般只针对在化学实验室中使用。参见附录。

6.计量单位的使用

本手册均使用法定计量单位

℃	摄氏度
$g \cdot m^{-3}$	克/立方米
％	体积分数
g	克
mL	毫升
L	升
$mol \cdot L^{-1}$	摩尔/升

1,2-二氯乙烷

一、基本信息

化学品中文名称	1,2-二氯乙烷	中文名称别名	二氯乙烷（对称）
化学品英文名称	1,2-dichloroethane；sym-dichloroethane		
CAS No.	107-06-2	UN No.	1184
分子式	$C_2H_4Cl_2$	分子量	98.96

二、危险性概述

GHS 危险性分类	易燃液体，类别 2；急性毒性-经口，类别 4；严重眼损伤/眼刺激，类别 2；特异性靶器官毒性——次接触，类别 3（呼吸道刺激）；危害水生环境-急性危害，类别 3；危害水生环境-长期危害，类别 3
GHS 标签象形图	易燃物　刺激性
是否易制毒/易制爆	否
燃烧及爆炸	高度易燃，其蒸气能与空气形成爆炸性混合物
危险反应及分解产物	遇高热、明火、强氧化剂有引起燃烧爆炸的危险。分解产物：氯化氢
禁配物	强氧化剂、酸类、碱类
健康危害	具麻醉作用。吸入对皮肤、黏膜和呼吸道有刺激作用。可致肝、肾损害
环境危害	危害水生生物且毒害影响长期持续

三、理化特性

外观与性状	无色或浅黄色透明液体，有类似氯仿的气味		
熔点（凝固点）/℃	−35.7	爆炸上限（体积分数）/%	16.0
沸点/℃	83.5	爆炸下限（体积分数）/%	6.2
闪点/℃	13（CC）	自燃温度/℃	413
溶解性	微溶于水，可混溶于乙醇、乙醚、氯仿和多数普通溶剂		

四、个人防护

皮肤和身体	穿防静电工作服，戴橡胶耐油手套　必须穿工作服　必须戴防护手套
眼睛	戴化学安全防护眼镜　必须戴防护眼镜

呼吸	空气中浓度超标时，建议佩戴过滤式防毒面具（半面罩）。紧急事态抢救或撤离时，佩戴空气呼吸器 必须戴防毒面具
设施配备	提供安全的淋浴和洗眼设备

五、使用与储存

使用注意事项	密闭操作，局部排风。远离火源、易燃物、可燃物。使用防爆型通风系统和设备。防止蒸气泄漏。避免与氧化剂、酸类、碱类接触
配制方法	可直接使用
储存注意事项	1.储存于阴凉、通风的专用库房。远离火种、热源。 2.保持容器密封。应与氧化剂、酸类、碱类、食用化学品等分开存放，切忌混储。 3.采用防爆型照明、通风设施。禁止使用易产生火花的机械设备和工具

六、急救措施

皮肤接触	立即脱去污染衣物，用大量流动清水彻底冲洗。就医
眼睛接触	立即分开眼睑，用流动清水或生理盐水彻底冲洗。就医
吸入	迅速脱离现场至空气新鲜处，保持呼吸道通畅。就医
食入	漱口、饮水。就医
对施救者的忠告	根据需要使用个人防护设备

七、消防措施

灭火剂	一般用泡沫灭火器、干粉灭火器、二氧化碳灭火器或砂土灭火。实验室少量药品起火直接用灭火毯或砂土闷熄
灭火注意事项及防护	消防人员须佩戴空气呼吸器，穿全身防火防毒服，在上风向灭火
是否可用水灭火	否

八、泄漏应急处理

防护措施和装备	建议应急处理人员戴正压自给式呼吸器，穿防静电服，戴橡胶手套。确保安全的情况下，尽可能阻断泄漏源
处置材料和方法	用砂土或不燃材料吸收，使用无静电工具收集，置于容器中
环保措施	防止泄漏物进入水体或下水道

九、废弃处置

处置方法	建议用焚烧法处置。焚烧炉排出的气体通过洗涤器除去
污染包装物	将容器返还生产商或交给有资质的专业处理公司处置
废弃注意事项	把空容器归还厂商

2,4-二硝基苯肼

一、基本信息

化学品中文名称	2,4-二硝基苯肼	中文名称别名	2,4-二硝基酚联胺；二硝基苯肼
化学品英文名称	2,4-dinitrophenylhydrazine		
CAS No.	119-26-6	UN No.	1325
分子式	$C_6H_6N_4O_4$	分子量	198.14

二、危险性概述

GHS危险性分类	易燃固体，类别1；急性毒性-经口，类别4
GHS标签象形图	易燃物　刺激性
是否易制毒/易制爆	否
燃烧及爆炸	遇明火极易燃烧爆炸。干燥时经震动、撞击会引起爆炸
危险反应及分解产物	与强氧化剂混合有发生爆炸的危险。分解产物：氮氧化物
禁配物	强氧化剂
健康危害	对眼和皮肤有刺激性。对皮肤有致敏性。本品吸收进入体内，可引起高铁血红蛋白血症，出现紫绀
环境危害	可能危害环境

三、理化特性

外观与性状	红色结晶性粉末		
熔点（凝固点）/℃	196～200	爆炸上限（体积分数）/%	无
沸点/℃	无资料	爆炸下限（体积分数）/%	无
闪点/℃	无	自燃温度/℃	无
溶解性	微溶于水、乙醇，溶于酸		

四、个人防护

皮肤和身体	穿防毒物渗透工作服，戴防毒物渗透手套　必须穿工作服　必须戴防护手套
眼睛	戴化学安全防护眼镜　必须戴防护眼镜
呼吸	可能接触其粉尘时，必须佩戴过滤式防尘呼吸器
设施配备	提供安全淋浴和洗眼设备

五、使用与储存

使用注意事项	密闭操作，局部排风。远离火源、易燃物、可燃物。使用防爆型通风系统和设备。避免产生粉尘。避免与氧化剂接触。禁止震动、撞击和摩擦
配制方法	醛、酮定量试剂的配制： 1. 0.5g 0.5g·L^{-1} 的 2,4-二硝基苯肼在搅拌下溶解于 100mL 2mol·L^{-1} HCl 中，冷却回流后过滤。 2. 在 50mL 酒精中，加入 3.0g 2,4-二硝基苯肼，边搅拌边缓慢加入 10.0mL 硫酸，完全溶解后，加入 40mL 酒精，搅拌均匀，过滤
储存注意事项	1. 为安全起见，储存时常以不少于 25% 的水润湿、钝化。储存于阴凉、通风的专用库房。远离火种、热源。 2. 保持容器密封，避光保存。应与氧化剂分开存放，切忌混储。 3. 采用防爆型照明、通风设施。禁止使用易产生火花的机械设备和工具

六、急救措施

皮肤接触	立即脱去污染衣物，用大量流动清水彻底冲洗。就医
眼睛接触	立即分开眼睑，用流动清水或生理盐水彻底冲洗。就医
吸入	迅速脱离现场至空气新鲜处，保持呼吸道通畅。就医
食入	用水漱口，禁止催吐。就医。
对施救者的忠告	根据需要使用个人防护设备

七、消防措施

灭火剂	一般用干粉灭火器、二氧化碳灭火器、泡沫灭火器灭火。实验室少量药品起火直接用灭火毯闷熄
灭火注意事项及防护	消防人员必须佩戴防毒面具、穿全身消防服，在安全距离以外的上风向灭火。禁止用砂土压盖
是否可用水灭火	否

八、泄漏应急处理

防护措施和装备	建议应急处理人员戴防尘口罩，穿防毒、防静电服，戴防毒物渗透手套。确保安全的情况下，尽可能阻断泄漏源
处置材料和方法	用洁净的工具收集泄漏物，置于容器中
环保措施	防止泄漏物进入水体或下水道

九、废弃处置

处置方法	建议用焚烧法处置，焚烧炉排出的氮氧化物通过洗涤器除去
污染包装物	将容器返还生产商或交给有资质的专业处理公司处置
废弃注意事项	处置前参照国家和地方有关法律法规

2,6-二甲基苯胺

一、基本信息

化学品中文名称	2,6-二甲基苯胺	中文名称别名	1-氨基-2,6-二甲基苯
化学品英文名称	2,6-dimethylaniline；1-amino-2,6-dimethylbenzene		
CAS No.	87-62-7	UN No.	1711
分子式	$C_8H_{11}N$	分子量	121.20

二、危险性概述

GHS危险性分类	急性毒性-经口，类别4；急性毒性-经皮，类别4；急性毒性-吸入，类别4；皮肤腐蚀/刺激，类别2；致癌性，类别2；特异性靶器官毒性-一次接触，类别3（呼吸道刺激）；危害水生环境-急性危害，类别2
GHS标签象形图	刺激性　　　健康危害　　　环境危害
是否易制毒/易制爆	否
燃烧及爆炸	可燃。温度高于91℃，其蒸气能与空气形成爆炸性混合物
危险反应及分解产物	与强氧化剂等禁配物发生反应
禁配物	酸类、酰基氯、酸酐、强氧化剂、氯仿、卤素
健康危害	直接接触刺激皮肤和呼吸道。极易被皮肤吸收，可致全身损害。该物质可能致癌
环境危害	危害水生生物

三、理化特性

外观与性状	浅黄色至橙色液体		
熔点（凝固点）/℃	10~12	爆炸上限（体积分数）/%	无资料
沸点/℃	214（98.5kPa）；216	爆炸下限（体积分数）/%	1.5
闪点/℃	97（CC）	自燃温度/℃	无资料
溶解性	不溶于水，溶于乙醇、乙醚		

四、个人防护

皮肤和身体	穿防毒物渗透工作服，戴橡胶耐油手套　　必须穿工作服　　必须戴防护手套
眼睛	戴化学安全防护眼镜　　必须戴防护眼镜

呼吸	接触其蒸气时，必须佩戴过滤式防毒面具（半面罩）。紧急事态抢救或撤离时，建议佩戴空气呼吸器 必须戴防毒面具
设施配备	加强通风，提供安全的淋浴和洗眼设备

五、使用与储存

使用注意事项	密闭操作，提供充分的局部排风。远离火源、易燃物、可燃物。使用防爆型的通风系统和设备。防止蒸气泄漏。避免与氧化剂、酸类、卤素接触
配制方法	可直接使用
储存注意事项	1.储存于阴凉、干燥、通风良好的专用库房。远离火种、热源。 2.保持容器密封。应与酸类、酰基氯、氧化剂、氯甲酸酯、卤素、食用化学品等分开存放，切忌混储。 3.采用防爆型照明、通风设施。禁止使用易产生火花的机械设备和工具

六、急救措施

皮肤接触	立即脱去污染的衣物，用肥皂水或清水彻底冲洗。就医
眼睛接触	立即分开眼睑，用流动清水或生理盐水彻底冲洗。就医
吸入	迅速脱离现场至空气新鲜处，保持呼吸道通畅。就医
食入	漱口，饮水。就医
对施救者的忠告	根据需要使用个人防护设备

七、消防措施

灭火剂	一般用泡沫灭火器、干粉灭火器、二氧化碳灭火器或砂土灭火。实验室少量药品起火直接用灭火毯或砂土闷熄
灭火注意事项及防护	消防人员必须佩戴空气呼吸器、穿全身防火消防服，在上风向灭火
是否可用水灭火	否

八、泄漏应急处理

防护措施和装备	建议应急处理人员戴正压自给式呼吸器，穿防毒服，戴橡胶耐油手套。确保安全的情况下，尽可能阻断泄漏源
处置材料和方法	用干燥的砂土或其他不燃材料吸收或覆盖，用适当工具收集，置于容器中
环保措施	防止泄漏物进入水体或下水道

九、废弃处置

处置方法	建议用焚烧法处置，焚烧炉排出的氮氧化物通过洗涤器除去
污染包装物	将容器返还生产商或交给有资质的专业处理公司处置
废弃注意事项	把倒空的容器归还厂商或在规定场所掩埋

2-丁醇

一、基本信息

化学品中文名称	2-丁醇	中文名称别名	仲丁醇
化学品英文名称	2-butyl alcohol		
CAS No.	78-92-2	UN No.	1120
分子式	$C_4H_{10}O$	分子量	74.12

二、危险性概述

GHS危险性分类	易燃液体，类别3；严重眼损伤/眼刺激，类别2；特异性靶器官毒性-一次接触，类别3（呼吸道刺激、麻醉效应）
GHS标签象形图	易燃物　刺激性
是否易制毒/易制爆	否
燃烧及爆炸	易燃，其蒸气能与空气形成爆炸性混合物
危险反应及分解产物	与强氧化剂等禁配物接触，有发生火灾和爆炸的危险
禁配物	酸类、酰基氯、酸酐、强氧化剂、卤素
健康危害	对眼睛有强烈刺激作用。吸入可能造成意识降低。可能引起化学性肺炎
环境危害	可能危害环境

三、理化特性

外观与性状	无色透明液体，有类似葡萄酒的气味		
熔点（凝固点）/℃	−114.7	爆炸上限（体积分数）/%	9.8
沸点/℃	99.5	爆炸下限（体积分数）/%	1.7
闪点/℃	24（CC）	自燃温度/℃	406
溶解性	溶于水，能与乙醇、乙醚、芳烃混溶		

四、个人防护

皮肤和身体	穿防静电工作服，戴一般作业防护手套　必须穿工作服　必须戴防护手套
眼睛	戴安全防护眼镜　必须戴防护眼镜

呼吸	一般不需要特殊防护，高浓度接触时建议佩戴过滤式防毒面具（半面罩） 必须戴防毒面具
设施配备	加强通风，提供安全的淋浴和洗眼设备

五、使用与储存

使用注意事项	密闭操作，全面通风。远离火源、易燃物、可燃物。使用防爆型通风系统和设备。防止蒸气泄漏。避免与氧化剂、酸类、卤素接触
配制方法	直接使用
储存注意事项	1.储存于阴凉、通风良好的专用库房。远离火种、热源。 2.保持容器密封。应与氧化剂、酸类、卤素分开存放，切忌混储。 3.采用防爆型照明、通风设施。禁止使用易产生火花的机械设备和工具

六、急救措施

皮肤接触	立即脱去污染衣物，用大量流动清水彻底冲洗。就医
眼睛接触	立即分开眼睑，用流动清水或生理盐水彻底冲洗。就医
吸入	迅速脱离现场至空气新鲜处，保持呼吸道通畅。就医
食入	漱口，饮水。就医
对施救者的忠告	根据需要使用个人防护设备

七、消防措施

灭火剂	一般用抗溶性泡沫灭火器、干粉灭火器、二氧化碳灭火器或砂土灭火。实验室少量药品起火直接用灭火毯或砂土闷熄
灭火注意事项及防护	消防人员必须佩戴空气呼吸器、穿全身防火消防服，在上风向灭火
是否可用水灭火	否

八、泄漏应急处理

防护措施和装备	建议应急处理人员戴正压自给式呼吸器，穿防静电服，戴橡胶手套。确保安全的情况下，尽可能阻断泄漏源
处置材料和方法	用砂土或其他不燃材料吸收，使用无静电工具收集，置于容器中
环保措施	防止泄漏物进入水体或下水道

九、废弃处置

处置方法	建议用焚烧法处置
污染包装物	一般统一交给有资质的专业处理公司处置
废弃注意事项	处置前参照国家和地方有关法律法规

2-甲基-2-丙醇

一、基本信息

化学品中文名称	2-甲基-2-丙醇	中文名称别名	叔丁醇；三甲基甲醇
化学品英文名称	2-methyl-2-propanol；*tert*-butyl alcolol		
CAS No.	75-65-0	UN No.	1120
分子式	$C_4H_{10}O$	分子量	74.12

二、危险性概述

GHS危险性分类	易燃液体，类别2；急性毒性-吸入，类别4；严重眼损伤/眼刺激，类别2；特异性靶器官毒性——次接触，类别3（呼吸道刺激）
GHS标签象形图	易燃物　　刺激性
是否易制毒/易制爆	否
燃烧及爆炸	高度易燃。其蒸气能与空气形成爆炸性混合物。受热或遇明火可能致爆炸性分解
危险反应及分解产物	与强氧化剂接触有引起燃烧爆炸的危险
禁配物	强氧化剂、酸类、酸酐
健康危害	具麻醉作用，引起昏睡或眩晕。直接接触对皮肤、呼吸道有刺激作用，对眼严重刺激性
环境危害	可能危害环境

三、理化特性

外观与性状	无色结晶或液体，有樟脑气味		
熔点（凝固点）/℃	25.7	爆炸上限（体积分数）/%	8
沸点/℃	82.4	爆炸下限（体积分数）/%	2.4
闪点/℃	11（CC）	自燃温度/℃	470
溶解性	溶于水、乙醇和乙醚		

四、个人防护

皮肤和身体	穿防静电工作服，戴一般作业防护手套　　必须穿工作服　　必须戴防护手套
眼睛	戴化学安全防护眼镜　　必须戴防护眼镜

呼吸	空气中浓度超标时，应该佩戴过滤式防毒面具（半面罩）
设施配备	加强通风，提供安全的淋浴和洗眼设备

必须戴防毒面具

五、使用与储存

使用注意事项	密闭操作，全面通风。远离火源、易燃物、可燃物。使用防爆型通风系统和设备。防止蒸气泄漏。避免与氧化剂、酸类接触
配制方法	直接使用
储存注意事项	1.储存于阴凉、通风良好的专用库房。远离火种、热源。 2.保持容器密封。应与强氧化剂、酸类、碱金属等分开存放。切忌混储。 3.采用防爆型照明、通风设施。禁止使用易产生火花的机械设备和工具

六、急救措施

皮肤接触	立即脱去污染衣物，用大量流动清水彻底冲洗。就医
眼睛接触	立即分开眼睑，用流动清水或生理盐水彻底冲洗。就医
吸入	迅速脱离现场至空气新鲜处，保持呼吸道通畅。就医
食入	漱口，饮水。就医
对施救者的忠告	根据需要使用个人防护设备

七、消防措施

灭火剂	一般用泡沫灭火器、干粉灭火器、二氧化碳灭火器或砂土灭火。实验室少量药品起火直接用灭火毯或砂土闷熄
灭火注意事项及防护	消防人员必须佩戴空气呼吸器、穿全身防火消防服，在上风向灭火
是否可用水灭火	否

八、泄漏应急处理

防护措施和装备	建议应急处理人员戴正压自给式呼吸器，穿防静电服，作业时使用的所有设备应接地。确保安全的情况下，尽可能阻断泄漏源
处置材料和方法	用砂土或其他不燃材料吸收，使用无静电工具收集，置于容器中
环保措施	防止泄漏物进入水体或下水道

九、废弃处置

处置方法	建议用焚烧法处置
污染包装物	将容器返还生产商或交给有资质的专业处理公司处置
废弃注意事项	处置前参照国家和地方有关法律法规

2-巯基乙醇

一、基本信息

化学品中文名称	2-巯基乙醇	中文名称别名	β-巯基乙醇；2-羟基乙基硫醇；硫代乙二醇；硫甘醇
化学品英文名称		2-mercaptoethanol	
CAS No.	60-24-2	UN No.	2966
分子式	C_2H_6OS	分子量	78.13

二、危险性概述

GHS危险性分类	易燃液体，类别4；急性毒性-经口，类别3；急性毒性-吸入，类别3；急性毒性-经皮，类别2；皮肤腐蚀/刺激，类别2；严重眼损伤/眼刺激，类别2；特异性靶器官毒性-反复接触，类别2；特异性靶器官毒性-一次接触，类别2；危害水生环境-急性危害，类别1；危害水生环境-长期危害，类别1
GHS标签象形图	有毒物　　　健康危害　　　环境危害
是否易制毒/易制爆	否
燃烧及爆炸	受热或遇明火可能致爆炸性分解
危险反应及分解产物	与禁配物接触有引起燃烧爆炸的危险
禁配物	强氧化物，强酸，强碱
健康危害	对皮肤、眼、呼吸道有刺激作用，可致严重伤害。吸入后影响全身，并可致命
环境危害	危害水生生物且毒害影响长期持续

三、理化特性

外观与性状	无色易流动油状液体，有特殊臭味		
熔点（凝固点）/℃	−40	爆炸上限（体积分数）/%	18
沸点/℃	157（分解）	爆炸下限（体积分数）/%	2.3
闪点/℃	73	自燃温度/℃	无资料
溶解性	可混溶于醚和苯等		

四、个人防护

皮肤和身体	穿防毒物渗透工作服，戴橡胶手套　　必须穿工作服　　必须戴防护手套
眼睛	戴化学安全防护眼镜　　必须戴防护眼镜

呼吸	可能接触其蒸气时，应该佩戴过滤式防毒面具（半面罩）。紧急事态抢救或撤离时，建议佩戴空气呼吸器 必须戴防毒面具
设施配备	加强通风，提供安全的淋浴和洗眼设备

五、使用与储存

使用注意事项	密闭操作，局部通风。远离火源、易燃物、可燃物。使用防爆型通风系统和设备。防止蒸气泄漏。避免与氧化剂、碱类接触
配制方法	可直接使用
储存注意事项	1.储存于阴凉、干燥、通风良好的专用库房。远离火种、热源。 2.保持容器密封。应与氧化剂碱类、食用化学品等分开存放，切忌混储。 3.采用防爆型照明、通风设施。禁止使用易产生火花的机械设备和工具

六、急救措施

皮肤接触	立即脱去污染衣物，用大量流动清水彻底冲洗。就医
眼睛接触	立即分开眼睑，用流动清水或生理盐水彻底冲洗。就医
吸入	迅速脱离现场至空气新鲜处，保持呼吸道通畅。就医
食入	用水漱口，禁止催吐。给饮牛奶或蛋清。就医
对施救者的忠告	根据需要使用个人防护设备

七、消防措施

灭火剂	一般用泡沫灭火器、干粉灭火器、二氧化碳灭火器或砂土灭火。实验室少量药品起火直接用灭火毯或砂土闷熄
灭火注意事项及防护	消防人员必须佩戴空气呼吸器、穿全身防火消防服，在上风向灭火
是否可用水灭火	否

八、泄漏应急处理

防护措施和装备	建议应急处理人员戴正压自给式呼吸器，穿防腐蚀、防毒、防静电服，戴橡胶手套，作业时使用的所有设备应接地。确保安全的情况下，尽可能阻断泄漏源
处置材料和方法	用砂土或其他不燃材料吸收，使用无静电工具收集，置于容器中
环保措施	防止泄漏物进入水体或下水道

九、废弃处置

处置方法	建议用焚烧法处置。焚烧炉排出的硫氧化物通过洗涤器除去
污染包装物	将容器返还生产商或交给有资质的专业处理公司处置
废弃注意事项	处置前参照国家和地方有关法律法规

N,N,N′,N′-四甲基乙二胺

一、基本信息

化学品中文名称	N,N,N′,N′-四甲基乙二胺	中文名称别名	1,2-双（二甲基氨基）乙烷；四甲基乙二胺
化学品英文名称	N,N,N′,N′-tetramethylethylenediamine；1,2-di（dimethylamino）ethane		
CAS No.	110-18-9	UN No.	2372
分子式	$C_6H_{16}N_2$	分子量	116.21

二、危险性概述

GHS 危险性分类	易燃液体，类别 2；急性毒性-经口，类别 4；急性毒性-吸入，类别 4；皮肤腐蚀/刺激，类别 1B；严重眼损伤/眼刺激，类别 1
GHS 标签象形图	易燃物　　刺激性　　腐蚀性
是否易制毒/易制爆	否
燃烧及爆炸	高度易燃，其蒸气能与空气形成爆炸性混合物。受热或遇明火可能致爆炸性分解
危险反应及分解产物	与强氧化剂接触有引起燃烧爆炸的危险。分解产物：胺
禁配物	强氧化剂、强酸
健康危害	刺激呼吸道，可致咳嗽、呼吸道阻塞和黏膜损伤。直接接触严重灼伤皮肤、眼睛，可能致失明。进入血液，可能损害全身
环境危害	对环境可能有害

三、理化特性

外观与性状	无色透明液体，略有氨的气味		
熔点（凝固点）/℃	−55	爆炸上限（体积分数）/%	9.08
沸点/℃	120~122	爆炸下限（体积分数）/%	0.98
闪点/℃	10	自燃温度/℃	349
溶解性	与水混溶，可混溶于乙醇及多数有机溶剂		

四、个人防护

皮肤和身体	穿防毒物渗透工作服，戴橡胶耐油手套　　必须穿工作服　　必须戴防护手套
眼睛	戴化学安全防护眼镜　　必须戴防护眼镜

呼吸	可能接触其蒸气时，应该佩戴过滤式防毒面具（半面罩）。紧急事态抢救或撤离时，建议佩戴空气呼吸器 必须戴防毒面具
设施配备	加强通风，提供安全淋浴和洗眼设备

五、使用与储存

使用注意事项	密闭操作，全面通风。远离火源、易燃物、可燃物。使用防爆型通风系统和设备。防止蒸气泄漏。避免与氧化剂、酸类接触
配制方法	可直接使用
储存注意事项	1.储存于阴凉、通风的库房。远离火种、热源。 2.保持容器密封。应与氧化剂和强酸分开存放，切忌混储。 3.采用防爆型照明、通风设施。禁止使用易产生火花的机械设备和工具

六、急救措施

皮肤接触	立即脱去污染衣物，用大量流动清水彻底冲洗。就医
眼睛接触	立即分开眼睑，用流动清水或生理盐水彻底冲洗。就医
吸入	迅速脱离现场至空气新鲜处，保持呼吸道通畅。就医
食入	用水漱口，禁止催吐。给饮牛奶或蛋清。就医
对施救者的忠告	根据需要使用个人防护设备

七、消防措施

灭火剂	一般用抗溶性泡沫灭火器、二氧化碳灭火器、干粉灭火器或砂土灭火。实验室少量药品起火直接用灭火毯或砂土闷熄
灭火注意事项及防护	消防人员必须佩戴空气呼吸器、穿全身防火消防服，在上风向灭火
是否可用水灭火	否

八、泄漏应急处理

防护措施和装备	建议应急处理人员戴正压自给式呼吸器，穿防静电、防腐蚀、防毒服，戴橡胶手套，作业时使用的所有设备应接地。确保安全的情况下，尽可能阻断泄漏源
处置材料和方法	用砂土或其他不燃材料吸收，使用无静电工具收集，置于容器中
环保措施	防止泄漏物进入水体或下水道

九、废弃处置

处置方法	建议用焚烧法处置，焚烧炉排出的氮氧化物通过洗涤器除去
污染包装物	将容器返还生产商或交给有资质的专业处理公司处置
废弃注意事项	处置前参照国家和地方有关法律法规

N,N-二甲基苯胺

一、基本信息

化学品中文名称	N,N-二甲基苯胺	中文名称别名	N,N-二甲苯胺
化学品英文名称	N,N-dimethylaniline；N,N-dimethylbenzeneamine		
CAS No.	121-69-7	UN No.	2253
分子式	$C_8H_{11}N$	分子量	121.20

二、危险性概述

GHS危险性分类	易燃液体，类别4；急性毒性-经口，类别3；急性毒性-经皮，类别3；急性毒性-吸入，类别3；危害水生环境-急性危害，类别2；危害水生环境-长期危害，类别2
GHS标签象形图	有毒物　　环境危害
是否易制毒/易制爆	否
燃烧及爆炸	可燃。其蒸气能与空气形成爆炸性混合物。受热或遇明火可能致爆炸性分解
危险反应及分解产物	与强氧化剂等禁配物发生反应
禁配物	酸类、酸酐、酰基氯、氯仿、卤素
健康危害	吸收后可引起高铁血红蛋白血症。皮肤接触可致溃疡
环境危害	危害水生生物且毒害影响长期持续

三、理化特性

外观与性状	黄色透明油状液体，有刺激性氨味		
熔点（凝固点）/℃	2.5	爆炸上限（体积分数）/%	7.0
沸点/℃	193.1	爆炸下限（体积分数）/%	1.0
闪点/℃	62（CC）	自燃温度/℃	371
溶解性	不溶于水，溶于乙醇、乙醚、氯仿、丙酮、苯等有机溶剂		

四、个人防护

皮肤和身体	穿防毒物渗透工作服，戴橡胶耐油手套　　必须穿工作服　必须戴防护手套
眼睛	戴化学安全防护眼镜　　必须戴防护眼镜

呼吸	可能接触其蒸气时，佩戴过滤式防毒面具（半面罩）。紧急事态抢救或撤离时，佩戴空气呼吸器
设施配备	提供安全的淋浴和洗眼设备

五、使用与储存

使用注意事项	密闭操作，提供充分的局部排风。远离火源、易燃物、可燃物。使用防爆型通风系统和设备。防止蒸气泄漏。避免与酸类、卤素接触
配制方法	可直接使用
储存注意事项	1.储存于阴凉、通风的专用库房。远离火种、热源。 2.保持容器密封。应与酸类、卤素、食用化学品分开存放，切忌混储

六、急救措施

皮肤接触	立即脱去污染的衣物，用肥皂水或清水彻底冲洗。就医
眼睛接触	立即分开眼睑，用流动清水或生理盐水彻底冲洗。就医
吸入	迅速脱离现场至空气新鲜处，保持呼吸道通畅。就医
食入	漱口、饮水。就医
对施救者的忠告	根据需要使用个人防护设备

七、消防措施

灭火剂	一般用泡沫灭火器、二氧化碳灭火器或砂土灭火。实验室少量药品起火直接用灭火毯或砂土闷熄
灭火注意事项及防护	消防人员必须佩戴过滤式防毒面具或空气呼吸器、穿全身防火防毒服，在上风向灭火
是否可用水灭火	否

八、泄漏应急处理

防护措施和装备	建议应急处理人员戴正压自给式呼吸器，穿防毒服，戴橡胶手套。确保安全的情况下，尽可能阻断泄漏源
处置材料和方法	用砂土或其他不燃材料吸收，用适当工具收集，置于容器中
环保措施	防止泄漏物进入水体或下水道

九、废弃处置

处置方法	用焚烧法处置。焚烧炉排出的氮氧化物通过洗涤器除去
污染包装物	将容器返还生产商或交给有资质的专业处理公司处置
废弃注意事项	处置前参照国家和地方有关法律法规

氨溶液

一、基本信息

化学品中文名称	氨溶液	中文名称别名	氨水
化学品英文名称	ammonia water；aqua ammonia；ammonia；aqueous solution		
CAS No.	1336-21-6	UN No.	2672（含氨量高于10%，但不超过35%）；2073（含氨量高于35%，但不超过50%）；3318（含氨量＞50%）
分子式	H_5NO	分子量	35.06

二、危险性概述

GHS危险性分类	皮肤腐蚀/刺激，类别1B；严重眼损伤/眼刺激，类别1；特异性靶器官毒性——次接触，类别3（呼吸道刺激）；危害水生环境-急性危害，类别1
GHS标签象形图	 腐蚀性　刺激性　环境危害
是否易制毒/易制爆	否
燃烧及爆炸	易燃，其蒸气能与空气形成爆炸性混合物。包装容器受热可发生爆炸
危险反应及分解产物	与禁配物接触可发生危险反应。分解产物：氨
禁配物	酸类、铝、铜
健康危害	对眼和呼吸道有强烈刺激和腐蚀作用。可致眼和皮肤灼伤
环境危害	对水生生物毒性非常大

三、理化特性

外观与性状	无色透明液体，有强烈的刺激性臭味		
熔点（凝固点）/℃	−77	爆炸上限（体积分数）/%	无
沸点/℃	38	爆炸下限（体积分数）/%	无
闪点/℃	无	自燃温度/℃	无
溶解性	溶于水、乙醇		

四、个人防护

皮肤和身体	穿防酸碱工作服，戴橡胶手套 　必须穿工作服　必须戴防护手套

眼睛	呼吸系统防护中已做防护
呼吸	可能接触其蒸气时，应该佩戴过滤式防毒面具（全面罩）
设施配备	提供安全的淋浴和洗眼设备

五、使用与储存

使用注意事项	严加密闭，提供充分的局部排风和全面通风。远离火源、易燃物、可燃物。防止蒸气泄漏。避免与金属粉末、酸类接触
配制方法	配制浓度 $6mol \cdot L^{-1}$ 溶液：用量筒量取 405mL 浓度 $14.8mol \cdot L^{-1}$ 氨水加水稀释至 1L
储存注意事项	1.储存于阴凉、通风良好的专用库房。远离火种、热源。 2.保持容器密封。应与金属粉末、酸类分开存放，切忌混储

六、急救措施

皮肤接触	立即脱去污染衣物，用大量流动清水彻底冲洗。就医
眼睛接触	立即分开眼睑，用流动清水或生理盐水彻底冲洗。就医
吸入	迅速脱离现场至空气新鲜处，保持呼吸道通畅。就医
食入	用水漱口，禁止催吐。给饮牛奶或蛋清。就医
对施救者的忠告	根据需要使用个人防护设备

七、消防措施

灭火剂	一般用水或砂土灭火。实验室少量药品起火直接用灭火毯或砂土闷熄
灭火注意事项及防护	消防人员须佩戴空气呼吸器，穿全身耐酸碱消防服，在上风向灭火
是否可用水灭火	是

八、泄漏应急处理

防护措施和装备	建议应急处理人员戴正压自给式呼吸器，穿防酸碱服，戴橡胶手套。确保安全的情况下，尽可能阻断泄漏源
处置材料和方法	用干燥的砂土或其他不燃材料吸收或覆盖，用适当的工具收集，置于容器中
环保措施	防止泄漏物进入水体或下水道

九、废弃处置

处置方法	用水稀释，加盐酸中和后，排入下水道
污染包装物	将容器返还生产商或交给有资质的专业处理公司处置
废弃注意事项	

苯

一、基本信息

化学品中文名称	苯	中文名称别名	无
化学品英文名称	benzene；phene		
CAS No.	71-43-2	UN No.	1114
分子式	C_6H_6	分子量	78.12

二、危险性概述

GHS危险性分类	易燃液体，类别 2；皮肤腐蚀/刺激，类别 2；严重眼损伤/眼刺激，类别 2；生殖细胞致突变性，类别 1B；致癌性，类别 1A；特异性靶器官毒性-反复接触，类别 1；吸入危害，类别 1；危害水生环境-急性危害，类别 2；危害水生环境-长期危害，类别 3
GHS标签象形图	易燃物　　刺激性　　健康危害
是否易制毒/易制爆	否
燃烧及爆炸	高度易燃，其蒸气能与空气形成爆炸性混合物
危险反应及分解产物	遇高热、明火、强氧化剂有引起燃烧爆炸的危险
禁配物	强氧化剂、酸类、卤素等
健康危害	高浓度苯对中枢神经系统有麻醉作用，引起急性中毒；长期接触苯对造血系统有损坏，引起慢性中毒
环境危害	危害水生生物且毒害影响长期持续

三、理化特性

外观与性状	无色透明液体，有强烈芳香味		
熔点（凝固点）/℃	5.5	爆炸上限（体积分数）/％	8.0
沸点/℃	80.1	爆炸下限（体积分数）/％	1.2
闪点/℃	−11（CC）	自燃温度/℃	560
溶解性	不溶于水，溶于乙醇、乙醚、丙酮等多数有机溶剂		

四、个人防护

皮肤和身体	穿防毒物渗透工作服，戴橡胶耐油手套　　必须穿工作服　必须戴防护手套
眼睛	戴化学安全防护眼镜　　必须戴防护眼镜

呼吸	空气中浓度超标时，佩戴过滤式防毒面具（半面罩）。紧急事态抢救或撤离时，佩戴空气呼吸器 必须戴防毒面具
设施配备	提供安全的淋浴和洗眼设备

五、使用与储存

使用注意事项	密闭操作，加强通风。远离火源、易燃物、可燃物。使用防爆型通风系统和设备。防止蒸气泄漏。避免与氧化剂接触
配制方法	可直接使用
储存注意事项	1.储存于阴凉、通风的专用库房。远离火种、热源。 2.保持容器密封。应与氧化剂、食用化学品分开存放，切忌混储。 3.采用防爆型照明、通风设施。禁止使用易产生火花的机械设备和工具

六、急救措施

皮肤接触	立即脱去污染的衣物，用肥皂水或清水彻底冲洗。就医
眼睛接触	立即分开眼睑，用流动清水或生理盐水彻底冲洗。就医
吸入	迅速脱离现场至空气新鲜处，保持呼吸道通畅。就医
食入	饮水、禁止催吐。就医
对施救者的忠告	根据需要使用个人防护设备

七、消防措施

灭火剂	一般用泡沫灭火器、干粉灭火器、二氧化碳灭火器或砂土灭火。实验室少量药品起火直接用灭火毯或砂土闷熄
灭火注意事项及防护	消防人员必须佩戴过滤式防毒面具或空气呼吸器、穿全身防火防毒服，在上风向灭火
是否可用水灭火	否

八、泄漏应急处理

防护措施和装备	建议应急处理人员戴正压自给式呼吸器，穿防静电、防毒服，戴橡胶耐油手套，作业时使用的所有设备应接地。确保安全的情况下，尽可能阻断泄漏源
处置材料和方法	用砂土或其他不燃材料覆盖和吸收泄漏物，使用无静电工具收集，置于容器中
环保措施	防止泄漏物进入水体或下水道

九、废弃处置

处置方法	建议用焚烧法处置
污染包装物	将容器返还生产商或交给有资质的专业处理公司处置
废弃注意事项	处置前参照国家和地方有关法律法规

苯　胺

一、基本信息

化学品中文名称	苯胺	中文名称别名	氨基苯；阿尼林油
化学品英文名称	aniline；aminobenzene；aniline oil		
CAS No.	62-53-3	UN No.	1547
分子式	C_6H_7N	分子量	93.14

二、危险性概述

GHS危险性分类	急性毒性-经口，类别3；急性毒性-经皮，类别3；急性毒性-吸入，类别3；严重眼损伤/眼刺激，类别1；皮肤致敏物，类别1；生殖细胞致突变性，类别2；特异性靶器官毒性-反复接触，类别1；危害水生环境-急性危害，类别1；危害水生环境-长期危害，类别2
GHS标签象形图	有毒物　　腐蚀性　　健康危害　　环境危害
是否易制毒/易制爆	否
燃烧及爆炸	可燃，其蒸气能与空气形成爆炸性混合物
危险反应及分解产物	与强氧化剂、酸类等禁配物发生反应
禁配物	强氧化剂、酸类、酰基氯、酸酐
健康危害	易经皮肤吸收。主要引起高铁血红蛋白血症、造成组织缺氧、溶血性贫血和肝、肾损害
环境危害	危害水生生物且毒害影响长期持续

三、理化特性

外观与性状	无色至浅黄色透明液体，有强烈气味。暴露在空气中或在日光下变成棕色		
熔点（凝固点）/℃	−6.2	爆炸上限（体积分数）/%	11.0
沸点/℃	184.4	爆炸下限（体积分数）/%	1.2
闪点/℃	70	自燃温度/℃	615
溶解性	微溶于水，溶于乙醇、乙醚、苯		

四、个人防护

皮肤和身体	穿防毒物渗透工作服，戴橡胶耐油手套　　必须穿工作服　　必须戴防护手套
眼睛	戴化学安全防护眼镜　　必须戴防护眼镜

呼吸	可能接触其蒸气时，佩戴过滤式防毒面具（半面罩）。紧急事态抢救或撤离时，佩戴空气呼吸器 必须戴防毒面具
设施配备	提供安全的淋浴和洗眼设备

五、使用与储存

使用注意事项	密闭操作，提供充分的局部排风。远离火源、易燃物、可燃物。使用防爆型通风系统和设备。防止蒸气泄漏。避免与氧化剂、酸类接触
配制方法	可直接使用
储存注意事项	1.储存于阴凉、通风的专用库房。远离火种、热源。 2.包装要求密封，不可与空气接触。应与氧化剂、酸类、食用化学品分开存放，切忌混储

六、急救措施

皮肤接触	立即脱去污染的衣物，用肥皂水或清水彻底冲洗。就医
眼睛接触	立即分开眼睑，用流动清水或生理盐水彻底冲洗。就医
吸入	迅速脱离现场至空气新鲜处，保持呼吸道通畅。就医
食入	漱口、饮水。就医
对施救者的忠告	根据需要使用个人防护设备

七、消防措施

灭火剂	一般用泡沫灭火器、二氧化碳灭火器或砂土灭火。实验室少量药品起火直接用灭火毯或砂土闷熄
灭火注意事项及防护	消防人员必须佩戴过滤式防毒面具或空气呼吸器、穿全身防火防毒服，在上风向灭火
是否可用水灭火	否

八、泄漏应急处理

防护措施和装备	建议应急处理人员戴正压自给式呼吸器，穿防毒服，戴橡胶耐油手套。确保安全的情况下，尽可能阻断泄漏源
处置材料和方法	用干燥的砂土或其他不燃材料覆盖和吸收泄漏物，使用无静电工具收集，置于容器中
环保措施	防止泄漏物进入水体或下水道

九、废弃处置

处置方法	建议用焚烧法处置
污染包装物	将容器返还生产商或交给有资质的专业处理公司处置
废弃注意事项	处置前参照国家和地方有关法律法规

苯 酚

一、基本信息

化学品中文名称	苯酚	中文名称别名	石炭酸
化学品英文名称		phenol；carbolic acid	
CAS No.	108-95-2	UN No.	1671（固态）；2312（熔融）
分子式	C_6H_6O	分子量	94.12

二、危险性概述

GHS危险性分类	急性毒性-经口，类别3；急性毒性-经皮，类别3；急性毒性-吸入，类别3；严重眼损伤/眼刺激，类别1；皮肤腐蚀/刺激，类别1B；生殖细胞致突变性，类别2；特异性靶器官毒性-反复接触，类别2；危害水生环境-急性危害，类别2；危害水生环境-长期危害，类别2
GHS标签象形图	 有毒物　　腐蚀性　　健康危害　　环境危害
是否易制毒/易制爆	否
燃烧及爆炸	可燃，其粉体能与空气形成爆炸性混合物
危险反应及分解产物	与禁配物发生危险反应
禁配物	强氧化剂、强酸、强碱
健康危害	对皮肤、黏膜有强烈的腐蚀作用，可抑制中枢神经和损害肝、肾功能。误服灼伤消化道，重者可致死
环境危害	危害水生生物且毒害影响长期持续

三、理化特性

外观与性状	无色或白色晶体，有特殊气味。在空气中及光线作用下变为粉红色甚至红色		
熔点（凝固点）/℃	40.6	爆炸上限（体积分数）/%	9.5
沸点/℃	181.9	爆炸下限（体积分数）/%	1.3
闪点/℃	79（CC）；85（OC）	自燃温度/℃	无
溶解性	微溶于冷水，可混溶于乙醇、醚、氯仿、甘油		

四、个人防护

皮肤和身体	穿透气型防毒服，戴防化学品手套　　必须穿工作服　　必须戴防护手套
眼睛	佩戴化学安全防护眼镜　　必须戴防护眼镜

呼吸	可能接触其蒸气时，佩戴过滤式防毒面具（半面罩）。紧急事态抢救或撤离时，佩戴空气呼吸器 必须戴防毒面具
设施配备	提供安全的淋浴和洗眼设备

五、使用与储存

使用注意事项	密闭操作，提供充分的局部排风。尽可能采取隔离操作。远离火源、易燃物、可燃物。使用防爆型通风系统和设备。避免产生粉尘。避免与氧化剂、酸类、碱类接触
配制方法	可直接使用
储存注意事项	1.储存于阴凉、通风的专用库房。远离火种、热源。避免光照。 2.包装要求密封，不可与空气接触。应与氧化剂、酸类、碱类、食用化学品分开存放，切忌混储

六、急救措施

皮肤接触	立即脱去污染的衣物，用大量流动清水彻底冲洗污染创面。同时使用浸过聚乙烯乙二醇的棉球或浸过30％～50％酒精的棉球擦洗创面，直至无苯酚味为止。可继续用4％～5％的碳酸氢钠溶液湿敷创面。就医
眼睛接触	立即分开眼睑，用大量流动清水或生理盐水彻底冲洗。就医
吸入	迅速脱离现场至空气新鲜处，保持呼吸道通畅。就医
食入	漱口，给服植物油 15～30mL，催吐。对食入时间长者禁用植物油，可口服牛奶或蛋清。就医
对施救者的忠告	根据需要使用个人防护设备

七、消防措施

灭火剂	一般用泡沫灭火器、干粉灭火器、二氧化碳灭火器灭火。实验室少量药品起火直接用灭火毯闷熄
灭火注意事项及防护	消防人员必须佩戴过滤式防毒面具或空气呼吸器、穿全身防火防毒服，在上风向灭火
是否可用水灭火	否

八、泄漏应急处理

防护措施和装备	建议应急处理人员戴防尘口罩，穿防毒服，戴防化学品手套。确保安全的情况下，尽可能阻断泄漏源
处置材料和方法	用洁净的工具收集泄漏物，置于容器中
环保措施	防止泄漏物进入水体或下水道

九、废弃处置

处置方法	建议用焚烧法处置
污染包装物	将容器返还生产商或交给有资质的专业处理公司处置
废弃注意事项	把倒空的容器归还厂商或在规定场所掩埋

苯甲醚

一、基本信息

化学品中文名称	苯甲醚	中文名称别名	茴香醚；甲氧基苯
化学品英文名称	anisole；phenyl methyl ether		
CAS No.	100-66-3	UN No.	2222
分子式	C_7H_8O	分子量	108.15

二、危险性概述

GHS危险性分类	易燃液体，类别3；危害水生环境-急性危害，类别3
GHS标签象形图	 易燃物
是否易制毒/易制爆	否
燃烧及爆炸	易燃，其蒸气能与空气形成爆炸性混合物。遇高热、明火有引起燃烧爆炸的危险
危险反应及分解产物	与禁配物接触有发生火灾和爆炸的危险
禁配物	强氧化剂、强酸
健康危害	对眼和呼吸道有刺激作用
环境危害	危害水生生物

三、理化特性

外观与性状	无色液体，有芳香气味		
熔点（凝固点）/℃	−37.3	爆炸上限（体积分数）/%	9
沸点/℃	153.8	爆炸下限（体积分数）/%	1.3
闪点/℃	52（OC）	自燃温度/℃	475
溶解性	不溶于水，溶于乙醇、乙醚等多数有机溶剂		

四、个人防护

皮肤和身体	穿防静电工作服，戴橡胶耐油手套　　必须穿工作服　必须戴防护手套
眼睛	必要时，戴化学安全防护眼镜　　必须戴防护眼镜
呼吸	空气中浓度超标时，佩戴过滤式防毒面具（半面罩）　　必须戴防毒面具
设施配备	加强通风，提供安全的淋浴和洗眼设备

五、使用与储存

使用注意事项	密闭操作，全面通风。远离火源、易燃物、可燃物。使用防爆型的通风系统和设备。防止蒸气泄漏。避免与酸类、氧化剂接触
配制方法	可直接使用
储存注意事项	1.储存于阴凉、通风良好的专用库房。远离火种、热源。 2.保持容器密封。应与氧化剂、酸类分开存放，切忌混储。 3.采用防爆型照明、通风设施。禁止使用易产生火花的机械设备和工具

六、急救措施

皮肤接触	立即脱去污染衣物，用大量流动清水彻底冲洗。就医
眼睛接触	立即分开眼睑，用流动清水或生理盐水彻底冲洗。就医
吸入	迅速脱离现场至空气新鲜处，保持呼吸道通畅。就医
食入	漱口，饮水。就医
对施救者的忠告	根据需要使用个人防护设备

七、消防措施

灭火剂	一般用泡沫灭火器、二氧化碳灭火器、干粉灭火器或砂土灭火。实验室少量药品起火直接用灭火毯或砂土闷熄
灭火注意事项及防护	消防人员必须佩戴空气呼吸器、穿全身防火消防服，在上风向灭火
是否可用水灭火	否

八、泄漏应急处理

防护措施和装备	建议应急处理人员戴正压自给式呼吸器，穿防静电服，戴橡胶耐油手套，作业时使用的所有设备应接地。确保安全的情况下，尽可能阻断泄漏源
处置材料和方法	用砂土或其他不燃材料吸收，用无静电工具收集，置于容器中
环保措施	防止泄漏物进入水体或下水道

九、废弃处置

处置方法	建议用焚烧法处置
污染包装物	将容器返还生产商或交给有资质的专业处理公司处置
废弃注意事项	处置前参照国家和地方有关法律法规

苯甲酰氯

一、基本信息

化学品中文名称	苯甲酰氯	中文名称别名	氯化苯甲酰
化学品英文名称	benzoyl chloride；benzenecarbonyl chloride		
CAS No.	98-88-4	UN No.	1736
分子式	C_7H_5ClO	分子量	140.57

二、危险性概述

GHS危险性分类	易燃液体，类别4；急性毒性-经口，类别4；急性毒性-经皮，类别4；急性毒性-吸入，类别4；皮肤腐蚀/刺激，类别1B；严重眼损伤/眼刺激，类别1；皮肤致敏物，类别1；危害水生环境-急性危害，类别1
GHS标签象形图	刺激性　　腐蚀性　　环境危害
是否易制毒/易制爆	否
燃烧及爆炸	可燃。遇水产生刺激性气体
危险反应及分解产物	与禁配物接触可发生危险反应。分解产物：氯化氢、光气
禁配物	强氧化剂、强碱、醇类、水
健康危害	对上呼吸道有刺激作用。接触可灼伤眼和皮肤。对皮肤有致敏性
环境危害	严重危害水生生物

三、理化特性

外观与性状	无色发烟液体，有刺激性气味		
熔点（凝固点）/℃	−1	爆炸上限（体积分数）/%	4.9
沸点/℃	197	爆炸下限（体积分数）/%	1.2
闪点/℃	72.2	自燃温度/℃	185
溶解性	溶于乙醚、氯仿、苯、二硫化碳		

四、个人防护

皮肤和身体	穿橡胶耐酸碱服，戴橡胶耐酸碱手套　必须穿工作服　必须戴防护手套
眼睛	呼吸系统防护中已作防护
呼吸	可能接触其蒸气时，建议佩戴过滤式防毒面具（全面罩）。紧急事态抢救或撤离时，建议佩戴空气呼吸器
设施配备	提供安全的淋浴和洗眼设备

五、使用与储存

使用注意事项	密闭操作，局部排风。远离火源、易燃物、可燃物。使用防爆型通风系统和设备。避免产生烟雾。防止烟雾和蒸气泄漏。避免与氧化剂、碱类、醇类接触。尤其要注意避免与水接触。在氮气中操作处置
配制方法	可直接使用
储存注意事项	1.储存于阴凉、通风良好的专用库房。远离火种、热源。 2.保持容器密封。应与氧化剂、酸类分开存放，切忌混储

六、急救措施

皮肤接触	立即脱去污染衣物，用大量流动清水彻底冲洗。就医
眼睛接触	立即分开眼睑，用流动清水或生理盐水彻底冲洗。就医
吸入	迅速脱离现场至空气新鲜处，保持呼吸道通畅。就医
食入	用水漱口，禁止催吐。给饮牛奶或蛋清。就医
对施救者的忠告	根据需要使用个人防护设备

七、消防措施

灭火剂	一般用干粉灭火器、二氧化碳灭火器灭火。实验室少量药品起火直接用灭火毯闷熄
灭火注意事项及防护	消防人员必须佩戴空气呼吸器、穿全身耐酸碱消防服。禁止用水、泡沫和酸碱灭火剂灭火
是否可用水灭火	否

八、泄漏应急处理

防护措施和装备	建议应急处理人员戴正压自给式呼吸器，穿防酸碱服，戴橡胶手套。确保安全的情况下，尽可能阻断泄漏源
处置材料和方法	用石灰石（$CaCO_3$）、碳酸氢钠（$NaHCO_3$）中和，或用干燥的砂土或其他不燃材料覆盖泄漏物，用无静电工具收集，置于容器中
环保措施	防止泄漏物进入水体或下水道

九、废弃处置

处置方法	建议用焚烧法处置
污染包装物	将容器返还生产商或交给有资质的专业处理公司处置
废弃注意事项	处置前参照国家和地方有关法律法规

苯乙酸

一、基本信息

化学品中文名称	苯乙酸	中文名称别名	α-甲苯甲酸；苯醋酸
化学品英文名称	phenylacetic acid；benzeneacetic acid		
CAS No.	103-82-2	UN No.	1805
分子式	$C_8H_8O_2$	分子量	136.15

二、危险性概述

GHS危险性分类	皮肤腐蚀/刺激，类别2；严重眼损伤/眼刺激，类别2A；特异性靶器官系统毒性--次接触，类别3
GHS标签象形图	<div align="center">⚠ 刺激性</div>
是否易制毒/易制爆	本品是易制毒试剂。属于第二类易制毒化学品
燃烧及爆炸	可燃，其粉尘能与空气形成爆炸性混合物
危险反应及分解产物	与禁配物接触有发生燃烧爆炸的危险。分解产物：碳氧化物
禁配物	强氧化剂、强还原剂、强碱
健康危害	对眼睛、皮肤、黏膜和上呼吸道有刺激作用。吸入、摄入或经皮肤吸收后对身体有害
环境危害	危害环境，可污染水体和大气

三、理化特性

外观与性状	无色片状结晶或白色至褐色粉末，有辛辣的花样气味		
熔点（凝固点）/℃	74～78	爆炸上限（体积分数）/%	无
沸点/℃	265	爆炸下限（体积分数）/%	无
闪点/℃	132	自燃温度/℃	无
溶解性	微溶于冷水、氯仿，易溶于乙醇、乙醚、二硫化碳、氨水，溶于丙酮		

四、个人防护

皮肤和身体	穿化学品防护服，戴防化学品手套　　必须穿工作服　必须戴防护手套
眼睛	戴化学安全防护眼镜　　必须戴防护眼镜

呼吸	空气中粉尘浓度超标时，佩戴过滤式防毒面具（半面罩）。紧急事态抢救或撤离时，应佩戴空气呼吸器 必须戴防毒面具
设施配备	提供安全的淋浴和洗眼设备

五、使用与储存

使用注意事项	密闭操作，局部排风。远离火源、易燃物、可燃物。使用防爆型的通风系统和设备。避免产生粉尘。避免与氧化剂、还原剂、碱类接触
配制方法	可直接使用
储存注意事项	1.本品属于易制毒试剂，实行"五双"管理。 2.储存于阴凉、通风的专用库房。远离火种、热源。 3.应与氧化剂、还原剂、碱类等分开存放，切忌混储

六、急救措施

皮肤接触	立即脱去污染衣物，用大量流动清水彻底冲洗。就医
眼睛接触	立即分开眼睑，用流动清水或生理盐水彻底冲洗。就医
吸入	迅速脱离现场至空气新鲜处，保持呼吸道通畅。就医
食入	饮水，漱口。就医
对施救者的忠告	根据需要使用个人防护设备

七、消防措施

灭火剂	一般用泡沫灭火器、干粉灭火器、二氧化碳灭火器或砂土灭火。实验室少量药品起火直接用灭火毯或砂土闷熄
灭火注意事项及防护	消防人员必须穿全身耐酸碱消防服，佩戴空气呼吸器，在上风向灭火
是否可用水灭火	否

八、泄漏应急处理

防护措施和装备	建议应急处理人员戴正压式自给式呼吸器，穿防腐蚀、防毒服，戴橡胶手套。避免产生粉尘。确保安全的情况下，尽可能阻断泄漏源
处置材料和方法	用干燥的砂土或其他不燃材料吸收或覆盖，用适当工具收集，置于容器中。或用碎石灰石（$CaCO_3$）、苏打（Na_2CO_3）或石灰（CaO）中和，再收集处理
环保措施	防止泄漏物进入水体或下水道

九、废弃处置

处置方法	建议用焚烧法处置
污染包装物	将容器返还生产商或交给有资质的专业处理公司处置
废弃注意事项	处置前参照国家和地方有关法律法规

苯乙烯

一、基本信息

化学品中文名称	苯乙烯	中文名称别名	乙烯基苯；乙烯苯
化学品英文名称		phenylethylene；styrene	
CAS No.	100-42-5	UN No.	2055
分子式	C_8H_8	分子量	104.16

二、危险性概述

GHS危险性分类	易燃液体，类别3；急性毒性-吸入，类别4；皮肤腐蚀/刺激，类别2；严重眼损伤/眼刺激，类别2；致癌性，类别2；生殖毒性，类别2；特异性靶器官毒性-反复接触，类别1；危害水生环境-急性危害，类别2
GHS标签象形图	易燃物　　刺激性　　健康危害
是否易制毒/易制爆	否
燃烧及爆炸	易燃，其蒸气能与空气形成爆炸性混合物。遇高热、明火可引起燃烧爆炸
危险反应及分解产物	与禁配物接触有发生燃烧爆炸的危险
健康危害	对眼、皮肤、黏膜和呼吸道有刺激作用。高浓度时对中枢神经有麻醉作用
环境危害	危害水生生物

三、理化特性

外观与性状	无色透明油状液体		
熔点（凝固点）/℃	−30.6	爆炸上限（体积分数）/%	6.8
沸点/℃	146	爆炸下限（体积分数）/%	0.9
闪点/℃	31	自燃温度/℃	490
溶解性	不溶于水，溶于乙醇、乙醚等多数有机溶剂		

四、个人防护

皮肤和身体	穿防毒物渗透工作服，戴橡胶耐油手套　　必须穿工作服　必须戴防护手套
眼睛	一般不需要特殊防护，高浓度接触时可佩戴化学安全防护眼镜　　必须戴防护眼镜

呼吸	空气中浓度超标时，佩戴过滤式防毒面具（半面罩）。紧急事态抢救或撤离时，佩戴空气呼吸器 必须戴防毒面具
设施配备	提供安全的淋浴和洗眼设备

五、使用与储存

使用注意事项	密闭操作，加强通风。远离火源、易燃物、可燃物。使用防爆型通风系统和设备。防止蒸气泄漏。避免与氧化剂、酸类接触
配制方法	可直接使用
储存注意事项	1.通常商品加有阻聚剂。储存于阴凉、通风的专用库房。远离火种、热源。 2.包装要求密封。不可与空气接触。应与氧化剂、酸类分开存放，切忌混储。不宜大量储存或久存。 3.采用防爆型通风、照明设施。禁止使用易产生火花的机械设备和工具

六、急救措施

皮肤接触	立即脱去污染的衣物，用肥皂水或流动的清水彻底冲洗。就医
眼睛接触	立即分开眼睑，用流动清水或生理盐水彻底冲洗。就医
吸入	迅速脱离现场至空气新鲜处，保持呼吸道通畅。就医
食入	漱口、饮水。就医
对施救者的忠告	根据需要使用个人防护设备

七、消防措施

灭火剂	一般用泡沫灭火器、干粉灭火器、二氧化碳灭火器或砂土灭火。实验室少量药品起火直接用灭火毯或砂土闷熄
灭火注意事项及防护	消防人员必须佩戴防毒面具或空气呼吸器、穿全身消防服，在上风向灭火
是否可用水灭火	否

八、泄漏应急处理

防护措施和装备	建议应急处理人员戴正压自给式呼吸器，穿防静电服，戴橡胶耐油手套，作业时使用的所有设备应接地。确保安全的情况下，尽可能阻断泄漏源
处置材料和方法	用砂土或其他不燃材料覆盖和吸收泄漏物，使用无静电工具收集，置于容器中
环保措施	防止泄漏物进入水体或下水道

九、废弃处置

处置方法	建议用焚烧法处置
污染包装物	将容器返还生产商或交给有资质的专业处理公司处置
废弃注意事项	处置前参照国家和地方有关法律法规

丙 醇

一、基本信息

化学品中文名称	丙醇	中文名称别名	1-丙醇；正丙醇
化学品英文名称	1-propyl alcohol；*n*-propanol；1-propanol		
CAS No.	71-23-8	UN No.	1274
分子式	C_3H_8O	分子量	60.11

二、危险性概述

GHS危险性分类	易燃液体，类别2；严重眼损伤/眼刺激，类别1；特异性靶器官毒性——次接触，类别3
GHS标签象形图	易燃物　　腐蚀性　　刺激性
是否易制毒/易制爆	否
燃烧及爆炸	高度易燃，其蒸气能与空气形成爆炸性混合物
危险反应及分解产物	与禁配物接触有发生燃烧爆炸的危险
禁配物	强氧化剂、酸酐、酸类、卤素
健康危害	接触高浓度蒸气对眼、鼻、喉有刺激作用。误服可致恶心、呕吐、腹痛甚至死亡
环境危害	可能危害环境

三、理化特性

外观与性状	无色液体，有醇味		
熔点（凝固点）/℃	−127	爆炸上限（体积分数）/%	13.5
沸点/℃	97.1	爆炸下限（体积分数）/%	2.1
闪点/℃	15	自燃温度/℃	371
溶解性	与水混溶，可混溶于乙醇、乙醚等多数有机溶剂		

四、个人防护

皮肤和身体	穿防静电工作服，戴橡胶手套　　必须穿工作服　　必须戴防护手套
眼睛	一般不需要特殊防护，高浓度接触可佩戴安全防护眼镜

呼吸	一般不需要特殊防护，高浓度接触时可佩戴过滤式防毒面具（半面罩）![必须戴防毒面具] 必须戴防毒面具
设施配备	提供安全的淋浴和洗眼设备

五、使用与储存

使用注意事项	密闭操作，全面通风。远离火源、易燃物、可燃物。使用防爆型通风系统和设备。防止蒸气泄漏。避免与氧化剂、酸类、卤素接触
配制方法	可直接使用
储存注意事项	1.储存于阴凉、通风的专用库房。远离火种、热源。 2.包装要求密封。应与氧化剂、酸类、卤素、食用化学品分开存放，切忌混储。 3.采用防爆型通风、照明设施。禁止使用易产生火花的机械设备和工具

六、急救措施

皮肤接触	立即脱去污染的衣物，用肥皂水或流动的清水彻底冲洗。就医
眼睛接触	立即分开眼睑，用流动清水或生理盐水彻底冲洗。就医
吸入	迅速脱离现场至空气新鲜处，保持呼吸道通畅。就医
食入	漱口、饮水。就医
对施救者的忠告	根据需要使用个人防护设备

七、消防措施

灭火剂	一般用抗溶性泡沫灭火器、干粉灭火器、二氧化碳灭火器或砂土灭火。实验室少量药品起火直接用灭火毯或砂土闷熄
灭火注意事项及防护	消防人员必须佩戴过滤式防毒面具或空气呼吸器、穿全身消防服，在上风向灭火
是否可用水灭火	否

八、泄漏应急处理

防护措施和装备	建议应急处理人员戴正压自给式呼吸器，穿防静电服，戴橡胶耐油手套，作业时使用的所有设备应接地。确保安全的情况下，尽可能阻断泄漏源
处置材料和方法	用砂土或不燃材料覆盖和吸收泄漏物，用无静电工具收集，置于容器中
环保措施	防止泄漏物进入水体或下水道

九、废弃处置

处置方法	建议用焚烧法处置
污染包装物	将容器返还生产商或交给有资质的专业处理公司处置
废弃注意事项	把倒空的容器在规定场所掩埋

丙 酮

一、基本信息

化学品中文名称	丙酮	中文名称别名	二甲基（甲）酮，阿西通
化学品英文名称	acetone；dimethyl ketone；2-propanone		
CAS No.	67-64-1	UN No.	1090
分子式	C_3H_6O	分子量	58.09

二、危险性概述

GHS 危险性分类	易燃液体，类别 2；严重眼损伤/眼刺激，类别 2；特异性靶器官毒性--一次接触，类别 3
GHS 标签象形图	易燃物　　刺激性
是否易制毒/易制爆	本品是易制毒试剂，第三类
燃烧及爆炸	高度易燃，其蒸气能与空气形成爆炸性混合物
危险反应及分解产物	与禁配物接触有发生燃烧爆炸的危险
禁配物	强氧化剂、强还原剂、碱
健康危害	主要表现为对中枢神经系统的麻醉作用。误服后，口唇、咽喉有烧灼感，严重可致呕吐、昏迷、酸中毒和酮症
环境危害	可能危害环境

三、理化特性

外观与性状	无色透明易流动液体，有芳香气味，极易挥发		
熔点（凝固点）/℃	−95	爆炸上限（体积分数）/%	12.8
沸点/℃	56.5	爆炸下限（体积分数）/%	2.5
闪点/℃	−18（CC）；−9.4（OC）	自燃温度/℃	465
溶解性	与水混溶，可混溶于乙醇、乙醚、氯仿、油类、烃类等多数有机溶剂		

四、个人防护

皮肤和身体	穿防静电工作服，戴橡胶耐油手套 必须穿工作服　必须戴防护手套
眼睛	一般不需要特殊防护，高浓度接触时可戴安全防护眼镜

呼吸	空气中浓度超标时，佩戴过滤式防毒面具（半面罩）
	必须戴防毒面具
设施配备	提供安全的淋浴和洗眼设备

五、使用与储存

使用注意事项	密闭操作，全面通风。远离火源、易燃物、可燃物。防止蒸气泄漏。避免与氧化剂、还原剂、碱类接触
配制方法	可直接使用
储存注意事项	1.本品为易制毒试剂，实行"五双"管理。 2.储存于阴凉、通风良好的专用库房。远离火种、热源。 3.保持容器密封。应与氧化剂、还原剂、碱类分开存放，切忌混储。 4.禁止使用易产生火花的机械设备和工具

六、急救措施

皮肤接触	立即脱去污染衣物，用大量流动清水彻底冲洗。就医
眼睛接触	立即分开眼睑，用流动清水或生理盐水彻底冲洗。就医
吸入	迅速脱离现场至空气新鲜处，保持呼吸道通畅。就医
食入	漱口，饮水。就医
对施救者的忠告	根据需要使用个人防护设备

七、消防措施

灭火剂	一般用抗溶性泡沫灭火器、二氧化碳灭火器、干粉灭火器或砂土灭火。实验室少量药品起火直接用灭火毯或砂土闷熄
灭火注意事项及防护	消防人员必须佩戴防毒面具、穿全身消防服，在上风向灭火
是否可用水灭火	否

八、泄漏应急处理

防护措施和装备	建议应急处理人员戴正压自给式呼吸器，穿防静电服，戴橡胶耐油手套，作业时使用的所有设备应接地。确保安全的情况下，尽可能阻断泄漏源
处置材料和方法	用砂土或其他不燃材料吸收，用无静电工具收集，置于容器中
环保措施	防止泄漏物进入水体或下水道

九、废弃处置

处置方法	建议用焚烧法处理
污染包装物	将容器返还生产商或交给有资质的专业处理公司处置
废弃注意事项	把倒空的容器归还厂商或在规定场所掩埋

丙烯腈

一、基本信息

化学品中文名称	丙烯腈	中文名称别名	乙烯基氰；2-丙烯腈；氰基乙烯
化学品英文名称	acrylonitrile；cyanoethylene；2-propenenitrile		
CAS No.	107-13-1	UN No.	1093
分子式	C_3H_3N	分子量	53.10

二、危险性概述

GHS 危险性分类	易燃液体，类别 2；急性毒性-经口，类别 3；急性毒性-吸入，类别 3；急性毒性-经皮，类别 3；皮肤腐蚀/刺激，类别 2；严重眼损伤/眼刺激，类别 1；皮肤致敏物，类别 1；致癌性，类别 2；特异性靶器官毒性——次接触，类别 3；危害水生环境-急性危害，类别 2；危害水生环境-长期危害，类别 2
GHS 标签象形图	易燃物　有毒物　腐蚀性　健康危害　环境危害
是否易制毒/易制爆	否
燃烧及爆炸	高度易燃，其蒸气能与空气形成爆炸性混合物。遇高热、明火有引起燃烧爆炸的危险。容易自聚
危险反应及分解产物	与禁配物接触有发生燃烧爆炸的危险。高热下可发生聚合反应。分解产物：氰化氢
禁配物	强氧化剂、碱类、酸类
健康危害	剧毒化学品，抑制呼吸酶；对呼吸中枢有直接麻醉作用。液体污染皮肤，可致皮炎
环境危害	危害水生生物且毒害影响长期持续

三、理化特性

外观与性状	无色液体，有刺激性气味		
熔点（凝固点）/℃	−83.6	爆炸上限（体积分数）/%	17.0
沸点/℃	77.3	爆炸下限（体积分数）/%	3.0
闪点/℃	−1（CC）	自燃温度/℃	481
溶解性	微溶于水，易溶于多数有机溶剂		

四、个人防护

皮肤和身体	穿连体式防毒衣，戴橡胶耐油手套　必须穿工作服　必须戴防护手套

眼睛	呼吸系统防护中已做防护
	必须戴防护眼镜
呼吸	可能接触其蒸气时，必须佩戴过滤式防毒面具（全面罩）。紧急事态抢救或撤离时，建议佩戴空气呼吸器
设施配备	加强通风，提供安全的淋浴和洗眼设备

五、使用与储存

使用注意事项	严加密闭，提供充分的局部排风和全面通风。远离火源、易燃物、可燃物。使用防爆型的通风系统和设备。防止蒸气泄漏。避免与氧化剂、酸类、碱类接触
配制方法	可直接使用
储存注意事项	1.通常商品加有稳定剂。储存于阴凉、通风良好的专用库房。远离火种、热源。 2.包装要求密封。应与强氧化剂、碱类、酸类、食用化学品分开存放，切忌混储。 3.采用防爆型照明、通风设施。禁止使用易产生火花的机械设备和工具

六、急救措施

皮肤接触	立即脱去污染衣物，用大量流动清水或肥皂水彻底冲洗。就医
眼睛接触	立即分开眼睑，用流动清水或生理盐水彻底冲洗。就医
吸入	迅速脱离现场至空气新鲜处，保持呼吸道通畅。就医
食入	催吐（仅限于清醒者）。给服活性炭悬液。就医
对施救者的忠告	根据需要使用个人防护设备

七、消防措施

灭火剂	一般用泡沫灭火器、干粉灭火器、二氧化碳灭火器或砂土灭火。实验室少量药品起火直接用灭火毯或砂土闷熄
灭火注意事项及防护	消防人员必须佩戴空气呼吸器、穿全身防火消防服，在上风向灭火
是否可用水灭火	否

八、泄漏应急处理

防护措施和装备	建议应急处理人员戴正压自给式呼吸器，穿防毒、防静电服，戴橡胶耐油手套，作业时使用的所有设备应接地。确保安全的情况下，尽可能阻断泄漏源
处置材料和方法	用砂土或其他不燃材料吸收，用无静电工具收集，置于容器中
环保措施	防止泄漏物进入水体或下水道

九、废弃处置

处置方法	建议用焚烧法处置，也可采用乙醇氢氧化钠法处置
污染包装物	将容器返还生产商或交给有资质的专业处理公司处置
废弃注意事项	处置前参照国家和地方有关法律法规

丙烯酸

一、基本信息

化学品中文名称	丙烯酸	中文名称别名	败脂酸；乙烯基甲酸
化学品英文名称	acrylic acid；2-propenoic acid		
CAS No.	79-10-7	UN No.	2218
分子式	$C_3H_4O_2$	分子量	72.07

二、危险性概述

GHS危险性分类	易燃液体，类别3；急性毒性-经口，类别4；急性毒性-经皮，类别4；急性毒性-吸入，类别4；皮肤腐蚀/刺激，类别1A；严重眼损伤/眼刺激，类别1；特异性靶器官毒性——次接触，类别3（呼吸道刺激）；危害水生环境-急性危害，类别1
GHS标签象形图	易燃物　刺激性　腐蚀性　环境危害
是否易制毒/易制爆	否
燃烧及爆炸	易燃，其蒸气能与空气形成爆炸性混合物。遇高热、明火有引起燃烧爆炸的危险。高热可发生聚合反应
危险反应及分解产物	与禁配物接触有发生燃烧爆炸的危险
禁配物	强氧化剂、强碱
健康危害	对皮肤、眼和呼吸道有强烈刺激作用，误服严重烧伤呼吸道
环境危害	严重危害水生生物

三、理化特性

外观与性状	无色液体，有刺激性气味		
熔点（凝固点）/℃	13	爆炸上限（体积分数）/%	8.0
沸点/℃	141	爆炸下限（体积分数）/%	2.4
闪点/℃	54（CC）；54.5（OC）	自燃温度/℃	360
溶解性	与水混溶，可混溶于乙醇、乙醚		

四、个人防护

皮肤和身体	穿橡胶耐酸碱服，戴橡胶耐酸碱手套　　必须穿工作服　必须戴防护手套
眼睛	戴化学安全防护眼镜　　必须戴防护眼镜

呼吸	可能接触其蒸气时，必须佩戴过滤式防毒面具（半面罩）。紧急事态抢救或撤离时，佩戴空气呼吸器 必须戴防毒面具
设施配备	提供安全的淋浴和洗眼设备

五、使用与储存

使用注意事项	密闭操作，加强通风。远离火源、易燃物、可燃物。防止蒸气泄漏。避免与氧化剂、碱类接触，尤其要注意避免与水接触
配制方法	可直接使用
储存注意事项	1.通常商品加有阻聚剂。储存于阴凉、通风的库房。远离火种、热源。 2.包装密封，不可与空气接触。应与氧化剂、碱类等分开存放，切忌混储。不宜大量储存或久存。 3.采用防爆型照明、通风设施。禁止使用易产生火花的机械设备和工具

六、急救措施

皮肤接触	立即脱去污染衣物，用大量流动清水彻底冲洗。就医
眼睛接触	立即分开眼睑，用流动清水或生理盐水彻底冲洗。就医
吸入	迅速脱离现场至空气新鲜处，保持呼吸道通畅。就医
食入	用水漱口，禁止催吐。给饮牛奶和蛋清。就医
对施救者的忠告	根据需要使用个人防护设备

七、消防措施

灭火剂	一般用泡沫灭火器、干粉灭火器、二氧化碳灭火器或砂土灭火。实验室少量药品起火直接用灭火毯或砂土闷熄
灭火注意事项及防护	消防人员须佩戴防毒面具、穿全身消防服，在上风向灭火
是否可用水灭火	否

八、泄漏应急处理

防护措施和装备	建议应急处理人员戴正压式自给式呼吸器，穿防静电服，戴橡胶耐油手套，作业时使用的所有设备应接地。确保安全的情况下，尽可能阻断泄漏源
处置材料和方法	用砂土或其他不燃材料吸收，用无静电工具收集，置于容器中
环保措施	防止泄漏物进入水体或下水道

九、废弃处置

处置方法	用焚烧法处置
污染包装物	将容器返还生产商或交给有资质的专业处理公司处置
废弃注意事项	处置前参照国家和地方有关法律法规

丙烯酸甲酯

一、基本信息

化学品中文名称	丙烯酸甲酯	中文名称别名	败脂酸甲酯
化学品英文名称	methyl acrylate；methyl propenoate		
CAS No.	96-33-3	UN No.	1919
分子式	$C_4H_6O_2$	分子量	86.09

二、危险性概述

GHS危险性分类	易燃液体，类别2；急性毒性-经口，类别4；急性毒性-经皮，类别4；急性毒性-吸入，类别4；皮肤腐蚀/刺激，类别2；严重眼损伤/眼刺激，类别2；皮肤致敏物，类别1；特异性靶器官毒性——次接触，类别3（呼吸道刺激）；危害水生环境-急性危害，类别2；危害水生环境-长期危害，类别3
GHS标签象形图	易燃物　　刺激性
是否易制毒/易制爆	否
燃烧及爆炸	高度易燃，其蒸气能与空气形成爆炸性混合物。容易自聚
危险反应及分解产物	与禁配物接触有发生燃烧爆炸的危险
禁配物	强氧化剂、酸类、碱类
健康危害	高浓度接触引起肺水肿。误服损伤口腔、胃、食管。长期接触损害肺、肝、肾。对皮肤有致敏性
环境危害	危害水生生物且毒害影响长期持续

三、理化特性

外观与性状	无色透明液体，有辛辣气味		
熔点（凝固点）/℃	−76.5	爆炸上限（体积分数）/%	25.0
沸点/℃	80.5	爆炸下限（体积分数）/%	2.8
闪点/℃	−3（OC）	自燃温度/℃	468
溶解性	微溶于水，易溶于乙醇、乙醚、丙酮、苯		

四、个人防护

皮肤和身体	穿防静电工作服，戴橡胶耐油手套　　必须穿工作服　　必须戴防护手套
眼睛	戴化学安全防护眼镜　　必须戴防护眼镜

呼吸	空气中浓度超标时，应该佩戴过滤式防毒面具（半面罩）。必要时佩戴空气呼吸器 必须戴防毒面具
设施配备	提供安全的淋浴和洗眼设备

五、使用与储存

使用注意事项	密闭操作，全面通风。远离火源、易燃物、可燃物。使用防爆型通风系统和设备。防止蒸气泄漏。避免与氧化剂、碱类、酸类接触
配制方法	可直接使用
储存注意事项	1.通常商品加有阻聚剂。储存于阴凉、通风的专用库房。远离火种、热源。 2.包装要求密封。应与氧化剂、碱类、酸类分开存放，切忌混储。不宜大量储存或久存。 3.采用防爆型照明、通风设施。禁止使用易产生火花的机械设备和工具

六、急救措施

皮肤接触	立即脱去污染衣物，用大量流动清水彻底冲洗。就医
眼睛接触	立即分开眼睑，用流动清水或生理盐水彻底冲洗。就医
吸入	迅速脱离现场至空气新鲜处，保持呼吸道通畅。就医
食入	漱口、饮水。就医
对施救者的忠告	根据需要使用个人防护设备

七、消防措施

灭火剂	一般用泡沫灭火器、干粉灭火器、二氧化碳灭火器或砂土灭火。实验室少量药品起火直接用灭火毯或砂土闷熄
灭火注意事项及防护	消防人员必须佩戴防毒面具、穿全身消防服，在上风向灭火。用水灭火无效
是否可用水灭火	否

八、泄漏应急处理

防护措施和装备	建议应急处理人员戴正压自给式呼吸器，穿防毒、防静电服，戴橡胶耐油手套。确保安全的情况下，尽可能阻断泄漏源
处置材料和方法	用砂土或其他不燃材料吸收，用无静电工具收集，置于容器中
环保措施	防止泄漏物进入水体或下水道

九、废弃处置

处置方法	建议用焚烧法处置
污染包装物	将容器返还生产商或交给有资质的专业处理公司处置
废弃注意事项	处置前参照国家和地方有关法律法规

丙烯酰胺

一、基本信息

化学品中文名称	丙烯酰胺	中文名称别名	2-丙烯酰胺
化学品英文名称		acrylamide；2-propenamide	
CAS No.	79-06-1	UN No.	2074（固体）；3426（溶液）
分子式	C₃H₅NO	分子量	71.09

二、危险性概述

GHS危险性分类	急性毒性-经口，类别3；急性毒性-经皮，类别4；急性毒性-吸入，类别4；皮肤腐蚀/刺激，类别2；严重眼损伤/眼刺激，类别2；皮肤致敏物，类别1；生殖细胞致突变性，类别1B；致癌性，类别1B；生殖毒性，类别2；特异性靶器官毒性-反复接触，类别1；危害水生环境-急性危害，类别3
GHS标签象形图	 有毒物　　健康危害
是否易制毒/易制爆	否
燃烧及爆炸	可燃，其粉体能与空气形成爆炸性混合物
危险反应及分解产物	与禁配物接触有发生燃烧爆炸的危险。高热下可发生聚合反应
禁配物	强氧化剂、酸类、碱类
健康危害	主要损害神经系统。对皮肤有致癌性
环境危害	危害水生生物

三、理化特性

外观与性状	白色或淡黄色结晶，无气味		
熔点（凝固点）/℃	84.5	爆炸上限（体积分数）/%	20.6
沸点/℃	125（3.33kPa）；192.6	爆炸下限（体积分数）/%	2.7
闪点/℃	138（CC）	自燃温度/℃	424
溶解性	溶于水、乙醇、乙醚、丙酮，不溶于苯、己烷		

四、个人防护

皮肤和身体	穿隔绝式防毒服，戴橡胶手套　　必须穿工作服　　必须戴防护手套
眼睛	戴化学安全防护眼镜　　必须戴防护眼镜

呼吸	空气中粉尘浓度超标时，应佩戴过滤式防尘呼吸器。紧急事态抢救或撤离时，佩戴空气呼吸器
设施配备	提供安全的淋浴和洗眼设备

五、使用与储存

使用注意事项	密闭操作，提供充分的局部排风。远离火源、易燃物、可燃物。使用防爆型通风系统和设备。避免产生粉尘。避免与氧化剂、酸类、碱类接触
配制方法	可直接使用
储存注意事项	1. 储存于阴凉、通风的专用库房。远离火种、热源。 2. 包装要求密封，不可与空气接触。应与氧化剂、酸类、碱类、食用化学品等分开存放，切忌混储。不宜大量储存或久存

六、急救措施

皮肤接触	立即脱去污染衣物，用大量流动清水彻底冲洗。就医
眼睛接触	立即分开眼睑，用流动清水或生理盐水彻底冲洗。就医
吸入	迅速脱离现场至空气新鲜处，保持呼吸道通畅。就医
食入	饮适量温水，催吐（仅限于清醒者）。就医
对施救者的忠告	根据需要使用个人防护设备

七、消防措施

灭火剂	一般用抗溶性泡沫灭火器、干粉灭火器、二氧化碳灭火器或砂土灭火。实验室少量药品起火直接用灭火毯或砂土闷熄
灭火注意事项及防护	消防人员须佩戴空气呼吸器、穿全身防火防毒服，在上风向灭火
是否可用水灭火	否

八、泄漏应急处理

防护措施和装备	建议应急处理人员戴防尘口罩，穿防毒服，戴橡胶手套。确保安全的情况下，尽可能阻断泄漏源
处置材料和方法	用洁净的工具收集泄漏物，置于容器中
环保措施	防止泄漏物进入水体或下水道

九、废弃处置

处置方法	建议用焚烧法处置
污染包装物	将容器返还生产商或交给有资质的专业处理公司处置
废弃注意事项	处置前参照国家和地方有关法律法规

次氯酸钠溶液

一、基本信息

化学品中文名称	次氯酸钠溶液	中文名称别名	
化学品英文名称	sodium hypochlorite solution		
CAS No.	7681-52-9	UN No.	1791
分子式	NaClO	分子量	74.44

二、危险性概述

GHS危险性分类	皮肤腐蚀/刺激，类别1B；严重眼损伤/眼刺激，类别1；危害水生环境-急性危害，类别1；危害水生环境-长期危害，类别1
GHS标签象形图	腐蚀性　环境危害
是否易制毒/易制爆	否
燃烧及爆炸	不燃，无特殊燃爆特性
危险反应及分解产物	与禁配物接触发生强烈反应。受热易分解产生有毒的腐蚀性烟气。分解产物：氯化物
禁配物	碱类
健康危害	严重灼伤皮肤和眼结膜。对呼吸道有刺激作用。对皮肤可致中度至重度损害
环境危害	危害水生生物且毒害影响长期持续

三、理化特性

外观与性状	微黄色溶液，有似氯气的气味		
熔点（凝固点）/℃	−6	爆炸上限（体积分数）/%	无意义
沸点/℃	40（分解）	爆炸下限（体积分数）/%	无意义
闪点/℃	无意义	自燃温度/℃	无资料
溶解性	溶于水		

四、个人防护

皮肤和身体	穿防腐蚀工作服，戴橡胶手套　　必须穿工作服　必须戴防护手套
眼睛	戴化学安全防护眼镜　　必须戴防护眼镜

呼吸	高浓度环境中，应该佩戴过滤式防毒面具（半面罩） 必须戴防毒面具
设施配备	提供安全的淋浴和洗眼设备

五、使用与储存

使用注意事项	密闭操作，全面通风。远离火源、易燃物、可燃物。防止蒸气泄漏。避免与碱类接触
配制方法	可直接使用
储存注意事项	1.储存于阴凉、通风的专用库房。远离火种、热源。 2.应与碱类分开存放，切忌混储

六、急救措施

皮肤接触	立即脱去污染衣物，用大量流动清水彻底冲洗。就医
眼睛接触	立即分开眼睑，用流动清水或生理盐水彻底冲洗。就医
吸入	迅速脱离现场至空气新鲜处，保持呼吸道通畅。就医
食入	用水漱口，禁止催吐。给饮牛奶或蛋清。就医
对施救者的忠告	根据需要使用个人防护设备

七、消防措施

灭火剂	本品不燃。根据着火原因选择适当灭火剂灭火
灭火注意事项及防护	实验室少量药品起火直接用灭火毯或砂子闷熄
是否可用水灭火	是

八、泄漏应急处理

防护措施和装备	建议应急处理人员戴正压自给式呼吸器，穿防酸碱服，戴橡胶手套。确保安全的情况下，尽可能阻断泄漏源
处置材料和方法	用干燥的砂土或其他不燃材料吸收或覆盖，用适当的工具收集，置于容器中
环保措施	防止泄漏物进入水体或下水道

九、废弃处置

处置方法	建议中和后滤出固体，在规定场所掩埋
污染包装物	将容器返还生产商或交给有资质的专业处理公司处置
废弃注意事项	破损容器禁止重新使用，要在规定场所掩埋

氮

一、基本信息

化学品中文名称	氮	中文名称别名	氮气
化学品英文名称	nitrogen；nitrogen gas		
CAS No.	7727-37-9	UN No.	1066（压缩）；1977（液化）
分子式	N_2	分子量	28.01

二、危险性概述

GHS危险性分类	加压气体
GHS标签象形图	高压物
是否易制毒/易制爆	否
燃烧及爆炸	不燃，无特殊燃爆特性
危险反应及分解产物	无资料
禁配物	无资料
健康危害	常压下无毒。当操作环境中氮气浓度增高，氧气相对减少时，引起单纯性窒息作用。皮肤接触液氮可致严重冻伤
环境危害	无

三、理化特性

外观与性状	无色、无味、压缩气体		
熔点（凝固点)/℃	−209.9	爆炸上限（体积分数)/%	无意义
沸点/℃	−196	爆炸下限（体积分数)/%	无意义
闪点/℃	无意义	自燃温度/℃	无意义
溶解性	微溶于水、乙醇，溶于液氨		

四、个人防护

皮肤和身体	穿一般作业工作服，戴一般作业防护手套　必须穿工作服　必须戴防护手套
眼睛	一般不需特殊防护
呼吸	一般不需特殊防护。当作业场所空气中氧浓度低于18％时，必须佩戴空气呼吸器或长管面具
设施配备	提供安全的淋浴和洗眼设备

五、使用与储存

使用注意事项	密闭操作，提供良好的自然通风条件。防止气体泄漏
配制方法	可直接使用
储存注意事项	储存于阴凉、通风的不燃气体专用库房。远离火种、热源

六、急救措施

皮肤接触	如发生冻伤，用温水（38～42℃）复温，忌用热水或辐射热，不要搓揉。就医
吸入	迅速脱离现场至空气新鲜处，保持呼吸道通畅。就医
对施救者的忠告	根据需要使用个人防护设备

七、消防措施

灭火剂	本品不燃。根据着火原因选择合适的灭火剂灭火
灭火注意事项及防护	喷水保持火场容器冷却，尽可能将容器从火场移至空旷处
是否可用水灭火	是

八、泄漏应急处理

防护措施和装备	建议应急处理人员戴正压式自给式呼吸器，穿一般作业工作服。液化气体泄漏时穿防寒服。确保安全的情况下，尽可能阻断泄漏源
处置材料和方法	泄漏气体允许排入大气中。泄漏场所保持通风
环保措施	无资料

九、废弃处置

处置方法	废气直接排入大气
污染包装物	将容器返还生产商或交给有资质的专业处理公司处置
废弃注意事项	

碘酸钾

一、基本信息

化学品中文名称	碘酸钾	中文名称别名	
化学品英文名称		potassium iodate	
CAS No.	7758-05-6	UN No.	1479
分子式	KIO_3	分子量	214.00

二、危险性概述

GHS危险性分类	氧化性固体，类别2；急性毒性-经口，类别4
GHS标签象形图	易燃物 刺激性
是否易制毒或易制爆	否
燃烧及爆炸	不燃
危险反应及分解产物	与禁配物接触有发生燃烧爆炸的危险。分解产物：碘化物、氧化钾
禁配物	强还原剂、活性金属粉末、有机金属化合物、硫、磷
健康危害	对上呼吸道、眼及皮肤有刺激作用。误服引起头痛、恶心、呕吐、眩晕及胃肠道刺激。可致视神经损害
环境危害	可能危害环境

三、理化特性

外观与性状	无色或白色晶状粉末，无臭		
熔点（凝固点）/℃	560（分解）	爆炸上限（体积分数）/%	无意义
沸点/℃	无资料	爆炸下限（体积分数）/%	无意义
闪点/℃	无意义	自燃温度/℃	无意义
溶解性	溶于水、稀硫酸，溶于碘化钾溶液，不溶于乙醇、液氨		

四、个人防护

皮肤和身体	穿隔绝式防毒服，戴橡胶手套 必须穿工作服 必须戴防护手套
眼睛	戴化学安全防护眼镜 必须戴防护眼镜
呼吸	可能接触其粉末时，应该佩戴过滤式防尘呼吸器
设施配备	提供安全的淋浴和洗眼设备

五、使用与储存

使用注意事项	密闭操作，加强通风。避免产生粉尘。远离火源、易燃物、可燃物。避免与还原剂、活性金属粉末、有机金属化合物接触
配制方法	配制浓度 $0.1mol \cdot L^{-1}$ 溶液：溶解 21.4g KIO_3 固体于水中，加水稀释至 1L
储存注意事项	1.储存于阴凉、通风的专用库房。远离火种、热源。 2.避免光照。包装密封。应与氧化剂、活性金属粉末、有机金属化合物等分开存放，切忌混储

六、急救措施

皮肤接触	立即脱去污染衣物，用大量流动清水彻底冲洗。就医
眼睛接触	立即分开眼睑，用流动清水或生理盐水彻底冲洗。就医
吸入	迅速脱离现场至空气新鲜处，保持呼吸道通畅。就医
食入	漱口，饮水。就医
对施救者的忠告	根据需要使用个人防护设备

七、消防措施

灭火剂	本品不燃。根据着火原因选择适当灭火剂灭火
灭火注意事项及防护	实验室少量药品起火直接用灭火毯或砂子闷熄
是否可用水灭火	是

八、泄漏应急处理

防护措施和装备	建议应急处理人员戴防尘口罩，穿防毒服，戴橡胶手套。确保安全的情况下，尽可能阻断泄漏源
处置材料和方法	用洁净的工具收集泄漏物，置于容器中
环保措施	防止泄漏物进入水体或下水道

九、废弃处置

处置方法	建议用安全掩埋法处置
污染包装物	将容器返还生产商或交给有资质的专业处理公司处置
废弃注意事项	处置前参照国家和地方有关法律法规

对氨基苯磺酸

一、基本信息

化学品中文名称	对氨基苯磺酸	中文名称别名	4-氨基苯磺酸；磺胺酸；苯胺对磺酸
化学品英文名称	sulfanilic acid；4-aminobenzenesulfonic acid；aniline-4-sulfonic acid；p-aminobenzene sulfanilic acid		
CAS No.	121-57-3	UN No.	2790
分子式	$C_6H_7NO_3S$	分子量	173.19

二、危险性概述

GHS危险性分类	皮肤腐蚀/刺激，类别2；严重眼损伤/眼刺激，类别2A；皮肤致敏物，类别1；危害水生环境-急性危害，类别3；危害水生环境-长期危害，类别3
GHS标签象形图	<div align="center">⚠ 刺激性</div>
是否易制毒/易制爆	否
燃烧及爆炸	可燃，在火焰中释放出刺激性或有毒烟雾（或气体）
危险反应及分解产物	受热分解，产生氮、硫的氧化物等毒性气体。分解产物：硫氧化物、氮氧化物、碳氮化物
禁配物	强氧化剂、强酸、强碱
健康危害	对皮肤有刺激作用。对皮肤有致敏性。造成严重眼刺激
环境危害	对环境有危害，对水体和大气可造成污染

三、理化特性

外观与性状	灰白色粉末或无色晶体，有轻微特殊气味，对光敏感		
熔点（凝固点）/℃	288（分解）	爆炸上限（体积分数）/%	无意义
沸点/℃	无资料	爆炸下限（体积分数）/%	无意义
闪点/℃	无意义	自燃温度/℃	无意义
溶解性	易溶于氨和碱金属氢氧化物或碳酸盐水溶液中，较易溶于热水，微溶于冷水，不溶于乙醇、乙醚和苯		

四、个人防护

皮肤和身体	穿防毒物渗透工作服，戴橡胶手套 必须穿工作服 必须戴防护手套
眼睛	戴化学安全防护眼镜 必须戴防护眼镜

呼吸	空气中粉尘浓度超标时，必须佩戴过滤式防尘呼吸器
设施配备	提供安全的淋浴和洗眼设备

五、使用与储存

使用注意事项	密闭操作，局部排风。远离火源、易燃物、可燃物。避免产生粉尘。避免与氧化剂、酸类、碱类接触
配制方法	配制浓度 $0.01mol \cdot L^{-1}$ 溶液：溶解 1.73g 对氨基苯磺酸固体于水中，加水稀释至 1L
储存注意事项	1.储存于阴凉、通风的专用库房。远离火种、热源。 2.保持容器密封。应与氧化剂、酸类、碱类分开存放，切忌混储

六、急救措施

皮肤接触	立即脱去污染衣物，用大量流动清水彻底冲洗。就医
眼睛接触	立即分开眼睑，用流动清水或生理盐水彻底冲洗。就医
吸入	迅速脱离现场至空气新鲜处，保持呼吸道通畅。就医
食入	漱口，饮水。就医
对施救者的忠告	根据需要使用个人防护设备

七、消防措施

灭火剂	采用抗溶性泡沫灭火器、二氧化碳灭火器、干粉灭火器和砂土灭火
灭火注意事项及防护	消防人员必须穿全身耐酸碱消防服、佩戴空气呼吸器灭火
是否可用水灭火	否

八、泄漏应急处理

防护措施和装备	建议应急处理人员戴防尘口罩，穿防酸碱服，戴橡胶手套。确保安全的情况下，尽可能阻断泄漏源
处置材料和方法	用洁净的工具收集泄漏物，置于容器中
环保措施	防止泄漏物进入水体或下水道

九、废弃处置

处置方法	根据国家和地方有关法规的要求处置或与制造商联系，确定处置方法
污染包装物	将容器返还生产商或交给有资质的专业处理公司处置
废弃注意事项	处置前参照国家和地方有关法律法规

对苯二酚

一、基本信息

化学品中文名称	对苯二酚	中文名称别名	1,4-苯二酚；1,4-二羟基苯；氢醌
化学品英文名称	p-dihydroxybenzene；hydroquinone；p-benzenediol		
CAS No.	123-31-9	UN No.	3077
分子式	C₆H₆O₂	分子量	110.11

二、危险性概述

GHS 危险性分类	急性毒性-经口，类别 4；严重眼损伤/眼刺激，类别 1；皮肤致敏物，类别 1；生殖细胞致突变性，类别 2；危害水生环境-急性危害，类别 1；危害水生环境-长期危害，类别 1
GHS 标签象形图	刺激性　腐蚀性　健康危害　环境危害
是否易制毒/易制爆	否
燃烧及爆炸	可燃，其粉体能与空气形成爆炸性混合物
危险反应及分解产物	与禁配物发生危险反应
禁配物	酰基氯、酸酐、碱、强氧化剂、强酸
健康危害	毒性比酚大。成人误服 1g，即可出现严重反应，严重者可出现呕血、血尿和溶血性黄疸。对皮肤和眼睛有刺激作用
环境危害	危害水生生物且毒害影响长期持续

三、理化特性

外观与性状	白色结晶		
熔点（凝固点）/℃	170.5	爆炸上限（体积分数）/%	15.3
沸点/℃	285	爆炸下限（体积分数）/%	1.6
闪点/℃	165（CC）	自燃温度/℃	516
溶解性	溶于水，易溶于乙醇、乙醚		

四、个人防护

皮肤和身体	穿防毒物渗透工作服，戴橡胶手套　　必须穿工作服　必须戴防护手套
眼睛	戴化学安全防护眼镜　　必须戴防护眼镜

呼吸	空气中粉尘浓度超标时，佩戴过滤式防尘呼吸器。紧急事态抢救或撤离时，佩戴空气呼吸器
设施配备	提供安全的淋浴和洗眼设备

五、使用与储存

使用注意事项	密闭操作，提供充分的局部排风。尽可能采取隔离操作。远离火源、易燃物、可燃物。使用防爆型通风系统和设备。避免产生粉尘。避免与氧化剂、酸类、碱类接触
配制方法	可直接使用
储存注意事项	1.储存于阴凉、通风的专用库房。远离火种、热源。避免光照。 2.包装要求密封，不可与空气接触。应与氧化剂、酸类、碱类、食用化学品分开存放，切忌混储

六、急救措施

皮肤接触	立即脱去污染的衣物，用大量流动清水彻底冲洗污染创面。同时使用浸过聚乙烯乙二醇的棉球或浸过30%～50%酒精棉球擦洗创面，直至无酚味为止。可继续用4%～5%的碳酸氢钠溶液湿敷创面。就医
眼睛接触	立即分开眼睑，用流动清水或生理盐水彻底冲洗。就医
吸入	迅速脱离现场至空气新鲜处，保持呼吸道通畅。就医
食入	漱口，给服植物油 15～30mL，催吐。对食入时间长者禁用植物油，可口服牛奶或蛋清。就医
对施救者的忠告	根据需要使用个人防护设备

七、消防措施

灭火剂	一般用泡沫灭火器、干粉灭火器、二氧化碳灭火器或砂土灭火。实验室少量药品起火直接用灭火毯或砂土闷熄
灭火注意事项及防护	消防人员必须佩戴过滤式防毒面具或空气呼吸器、穿全身防火防毒服，在上风向灭火
是否可用水灭火	否

八、泄漏应急处理

防护措施和装备	建议应急处理人员戴防尘口罩，穿防毒服，戴橡胶手套。确保安全的情况下，尽可能阻断泄漏源
处置材料和方法	用洁净的工具收集泄漏物，置于容器中
环保措施	防止泄漏物进入水体或下水道

九、废弃处置

处置方法	建议用焚烧法处置
污染包装物	将容器返还生产商或交给有资质的专业处理公司处置
废弃注意事项	把倒空的容器归还厂商或在规定场所掩埋

对甲苯胺

一、基本信息

化学品中文名称	对甲苯胺	中文名称别名	4-甲基苯胺；4-氨基甲苯；对氨基甲苯
化学品英文名称	p-toluidine；4-toluidine；p-aminotoluene		
CAS No.	106-49-0	UN No.	3451
分子式	C₇H₉N	分子量	107.20

二、危险性概述

GHS危险性分类	急性毒性-经口，类别3；急性毒性-经皮，类别3；急性毒性-吸入，类别3；严重眼损伤/眼刺激，类别2；皮肤致敏物，类别1；危害水生环境-急性危害，类别1
GHS标签象形图	有毒物　　环境危害
是否易制毒/易制爆	否
燃烧及爆炸	可燃，其粉体能与空气形成爆炸性混合物
危险反应及分解产物	与禁配物接触有发生燃烧爆炸的危险。分解产物：氨
禁配物	强氧化剂、酸类、酰基氯、酸酐、氯仿
健康危害	本品是强烈的高铁血红蛋白形成剂，并能刺激膀胱尿道，能致血尿
环境危害	严重危害水生生物

三、理化特性

外观与性状	纯品为无色片状结晶		
熔点（凝固点）/℃	44.5	爆炸上限（体积分数）/%	6.6
沸点/℃	200.4	爆炸下限（体积分数）/%	1.1
闪点/℃	86（CC）	自燃温度/℃	482
溶解性	微溶于水，溶于乙醇、乙醚、苯、盐酸		

四、个人防护

皮肤和身体	穿隔绝式防毒服，戴橡胶手套　　必须穿工作服　　必须戴防护手套
眼睛	戴化学安全防护眼镜　　必须戴防护眼镜

呼吸	可能接触其粉尘时，必须佩戴过滤式防尘呼吸器。紧急事态抢救或撤离时，应佩戴空气呼吸器
设施配备	提供安全的淋浴和洗眼设备

五、使用与储存

使用注意事项	密闭操作，提供充分的局部排风。远离火源、易燃物、可燃物。使用防爆型通风系统和设备。避免产生粉尘。避免与氧化剂、酸类接触
配制方法	可直接使用
储存注意事项	1.储存于阴凉、通风的专用库房。远离火种、热源。 2.包装要求密封，不可与空气接触。应与氧化剂、酸类、食用化学品分开存放，切忌混储

六、急救措施

皮肤接触	立即脱去污染的衣物，用肥皂水或流动的清水彻底冲洗。就医
眼睛接触	立即分开眼睑，用流动清水或生理盐水彻底冲洗。就医
吸入	迅速脱离现场至空气新鲜处，保持呼吸道通畅。就医
食入	漱口、饮水。就医
对施救者的忠告	根据需要使用个人防护设备

七、消防措施

灭火剂	一般用泡沫灭火器、干粉灭火器、二氧化碳灭火器或砂土灭火。实验室少量药品起火直接用灭火毯或砂子闷熄
灭火注意事项及防护	消防人员必须佩戴过滤式防毒面具或空气呼吸器、穿全身防火防毒服，在上风向灭火
是否可用水灭火	否

八、泄漏应急处理

防护措施和装备	建议应急处理人员戴头罩型电动送风过滤式防尘呼吸器，穿防毒服，戴橡胶手套。确保安全的情况下，尽可能阻断泄漏源
处置材料和方法	用洁净的工具收集泄漏物，置于容器中
环保措施	防止泄漏物进入水体或下水道

九、废弃处置

处置方法	建议用控制焚烧法处置
污染包装物	将容器返还生产商或交给有资质的专业处理公司处置
废弃注意事项	处置前参照国家和地方有关法律法规

二硫化碳

一、基本信息

化学品中文名称	二硫化碳	中文名称别名	
化学品英文名称		carbon disulfide；carbon bisulfide	
CAS No.	75-15-0	UN No.	1131
分子式	CS_2	分子量	76.13

二、危险性概述

GHS危险性分类	易燃液体，类别2；急性毒性-经口，类别3；急性毒性-吸入，类别4；严重眼损伤/眼刺激，类别2；皮肤腐蚀/刺激，类别2；生殖毒性，类别2；特异性靶器官毒性-反复接触，类别1；危害水生环境-急性危害，类别2
GHS标签象形图	易燃物　　有毒物　　健康危害
是否易制毒/易制爆	否
燃烧及爆炸	高度易燃，其蒸气能与空气形成爆炸性混合物，遇高热、明火易引起燃烧爆炸
危险反应及分解产物	与禁配物接触有发生燃烧爆炸的危险
禁配物	强氧化剂、胺类、碱金属
健康危害	对眼有强烈刺激作用。本品是损害神经和血管的毒物
环境危害	对水生生物有毒

三、理化特性

外观与性状	无色或淡黄色透明液体，有刺激性气味，易挥发		
熔点（凝固点）/℃	−111.5	爆炸上限（体积分数）/％	50.0
沸点/℃	46.3	爆炸下限（体积分数）/％	1.3
闪点/℃	−30（CC）	自燃温度/℃	90
溶解性	不溶于水，溶于乙醚、乙醇等多数有机溶剂		

四、个人防护

皮肤和身体	穿防静电工作服，戴橡胶耐油手套　　必须穿工作服　　必须戴防护手套
眼睛	戴化学安全防护眼镜　　必须戴防护眼镜

呼吸	可能接触其蒸气时，必须佩戴过滤式防毒面具（半面罩）
设施配备	提供安全的淋浴和洗眼设备

必须戴防毒面具

五、使用与储存

使用注意事项	密闭操作，局部排风。远离火源、易燃物、可燃物。使用防爆型通风系统和设备。防止蒸气泄漏。避免与氧化剂、胺类、碱金属接触
配制方法	可直接使用
储存注意事项	1.储存于阴凉、通风的专用库房。远离火种、热源。 2.采用防爆型照明、通风设施。禁止使用易产生火花的机械设备和工具。 3.保持容器密封。应与氧化剂、胺类、碱金属、食用化学品分开放，切忌混储

六、急救措施

皮肤接触	立即脱去污染衣物，用大量流动清水彻底冲洗。就医
眼睛接触	立即分开眼睑，用流动清水或生理盐水彻底冲洗。就医
吸入	迅速脱离现场至空气新鲜处，保持呼吸道通畅。就医
食入	漱口，饮水。就医
对施救者的忠告	根据需要使用个人防护设备

七、消防措施

灭火剂	一般用泡沫灭火器、干粉灭火器、二氧化碳灭火器或砂土灭火。实验室少量药品起火直接用灭火毯或砂土闷熄
灭火注意事项及防护	消防人员必须佩戴空气呼吸器，穿全身防火防毒服，在上风向灭火
是否可用水灭火	否

八、泄漏应急处理

防护措施和装备	建议应急处理人员戴正压式自给式呼吸器，穿防毒、防静电服，戴橡胶耐油手套，作业时使用的所有设备应接地。确保安全的情况下，尽可能阻断泄漏源
处置材料和方法	用洁净的工具收集泄漏物，置于容器中
环保措施	防止泄漏物进入水体或下水道

九、废弃处置

处置方法	建议用焚烧法处置
污染包装物	将容器返还生产商或交给有资质的专业处理公司处置
废弃注意事项	处置前参照国家和地方有关法律法规

二氯甲烷

一、基本信息

化学品中文名称	二氯甲烷	中文名称别名	甲叉二氯
化学品英文名称	dichloromethane；methylene dichloride		
CAS No.	75-09-2	UN No.	1593
分子式	CH_2Cl_2	分子量	84.93

二、危险性概述

GHS危险性分类	皮肤腐蚀/刺激，类别2；严重眼损伤/眼刺激，类别2A；致癌性，类别2；特异性靶器官毒性——次接触，类别1；特异性靶器官毒性——次接触，类别3（麻醉效应）；特异性靶器官毒性-反复接触，类别1；危害水生环境-急性危害，类别3
GHS标签象形图	刺激性　　健康危害
是否易制毒/易制爆	否
燃烧及爆炸	可燃，其蒸气能与空气形成爆炸性混合物
危险反应及分解产物	与禁配物发生反应。分解产物：氯化氢、光气
禁配物	碱金属、铝
健康危害	本品有麻醉作用，主要损害中枢神经和呼吸系统
环境危害	危害水生生物

三、理化特性

外观与性状	无色透明液体，有芳香气味		
熔点（凝固点）/℃	−95	爆炸上限（体积分数）/%	22
沸点/℃	39.8	爆炸下限（体积分数）/%	14
闪点/℃	无资料	自燃温度/℃	556
溶解性	微溶于水，溶于乙醇、乙醚		

四、个人防护

皮肤和身体	穿防毒物渗透工作服，戴防化学品手套　　必须穿工作服　必须戴防护手套
眼睛	必要时佩戴化学安全防护眼镜　　必须戴防护眼镜

呼吸	空气中浓度超标时，应该佩戴过滤式防毒面具（半面罩）。紧急事态抢救或撤离时，佩戴空气呼吸器 必须戴防毒面具
设施配备	提供安全的淋浴和洗眼设备

五、使用与储存

使用注意事项	密闭操作，局部排风。远离火源、易燃物、可燃物。使用防爆型通风系统和设备。防止蒸气泄漏。避免与碱金属接触
配制方法	可直接使用
储存注意事项	1.储存于阴凉、通风的专用库房。远离火种、热源。 2.包装要求密封。应与碱金属、食用化学品等分开存放，切忌混储

六、急救措施

皮肤接触	立即脱去污染衣物，用大量流动清水彻底冲洗。就医
眼睛接触	立即分开眼睑，用流动清水或生理盐水彻底冲洗。就医
吸入	迅速脱离现场至空气新鲜处，保持呼吸道通畅。就医
食入	漱口、饮水。就医
对施救者的忠告	根据需要使用个人防护设备

七、消防措施

灭火剂	一般用二氧化碳灭火器或砂土灭火。实验室少量药品起火直接用灭火毯或砂土闷熄
灭火注意事项及防护	消防人员必须佩戴过滤式防毒面具或空气呼吸器、穿全身防火防毒服，在上风向灭火
是否可用水灭火	否

八、泄漏应急处理

防护措施和装备	建议应急处理人员戴正压自给式呼吸器，穿防毒服，戴橡胶防油手套。确保安全的情况下，尽可能阻断泄漏源
处置材料和方法	用砂土或其他不燃材料覆盖和吸收泄漏物，用无静电工具收集，置于容器中
环保措施	防止泄漏物进入水体或下水道

九、废弃处置

处置方法	建议用焚烧法处置
污染包装物	将容器返还生产商或交给有资质的专业处理公司处置
废弃注意事项	把倒空的容器归还厂商或在规定场所掩埋

二氧化碳

一、基本信息

化学品中文名称	二氧化碳	中文名称别名	碳（酸）酐
化学品英文名称	carbon dioxide；carbonic anhydride		
CAS No.	124-38-9	UN No.	1013；2187（冷冻液化）
分子式	CO₂	分子量	44.01

二、危险性概述

GHS危险性分类	加压气体；特异性靶器官毒性--次接触，类别3（麻醉效应）
GHS标签象形图	高压物　刺激性
是否易制毒/易制爆	否
燃烧及爆炸	不燃
危险反应及分解产物	无资料
禁配物	无资料
健康危害	空气中浓度高于2%时可致呼吸器官损坏，高浓度引起中毒、窒息
环境危害	可能危害环境

三、理化特性

外观与性状	无色无味气体		
熔点（凝固点）/℃	−56.6（527kPa）	爆炸上限（体积分数）/%	无意义
沸点/℃	−78.5（升华）	爆炸下限（体积分数）/%	无意义
闪点/℃	无意义	自燃温度/℃	无意义
溶解性	溶于水，溶于烃类等多数有机溶剂		

四、个人防护

皮肤和身体	穿一般作业工作服，戴一般作业防护手套　必须穿工作服　必须戴防护手套
眼睛	一般不需特殊防护
呼吸	一般不需特殊防护，高浓度接触时可佩带空气呼吸器
设施配备	提供安全的淋浴和洗眼设备

五、使用与储存

使用注意事项	密闭操作，提供良好的自然通风条件。防止气体泄漏。远离火源、易燃物、可燃物
配制方法	无
储存注意事项	1.储存于阴凉、通风的不燃气体专用库房。远离火种、热源。 2.应与易（可）燃物分存放，切忌混储

六、急救措施

吸入	迅速脱离现场至空气新鲜处，保持呼吸道通畅。就医
对施救者的忠告	根据需要使用个人防护设备

七、消防措施

灭火剂 灭火注意事项及防护	本品不燃。根据着火原因选择适当灭火剂灭火 喷水保持火场容器冷却，尽可能将容器从火场移至空旷处
是否可用水灭火	是

八、泄漏应急处理

防护措施和装备	建议应急处理人员戴正压式自给式呼吸器，穿一般作业工作服。确保安全的情况下，尽可能阻断泄漏源
处置材料和方法	泄漏气体允许排入大气中。泄漏场所保持通风
环保措施	无

九、废弃处置

处置方法	废气直接排入大气
污染包装物	将容器返还生产商或交给有资质的专业处理公司处置
废弃注意事项	处置前参照国家和地方有关法律法规

二乙醇胺

一、基本信息

化学品中文名称	二乙醇胺	中文名称别名	2,2′-二羟基二乙胺
化学品英文名称	diethanolamine；2,2′-dihydroxydiethylamine		
CAS No.	111-42-2	UN No.	3077
分子式	$C_4H_{11}NO_2$	分子量	105.14

二、危险性概述

GHS危险性分类	急性毒性-经口，类别4；皮肤腐蚀/刺激，类别2；严重眼损伤/眼刺激，类别1；特异性靶器官毒性-反复接触，类别2；危害水生环境-急性危害，类别2；危害水生环境-长期危害，类别3
GHS标签象形图	刺激性　　腐蚀性　　健康危害
是否易制毒/易制爆	否
燃烧及爆炸	可燃，其粉体或蒸气能与空气形成爆炸性混合物。遇高热、明火有引起燃烧爆炸的危险
危险反应及分解产物	与禁配物发生反应
禁配物	酸类、强氧化剂、铜、锌
健康危害	对皮肤有刺激作用。直接接触眼睛可致严重损害，甚至失明。误食可出现恶心、呕吐和腹痛
环境危害	危害水生生物

三、理化特性

外观与性状	无色黏稠液体或结晶		
熔点（凝固点）/℃	28	爆炸上限（体积分数）/%	13.4
沸点/℃	269（分解）	爆炸下限（体积分数）/%	1.8
闪点/℃	137（CC）；134（OC）	自燃温度/℃	662.2
溶解性	易溶于水、乙醇，不溶于苯、乙醚		

四、个人防护

皮肤和身体	穿隔绝式防毒服，戴防化学品手套　　必须穿工作服　　必须戴防护手套
眼睛	戴化学安全防护眼镜　　必须戴防护眼镜

呼吸	空气中浓度超标时，应该佩戴过滤式防尘呼吸器；可能接触其蒸气时，建议佩戴过滤式防毒面具（半面罩） 必须戴防毒面具
设施配备	加强通风，提供安全的淋浴和洗眼设备

五、使用与储存

使用注意事项	密闭操作，注意通风。远离火源、易燃物、可燃物。使用防爆型的通风系统和设备。防止烟雾或粉尘泄漏。避免与酸类、氧化剂接触
配制方法	可直接使用
储存注意事项	1.避光储存在阴凉、通风良好的专用库房。远离火种、热源。 2.包装密封。应与酸类、氧化剂等分开存放，切忌混储

六、急救措施

皮肤接触	立即脱去污染衣物，用大量流动清水彻底冲洗。就医
眼睛接触	立即分开眼睑，用流动清水或生理盐水彻底冲洗。就医
吸入	迅速脱离现场至空气新鲜处，保持呼吸道通畅。就医
食入	漱口，饮水。就医
对施救者的忠告	根据需要使用个人防护设备

七、消防措施

灭火剂	一般用干粉灭火器、二氧化碳灭火器、泡沫灭火器灭火。实验室少量药品起火直接用灭火毯闷熄
灭火注意事项及防护	消防人员必须佩戴防毒面具、穿全身消防服，在上风向灭火
是否可用水灭火	否

八、泄漏应急处理

防护措施和装备	建议应急处理人员戴正压自给式呼吸器，穿防酸碱服，戴橡胶手套，作业时使用的所有设备应接地。确保安全的情况下，尽可能阻断泄漏源
处置材料和方法	用砂土或其他不燃材料吸收，用无静电工具收集，置于容器中
环保措施	防止泄漏物进入水体或下水道

九、废弃处置

处置方法	建议用焚烧法处置
污染包装物	将容器返还生产商或交给有资质的专业处理公司处置
废弃注意事项	处置前参照国家和地方有关法律法规

二正丁胺

一、基本信息

化学品中文名称	二正丁胺	中文名称别名	二丁胺
化学品英文名称	dibutylamine；di-*n*-butylamine		
CAS No.	111-92-2	UN No.	2248
分子式	$C_8H_{19}N$	分子量	129.24

二、危险性概述

GHS危险性分类	易燃液体，类别3；急性毒性-经口，类别4；急性毒性-吸入，类别2；急性毒性-经皮，类别3；皮肤腐蚀/刺激，类别1A；严重眼损伤/眼刺激，类别1；特异性靶器官毒性——次接触，类别1；危害水生环境-急性危害，类别2
GHS标签象形图	易燃物　　有毒物　　腐蚀性　　健康危害
是否易制毒/易制爆	否
燃烧及爆炸	易燃，其蒸气能与空气形成爆炸性混合物。遇高热、明火有引起膨胀爆炸的危险
危险反应及分解产物	与禁配物接触有发生燃烧爆炸的危险
禁配物	酸类、酰基氯、酸酐、强氧化剂、二氧化碳
健康危害	吸入或食入可刺激呼吸道，伴有咳嗽、呼吸道阻塞和黏膜损伤，甚至可致命。直接接触造成皮肤和眼严重化学灼伤
环境危害	危害水生生物

三、理化特性

外观与性状	无色液体，有氨的气味		
熔点（凝固点）/℃	−62～−59	爆炸上限（体积分数）/%	10.0
沸点/℃	159～160	爆炸下限（体积分数）/%	1.1
闪点/℃	51.6（OC）	自燃温度/℃	312.22
溶解性	微溶于水，溶于乙醇、乙醚、丙酮、苯等有机溶剂		

四、个人防护

皮肤和身体	穿隔绝式防毒服，戴橡胶耐油手套　　必须穿工作服　　必须戴防护手套
眼睛	戴化学安全防护眼镜　　必须戴防护眼镜

呼吸	可能接触其蒸气时，佩戴过滤式防毒面具（全面罩）或空气呼吸器。紧急事态抢救或撤离时，建议佩戴空气呼吸器
设施配备	加强通风，提供安全的淋浴和洗眼设备

五、使用与储存

使用注意事项	密闭操作，注意通风。远离火源、易燃物、可燃物。使用防爆型通风系统和设备。防止烟雾或粉尘泄漏。避免与酸类、氧化剂接触
配制方法	可直接使用
储存注意事项	1.储存于阴凉、干燥、通风良好的专用库房。远离火种、热源。 2.保持容器密封。应与氧化剂、酸类等分开存放，切忌混储。 3.采用防爆型照明、通风设施。禁止使用易产生火花的机械设备和工具

六、急救措施

皮肤接触	立即脱去污染衣物，用大量流动清水彻底冲洗。就医
眼睛接触	立即分开眼睑，用流动清水或生理盐水彻底冲洗。就医
吸入	迅速脱离现场至空气新鲜处，保持呼吸道通畅。就医
食入	用水漱口，禁止催吐。给饮牛奶或蛋清。就医
对施救者的忠告	根据需要使用个人防护设备

七、消防措施

灭火剂	一般用泡沫灭火器、干粉灭火器、二氧化碳灭火器或砂土灭火。实验室少量药品起火直接用灭火毯或砂土闷熄
灭火注意事项及防护	消防人员必须佩戴防毒面具、穿全身消防服，在上风向灭火
是否可用水灭火	否

八、泄漏应急处理

防护措施和装备	建议应急处理人员戴正压自给式呼吸器，穿防静电、防腐蚀、防毒服，戴橡胶耐油手套，作业时使用的所有设备应接地。确保安全的情况下，尽可能阻断泄漏源
处置材料和方法	用砂土或其他不燃材料吸收，用无静电工具收集，置于容器中
环保措施	防止泄漏物进入水体或下水道

九、废弃处置

处置方法	建议用焚烧法处置
污染包装物	将容器返还生产商或交给有资质的专业处理公司处置
废弃注意事项	处置前参照国家和地方有关法律法规

发烟硝酸

一、基本信息

化学品中文名称	发烟硝酸	中文名称别名	无
化学品英文名称		nitric acid fuming	
CAS No.	52583-42-3	UN No.	2032
分子式	HNO$_3$	分子量	63.02

二、危险性概述

GHS危险性分类	金属腐蚀物，类别1；氧化性液体，类别1；皮肤腐蚀/刺激，类别1A；严重眼损伤/眼刺激，类别1；危害水生环境-急性危害，类别3；急性毒性-吸入，类别1
GHS标签象形图	易燃物　　　有毒物　　　腐蚀性
是否易制毒/易制爆	本品是易制爆试剂
燃烧及爆炸	助燃，与可燃物混合会发生爆炸
危险反应及分解产物	与还原剂、可燃物等禁配物激烈反应。与碱激烈反应并腐蚀金属。分解产物：氮氧化物
禁配物	还原剂、碱类、醇类、碱金属、铜、胺类
健康危害	对眼睛、皮肤和呼吸道有腐蚀性、刺激性。长期接触侵蚀牙齿，损害肺
环境危害	危害水生生物

三、理化特性

外观与性状	纯品为无色透明发烟液体，有酸味。发烟硝酸，是含硝酸90%～97.5%的有毒液体。因溶解了NO$_2$而呈红褐色		
熔点（凝固点）/℃	−42（无水）	爆炸上限（体积分数）/%	无意义
沸点/℃	83（无水）	爆炸下限（体积分数）/%	无意义
闪点/℃	无资料	自燃温度/℃	无意义
溶解性	与水混溶，溶于乙醚		

四、个人防护

皮肤和身体	穿橡胶耐酸碱服，戴橡胶耐酸碱手套　　必须穿工作服　　必须戴防护手套
眼睛	呼吸系统防护中已作防护

呼吸	可能接触其烟雾时,必须佩戴过滤式防毒面具(全面罩)或空气呼吸器。紧急事态抢救或撤离时,建议佩戴空气呼吸器
设施配备	提供安全的淋浴和洗眼设备

五、使用与储存

使用注意事项	密闭操作,注意通风。远离火源、易燃物、可燃物。防止蒸气泄漏。避免与还原剂、碱类、醇类、碱金属接触。稀释或制备溶液时,应把酸加入水中,避免沸腾和飞溅
配制方法	可直接使用
储存注意事项	1.本品为易制爆试剂,实行"五双"管理。 2.储存于阴凉、通风的专用库房。远离火种、热源。 3.保持容器密封。应与还原剂、碱类、醇类、碱金属等分开存放,切忌混储

六、急救措施

皮肤接触	立即脱去污染衣物,用大量流动清水彻底冲洗。就医
眼睛接触	立即分开眼睑,用流动清水或生理盐水彻底冲洗。就医
吸入	迅速脱离现场至空气新鲜处,保持呼吸道通畅。就医
食入	用水漱口,禁止催吐。给饮牛奶或蛋清。就医
对施救者的忠告	根据需要使用个人防护设备

七、消防措施

灭火剂	本品不燃。根据着火原因选择适当灭火剂灭火
灭火注意事项及防护	消防人员必须穿全身耐酸碱消防服,佩戴空气呼吸器灭火。尽可能将容器从火场移至空旷处。喷水保持火场容器冷却,直至灭火结束
是否可用水灭火	是

八、泄漏应急处理

防护措施和装备	建议应急处理人员戴正压式自给式呼吸器,穿防酸碱服,戴橡胶耐酸碱手套。作业时使用的所有设备应接地。喷雾状水抑制蒸气或改变蒸气云流向,避免水流接触泄漏物。勿使水进入包装容器内。尽可能切断泄漏源
处置材料和方法	用干燥的砂土或其他不燃材料覆盖泄漏物,用无静电工具收集吸收物,置于合适的密闭容器中。用抗溶性泡沫覆盖,可减少蒸发
环保措施	防止泄漏物进入水体或下水道

九、废弃处置

处置方法	加入纯碱(硝石灰)溶液中,生成中性的硝酸盐溶液,用水稀释后排入废水系统
污染包装物	将容器返还生产商或交给有资质的专业处理公司处置
废弃注意事项	处置前参照国家和地方有关法律法规

氟化铵

一、基本信息

化学品中文名称	氟化铵	中文名称别名	中性氟化铵
化学品英文名称	ammonium fluoride		
CAS No.	12125-01-8	UN No.	2505
分子式	NH₄F	分子量	37.037

二、危险性概述

GHS危险性分类	急性毒性-经口，类别3；急性毒性-吸入，类别3；急性毒性-经皮，类别3；危害水生环境-急性危害，类别3
GHS标签象形图	有毒物　　腐蚀性
是否易制毒/易制爆	否
燃烧及爆炸	不燃
危险反应及分解产物	受热会分解生成含有氟化氢和氨的有毒和腐蚀性烟雾。与三氟化氯发生反应，有爆炸的危险。分解产物：氮氧化物、氟化氢、氨
禁配物	强酸、强碱
健康危害	对眼、皮肤和呼吸道有刺激性。损害牙齿和骨骼，导致氟中毒
环境危害	危害水生生物

三、理化特性

外观与性状	白色六角晶体或粉末，易潮解		
熔点（凝固点）/℃	98	爆炸上限（体积分数）/%	无意义
沸点/℃	无资料	爆炸下限（体积分数）/%	无意义
闪点/℃	无意义	自燃温度/℃	无意义
溶解性	易溶于冷水、甲醇，难溶于乙醇；在热水中分解为氨及氟化氢铵，其水溶液呈酸性，能腐蚀玻璃		

四、个人防护

皮肤和身体	穿密闭型防毒服，戴防化学品手套　　必须穿工作服　　必须戴防护手套
眼睛	戴化学安全防护眼镜　　必须戴防护眼镜

呼吸	可能接触其粉尘时，佩戴过滤式防毒面具（全面罩）。紧急事态抢救或撤离时，佩戴空气呼吸器
设施配备	提供安全的淋浴和洗眼设备

五、使用与储存

使用注意事项	密闭操作，加强通风。远离火源、易燃物、可燃物。避免与酸类、碱类接触。避免产生粉尘
配制方法	配制浓度 $0.1 mol \cdot L^{-1}$ 溶液：溶解 3.70g 氟化铵固体于冷水中，加水稀释至 1L
储存注意事项	1.储存于阴凉、通风的专用库房。远离火种、热源。 2.包装密封。应与酸类、碱类、食用化学品等分开存放，切忌混储

六、急救措施

皮肤接触	立即脱去污染衣物，用大量流动清水彻底冲洗。就医
眼睛接触	立即分开眼睑，用流动清水或生理盐水彻底冲洗。就医
吸入	迅速脱离现场至空气新鲜处，保持呼吸道通畅。就医
食入	用水漱口，禁止催吐。给饮牛奶和蛋清。就医
对施救者的忠告	根据需要使用个人防护设备

七、消防措施

灭火剂	一般用泡沫灭火器、干粉灭火器或二氧化碳灭火器灭火。实验室少量药品起火直接用灭火毯或砂土闷熄
灭火注意事项及防护	消防人员必须佩带空气呼吸器、穿全身防火防毒服，在上风向灭火
是否可用水灭火	是

八、泄漏应急处理

防护措施和装备	建议应急处理人员戴正压式自给式呼吸器，穿防静电、防腐蚀、防毒服，戴橡胶手套。确保安全的情况下，尽可能阻断泄漏源
处置材料和方法	用砂土或其他不燃材料吸收，用无静电工具收集，置于容器中
环保措施	防止泄漏物进入水体或下水道

九、废弃处置

处置方法	在规定的处理厂处理和中和
污染包装物	将容器返还生产商或交给有资质的专业处理公司处置
废弃注意事项	处置前参照国家和地方有关法律法规

氟化钾

一、基本信息

化学品中文名称	氟化钾	中文名称别名	无
化学品英文名称		potassium fluoride	
CAS No.	7789-23-3	UN No.	1812
分子式	KF	分子量	58.10

二、危险性概述

GHS危险性分类	急性毒性-经口，类别3；急性毒性-经皮，类别3；急性毒性-吸入，类别3；危害水生环境-急性危害，类别2
GHS标签象形图	有毒物
是否易制毒/易制爆	否
燃烧及爆炸	不燃
危险反应及分解产物	与酸类反应放出有腐蚀性、刺激性更强的氢氟酸，能腐蚀玻璃
禁配物	强酸
健康危害	对眼、呼吸道黏膜和皮肤有强烈刺激作用。长期接触氟化物可致氟骨症
环境危害	危害水生生物

三、理化特性

外观与性状	无色立方结晶，易潮解		
熔点（凝固点）/℃	858	爆炸上限（体积分数）/%	无意义
沸点/℃	1505	爆炸下限（体积分数）/%	无意义
闪点/℃	无意义	自燃温度/℃	无意义
溶解性	溶于水、氢氟酸、液氨，不溶于乙醇		

四、个人防护

皮肤和身体	穿隔绝式防毒服，戴橡胶手套　　必须穿工作服　必须戴防护手套
眼睛	戴化学安全防护眼镜　　必须戴防护眼镜

呼吸	可能接触其粉尘时，应佩戴过滤式防尘呼吸器。紧急情况下需佩戴空气呼吸器
设施配备	提供安全的淋浴和洗眼设备

五、使用与储存

使用注意事项	密闭操作，局部排风。避免产生粉尘。避免与酸类接触
配制方法	配制浓度 $0.1mol \cdot L^{-1}$ 溶液：溶解 5.81g 氟化钾固体溶于水中，加水稀释至 1L
储存注意事项	1.储存于阴凉、通风的专用库房。远离火种、热源。 2.包装密封。应与酸类、食用化学品分开存放，切忌混储

六、急救措施

皮肤接触	立即脱去污染的衣物，用流动清水彻底冲洗。就医
眼睛接触	立即分开眼睑，用流动清水或生理盐水彻底冲洗。就医
吸入	迅速脱离现场至空气新鲜处，保持呼吸道通畅。就医
食入	饮足量温水，催吐。尽快洗胃。就医
对施救者的忠告	根据需要使用个人防护设备

七、消防措施

灭火剂	用大量水灭火。用雾状水驱散烟雾与刺激性气体
灭火注意事项及防护	消防人员须佩戴防毒面具、穿全身防护服，在上风向灭火
是否可用水灭火	是

八、泄漏应急处理

防护措施和装备	建议应急处理人员戴防尘口罩，穿防毒服，戴乳胶手套。确保安全的情况下，尽可能阻断泄漏源
处置材料和方法	用洁净的工具收集泄漏物，置于容器中
环保措施	防止泄漏物进入水体或下水道

九、废弃处置

处置方法	根据国家和地方有关法规的要求处置。或与制造商联系，确定处置方法
污染包装物	将容器返还生产商或交给有资质的专业处理公司处置
废弃注意事项	用石灰浆清洗倒空的容器

氟化钠

一、基本信息

化学品中文名称	氟化钠	中文名称别名	
化学品英文名称		sodium fluoride	
CAS No.	7681-49-4	UN No.	1690
分子式	NaF	分子量	41.99

二、危险性概述

GHS危险性分类	急性毒性-经口，类别3；皮肤腐蚀/刺激，类别2；严重眼损伤/眼刺激，类别2；危害水生环境-急性危害，类别3
GHS标签象形图	（有毒物）
是否易制毒/易制爆	否
燃烧及爆炸	不燃
危险反应及分解产物	与酸类反应放出有腐蚀性、刺激性更强的氢氟酸，能腐蚀玻璃。
禁配物	强酸
健康危害	对眼、皮肤和呼吸道有刺激作用。误食导致中枢神经系统和心脏紊乱。损害牙齿和骨骼，导致氟中毒
环境危害	危害水生生物

三、理化特性

外观与性状	白色粉末或结晶，无臭		
熔点（凝固点）/℃	986.9～996	爆炸上限（体积分数）/%	无意义
沸点/℃	1695～1700	爆炸下限（体积分数）/%	无意义
闪点/℃	无意义	自燃温度/℃	无意义
溶解性	溶于水，微溶于乙醇		

四、个人防护

皮肤和身体	穿透气型防毒服，戴橡胶手套　必须穿工作服　必须戴防护手套
眼睛	戴化学安全防护眼镜　必须戴防护眼镜

呼吸	可能接触其粉末时，建议佩戴过滤式防尘呼吸器。紧急事态抢救或撤离时，建议佩戴空气呼吸器
设施配备	提供安全的淋浴和洗眼设备

五、使用与储存

使用注意事项	密闭操作，局部排风。避免产生粉尘。避免与酸类接触
配制方法	配制浓度 0.1mol·L^{-1} 溶液：溶解 4.20g NaF 固体于水中，加水稀释至 1L
储存注意事项	1.储存于阴凉、干燥、通风良好的专用库房。远离火种、热源。 2.包装密封。应与酸类、食用化学品分开存放，切忌混储

六、急救措施

皮肤接触	立即脱去污染衣物，用大量流动清水彻底冲洗。就医
眼睛接触	立即分开眼睑，用流动清水或生理盐水彻底冲洗。就医
吸入	迅速脱离现场至空气新鲜处，保持呼吸道通畅。就医
食入	饮足量温水，催吐。尽快洗胃。就医
对施救者的忠告	根据需要使用个人防护设备

七、消防措施

灭火剂	用大量水灭火
灭火注意事项及防护	消防人员必须佩戴防毒面具、穿全身消防服，在上风向灭火。
是否可用水灭火	是

八、泄漏应急处理

防护措施和装备	建议应急处理人员戴防尘口罩，穿化学防护服，戴橡胶手套。确保安全的情况下，尽可能阻断泄漏源
处置材料和方法	用洁净的工具收集泄漏物，置于容器中
环保措施	防止泄漏物进入水体或下水道

九、废弃处置

处置方法	根据国家和地方有关法规的要求处置。或与制造商联系，确定处置方法
污染包装物	将容器返还生产商或交给有资质的专业处理公司处置
废弃注意事项	处置前参照国家和地方有关法律法规

氟化氢铵

一、基本信息

化学品中文名称	氟化氢铵	中文名称别名	二氟氢铵；二氟化氢铵；双氟氨；蚀刻粉
化学品英文名称	ammonium difluoride；ammonium hydrogen difluoride		
CAS No.	1341-49-7	UN No.	1727
分子式	NH_4HF_2	分子量	57.04

二、危险性概述

GHS危险性分类	急性毒性-经口，类别3；皮肤腐蚀/刺激，类别1B；严重眼损伤/眼刺激，类别1；危害水生环境-急性危害，类别3
GHS标签象形图	 有毒物　　腐蚀性
是否易制毒/易制爆	否
燃烧及爆炸	不燃，无特殊燃爆特性
危险反应及分解产物	与易燃物和可燃物接触反应剧烈，可引起燃烧。遇电石、高氯酸盐、硝酸盐、金属粉末等猛烈反应发生爆炸或燃烧。分解产物：氧化氮、氟化氢
禁配物	强氧化剂、强酸
健康危害	造成严重灼伤皮肤和眼损伤。吞咽会中毒
环境危害	危害水生生物

三、理化特性

外观与性状	无色或白色菱形或片状结晶，略有酸味、易潮解		
熔点（凝固点）/℃	125.6	爆炸上限（体积分数）/%	无意义
沸点/℃	239	爆炸下限（体积分数）/%	无意义
闪点/℃	无意义	自燃温度/℃	无意义
溶解性	易溶于水，微溶于乙醇		

四、个人防护

皮肤和身体	穿防毒物渗透工作服，戴橡胶耐酸碱手套 必须穿工作服　　必须戴防护手套
眼睛	戴化学安全防护眼镜 必须戴防护眼镜

呼吸	空气中粉尘浓度超标时，必须佩戴自吸过滤式防尘口罩。紧急事态抢救或撤离时，应该佩戴空气呼吸器 必须用呼吸器
设施配备	提供安全的淋浴和洗眼设备

五、使用与储存

使用注意事项	密闭操作，加强通风。避免产生粉尘。避免与酸类接触
配制方法	配制浓度 $0.1mol \cdot L^{-1}$ 溶液：溶解 5.70g 氟化氢铵固体于水中，加水稀释至 1L
储存注意事项	1.储存于阴凉、通风的专用库房。远离火种、热源。 2.保持容器密封。应与强氧化剂、强酸等分开存放，切忌混储

六、急救措施

皮肤接触	立即脱去污染的衣物，用大量流动的清水彻底冲洗。就医
眼睛接触	立即分开眼睑，用流动清水或生理盐水彻底冲洗。就医
吸入	迅速脱离现场至空气新鲜处，保持呼吸道通畅。就医
食入	用水漱口，禁止催吐。给饮牛奶或蛋清。就医
对施救者的忠告	根据需要使用个人防护设备

七、消防措施

灭火剂	本品不燃。根据着火原因选择适当灭火剂灭火
灭火注意事项及防护	消防人员必须穿全身防火防毒服，佩戴空气呼吸器，在上风向灭火。尽可能将容器从火场移至空旷处
是否可用水灭火	是

八、泄漏应急处理

防护措施和装备	建议应急处理人员戴正压自给式呼吸器，穿防毒物渗透工作服，戴橡胶手套。确保安全的情况下，尽可能阻断泄漏源
处置材料和方法	可用干燥的砂土或其他不燃材料覆盖泄漏物，用适当工具收集，置于容器中
环保措施	防止泄漏物进入水体或下水道

九、废弃处置

处置方法	根据国家和地方有关法规的要求处置。或与制造商联系，确定处置方法
污染包装物	将容器返还生产商或交给有资质的专业处理公司处置
废弃注意事项	处置前参照国家和地方有关法律法规

高碘酸

一、基本信息

化学品中文名称	高碘酸	中文名称别名	过碘酸
化学品英文名称	periodic acid		
CAS No.	10450-60-9	UN No.	3084
分子式	H_5IO_6	分子量	227.94

二、危险性概述

GHS危险性分类	氧化性固体，类别2；皮肤腐蚀/刺激，类别1；严重眼损伤/眼刺激，类别1
GHS标签象形图	氧化性　腐蚀性
是否易制毒/易制爆	否
燃烧及爆炸	助燃。与可燃物混合能形成爆炸性混合物
危险反应及分解产物	与禁配物接触有发生燃烧爆炸的危险。分解产物：碘化氢、氧气
禁配物	强还原剂、活性金属粉末、碱类、易燃或可燃物、硫、磷
健康危害	皮肤和眼接触有强烈刺激性或造成灼伤。误服引起口腔及消化道灼伤
环境危害	可能危害环境

三、理化特性

外观与性状	无色或白色结晶，无臭。有潮解性		
熔点（凝固点）/℃	122	爆炸上限（体积分数）/%	无意义
沸点/℃	140（分解）	爆炸下限（体积分数）/%	无意义
闪点/℃	无意义	自燃温度/℃	无意义
溶解性	溶于水、乙醇，微溶于乙醚		

四、个人防护

皮肤和身体	穿隔绝式防毒服，戴橡胶手套　　必须穿工作服　必须戴防护手套
眼睛	戴化学安全防护眼镜　　必须戴防护眼镜
呼吸	空气中粉尘浓度超标时，应该佩戴过滤式防尘呼吸器。紧急事态抢救或撤离时，佩戴空气呼吸器
设施配备	提供安全的淋浴和洗眼设备

五、使用与储存

使用注意事项	密闭操作，加强通风。远离火源、易燃物、可燃物。避免产生粉尘。避免与还原剂、活性金属粉末、碱类接触
配制方法	配制浓度 $0.1mol \cdot L^{-1}$ 溶液：溶解 22.80g 高碘酸固体于水中，加水稀释至 1L
储存注意事项	1.储存于阴凉、通风的专用库房。避免光照。远离火种、热源。 2.包装密封。应与还原剂、碱类、活性金属粉末等分开存放，切忌混储

六、急救措施

皮肤接触	立即脱去污染衣物，用大量流动清水彻底冲洗。就医
眼睛接触	立即分开眼睑，用流动清水或生理盐水彻底冲洗。就医
吸入	迅速脱离现场至空气新鲜处，保持呼吸道通畅。就医
食入	用水漱口，禁止催吐。给饮牛奶或蛋清。就医
对施救者的忠告	根据需要使用个人防护设备

七、消防措施

灭火剂	本品不燃。一般用水雾，耐醇泡沫，干粉或二氧化碳灭火
灭火注意事项及防护	实验室少量药品起火直接用灭火毯闷熄。切勿将水流直接射至熔融物，以免引起严重的流淌火灾或引起剧烈的沸溅。禁止用砂土压盖
是否可用水灭火	是

八、泄漏应急处理

防护措施和装备	建议应急处理人员戴防尘口罩，穿防腐蚀、防毒服，戴橡胶手套。确保安全的情况下，尽可能阻断泄漏源
处置材料和方法	用洁净的工具收集泄漏物，置于容器中
环保措施	防止泄漏物进入水体或下水道

九、废弃处置

处置方法	建议中和、稀释后，排入废水系统
污染包装物	将容器返还生产商或交给有资质的专业处理公司处置
废弃注意事项	处置前参照国家和地方有关法律法规

高硫酸钾

一、基本信息

化学品中文名称	高硫酸钾	中文名称别名	过硫酸钾；过二硫酸钾
化学品英文名称	potassium persulfate; potassium peroxydisulfate		
CAS No.	7727-21-1	UN No.	1492
分子式	$K_2S_2O_8$	分子量	272.34

二、危险性概述

GHS危险性分类	氧化性固体，类别3；急性毒性-经口，类别4；皮肤腐蚀/刺激，类别2；严重眼损伤/眼刺激，类别2；呼吸道致敏性，类别1；皮肤致敏物，类别1；特异性靶器官毒性——次接触，类别3（呼吸道刺激）；危害水生环境-急性危害，类别3
GHS标签象形图	氧化性　　刺激性　　健康危害
是否易制毒/易制爆	否
燃烧及爆炸	助燃。受高热或撞击时即爆炸。与可燃物混合能形成爆炸性混合物
危险反应及分解产物	受热时分解生成含硫氧化物和腐蚀性烟雾。与金属粉末和强碱激烈反应。分解产物：氧化硫、氧气
禁配物	强还原剂、活性金属粉末、强碱、醇类、易燃物（硫、磷等）
健康危害	对眼、皮肤和呼吸道有刺激性。对呼吸道和皮肤有致敏性
环境危害	危害水生生物

三、理化特性

外观与性状	无色三斜细晶或白色片状结晶，无气味，有潮解性		
熔点（凝固点）/℃	100（分解）	爆炸上限（体积分数）/%	无意义
沸点/℃	无资料	爆炸下限（体积分数）/%	无意义
闪点/℃	无意义	自燃温度/℃	无意义
溶解性	溶于水，不溶于乙醇		

四、个人防护

皮肤和身体	穿隔绝式防毒服，戴橡胶手套　　必须穿工作服　　必须戴防护手套
眼睛	戴化学安全防护眼镜　　必须戴防护眼镜

呼吸	可能接触其粉末时，应该佩戴过滤式防尘呼吸器。高浓度环境中，建议佩戴空气呼吸器
设施配备	提供安全的淋浴和洗眼设备

五、使用与储存

使用注意事项	密闭操作，加强通风。远离火源、易燃物、可燃物。避免与还原剂、活性金属粉末、强碱、醇类接触。避免产生粉尘。禁止震动、撞击和摩擦
配制方法	配制浓度 0.1mol·L^{-1} 溶液：溶解 27.23g $K_2S_2O_8$ 固体于水中，加水稀释至 1L
储存注意事项	1.储存于阴凉、干燥、通风的专用库房。远离火种、热源。 2.包装密封。应与还原剂、活性金属粉末、强碱、醇类等分开存放，切忌混储

六、急救措施

皮肤接触	立即脱去污染衣物，用大量流动清水彻底冲洗。就医
眼睛接触	立即分开眼睑，用流动清水或生理盐水彻底冲洗。就医
吸入	迅速脱离现场至空气新鲜处，保持呼吸道通畅。就医
食入	漱口，饮水。就医
对施救者的忠告	根据需要使用个人防护设备

七、消防措施

灭火剂	本品不燃。根据着火原因选择适当灭火剂灭火
灭火注意事项及防护	实验室少量药品起火直接用灭火毯闷熄。禁止用砂土盖压
是否可用水灭火	是

八、泄漏应急处理

防护措施和装备	建议应急处理人员戴防尘口罩，穿防毒服，戴橡胶手套。确保安全的情况下，尽可能阻断泄漏源
处置材料和方法	用洁净的工具收集泄漏物，置于容器中
环保措施	防止泄漏物进入水体或下水道

九、废弃处置

处置方法	根据国家和地方有关法规的要求处置。或与制造商联系，确定处置方法
污染包装物	将容器返还生产商或交给有资质的专业处理公司处置
废弃注意事项	处置前参照国家和地方有关法律法规

高氯酸

一、基本信息

化学品中文名称	高氯酸	中文名称别名	过氯酸
化学品英文名称		perchloric acid	
CAS No.	7601-90-3	UN No.	1873（浓度 50%~72%）；1802（浓度≤50%）
分子式	HClO₄	分子量	100.46

二、危险性概述

GHS危险性分类	氧化性液体，类别1；皮肤腐蚀/刺激，类别1A；严重眼损伤/眼刺激，类别1
GHS标签象形图	氧化性　腐蚀性
是否易制毒/易制爆	本品是易制爆试剂。浓度≤50%，氧化性液体，类别2；浓度>50%，氧化性液体，类别1
燃烧及爆炸	与可燃物混合或急剧加热会发生爆炸。遇水剧烈反应
危险反应及分解产物	与禁配物接触有发生燃烧爆炸的危险。分解产物：氯化氢
禁配物	强酸、强碱、胺类、酰基氯、醇类、水、还原剂、硫、磷、易燃或可燃物
健康危害	蒸气对眼、皮肤和呼吸道有强烈腐蚀和刺激作用。吸入可能引起肺水肿
环境危害	危害环境

三、理化特性

外观与性状	无色透明的发烟液体，有刺激性气味		
熔点（凝固点）/℃	−112	爆炸上限（体积分数）/%	无意义
沸点/℃	19（1.46kPa）	爆炸下限（体积分数）/%	无意义
闪点/℃	无意义	自燃温度/℃	无意义
溶解性	与水混溶		

四、个人防护

皮肤和身体	穿隔绝式防毒服，戴橡胶手套　必须穿工作服　必须戴防护手套
眼睛	呼吸系统中已作防护

呼吸	可能接触其蒸气时，必须佩戴过滤式防毒面具（全面罩）或空气呼吸器。紧急事态抢救或撤离时，建议佩戴空气呼吸器
设施配备	提供安全的淋浴和洗眼设备

五、使用与储存

使用注意事项	密闭操作，局部排风。远离火源、易燃物、可燃物。防止蒸气泄漏。避免与酸类、碱类、胺类接触。尤其要注意避免与水接触。禁止震动、撞击和摩擦。稀释或制备溶液时，应把酸加入水中，避免沸腾和飞溅
配制方法	配制浓度 $0.1mol \cdot L^{-1}$ 溶液：量取 740mL 71%高氯酸缓慢加入水中，稀释至 1L
储存注意事项	1.本品为易制爆试剂，实行"五双"管理。 2.储存于阴凉、通风的专用库房。远离火种、热源。 3.保持容器密封。应与酸类、碱类、胺类等分开存放，切忌混储

六、急救措施

皮肤接触	立即脱去污染衣物，用大量流动清水彻底冲洗。就医
眼睛接触	立即分开眼睑，用流动清水或生理盐水彻底冲洗。就医
吸入	迅速脱离现场至空气新鲜处，保持呼吸道通畅。就医
食入	用水漱口，禁止催吐。给饮牛奶或蛋清。就医
对施救者的忠告	根据需要使用个人防护设备

七、消防措施

灭火剂	本品不燃。根据着火原因选择适当灭火剂灭火
灭火注意事项及防护	消防人员必须穿全身耐酸碱消防服，佩戴空气呼吸器灭火。尽可能将容器从火场移至空旷处。喷水保持火场容器冷却，直至灭火结束。遇大火，消防人员须在有防爆掩蔽处操作。禁止用砂土压盖
是否可用水灭火	是

八、泄漏应急处理

防护措施和装备	建议应急处理人员戴正压式自给式呼吸器，穿防腐蚀、防毒服，戴橡胶手套。确保安全的情况下，尽可能阻断泄漏源
处置材料和方法	用大量水冲洗，稀释后排入废水系统
环保措施	防止泄漏物进入水体或下水道

九、废弃处置

处置方法	用安全掩埋法处置
污染包装物	将容器返还生产商或交给有资质的专业处理公司处置
废弃注意事项	处置前参照国家和地方有关法律法规

高氯酸铵

一、基本信息

化学品中文名称	高氯酸铵	中文名称别名	过氯酸铵
化学品英文名称		ammonium perchlorate	
CAS No.	7790-98-9	UN No.	0402 或 1442（随粒径和容器的不同而异）
分子式	NH₄ClO₄	分子量	117.50

二、危险性概述

GHS危险性分类	爆炸物，1.1项；氧化性固体，类别1
GHS标签象形图	爆炸物　　氧化性
是否易制毒/易制爆	本品是易制爆试剂。氧化性固体，类别1
燃烧及爆炸	助燃。摩擦、加热可能爆炸
危险反应及分解产物	与禁配物接触有发生燃烧爆炸的危险。分解产物：氯化物、氨
禁配物	强还原剂、强酸、铝、铜、卤素、金属氧化物、易燃或可燃物
健康危害	对眼睛、皮肤、黏膜和呼吸道有刺激性
环境危害	可能危害环境

三、理化特性

外观与性状	无色或白色结晶，有刺激气味		
熔点（凝固点）/℃	130（分解/爆炸）	爆炸上限（体积分数）/%	无意义
沸点/℃	无资料	爆炸下限（体积分数）/%	无意义
闪点/℃	无意义	自燃温度/℃	无意义
溶解性	易溶于水，微溶于乙醇、丙酮，溶于甲醇，不溶于乙醚、乙酸乙酯		

四、个人防护

皮肤和身体	穿隔绝式防毒服，戴橡胶手套　　　必须穿工作服　必须戴防护手套
眼睛	戴化学安全防护眼镜　　必须戴防护眼镜
呼吸	可能接触其粉尘时，建议佩戴过滤式防尘呼吸器
设施配备	提供安全的淋浴和洗眼设备

五、使用与储存

使用注意事项	密闭操作，加强通风。远离火源、易燃物、可燃物。避免产生粉尘。避免与还原剂、酸类、卤素、金属氧化物接触。禁止震动、撞击和摩擦
配制方法	配制浓度 $0.1mol \cdot L^{-1}$ 溶液：溶解 11.75g 高氯酸铵固体于水中，加水稀释至 1L
储存注意事项	1.本品为易制爆试剂，实行"五双"管理。 2.储存于阴凉、干燥、通风良好的专用库房。远离火种、热源。 3.包装必须密封。应与易（可）燃物、还原剂、酸类、卤素、金属氧化物等分开存放，切忌混储

六、急救措施

皮肤接触	立即脱去污染衣物，用大量流动清水彻底冲洗。就医
眼睛接触	立即分开眼睑，用流动清水或生理盐水彻底冲洗。就医
吸入	迅速脱离现场至空气新鲜处，保持呼吸道通畅。就医
食入	漱口，饮水。就医
对施救者的忠告	根据需要使用个人防护设备

七、消防措施

灭火剂	爆炸品。实验室少量药品起火直接用灭火毯闷熄
灭火注意事项及防护	消防人员必须佩戴空气呼吸器，穿全身防火防毒服，在上风向灭火。禁止用砂土压盖
是否可用水灭火	是

八、泄漏应急处理

防护措施和装备	建议应急处理人员戴防尘口罩，穿防毒服，戴橡胶手套。确保安全的情况下，尽可能阻断泄漏源
处置材料和方法	小量泄漏时，用大量水冲洗，稀释后排入废水系统
环保措施	防止泄漏物进入水体或下水道

九、废弃处置

处置方法	当作炸药处置
污染包装物	将容器返还生产商或交给有资质的专业处理公司处置
废弃注意事项	废弃处置人员必须接受过专门的爆炸性物质废弃处置培训

高氯酸锂

一、基本信息

化学品中文名称	高氯酸锂	中文名称别名	过氯酸锂
化学品英文名称	lithium perchlorate; perchloric acid lithium salt		
CAS No.	7791-03-9	UN No.	1481
分子式	$LiClO_4$	分子量	106.40

二、危险性概述

GHS危险性分类	氧化性固体，类别2
GHS标签象形图	<div align="center">氧化性</div>
是否易制毒/易制爆	本品是易制爆试剂。氧化性固体，类别2
燃烧及爆炸	与可燃物混合或急剧加热会发生爆炸
危险反应及分解产物	与禁配物接触有发生燃烧爆炸的危险。分解产物：氯化物、氧化锂
禁配物	易燃或可燃物、活性金属粉末、硫、磷、肼
健康危害	对眼睛、皮肤、黏膜和上呼吸道有刺激性
环境危害	可能危害环境

三、理化特性

外观与性状	无色结晶，有潮解性		
熔点（凝固点）/℃	236	爆炸上限（体积分数）/%	无意义
沸点/℃	430（分解）	爆炸下限（体积分数）/%	无意义
闪点/℃	无意义	自燃温度/℃	无意义
溶解性	溶于水、乙醇		

四、个人防护

皮肤和身体	穿隔绝式防毒服，戴橡胶手套　　必须穿工作服　必须戴防护手套
眼睛	戴化学安全防护眼镜　　必须戴防护眼镜
呼吸	可能接触其粉末时，建议佩戴过滤式防尘呼吸器
设施配备	提供安全的淋浴和洗眼设备

五、使用与储存

使用注意事项	密闭操作，全面通风。远离火源、易燃物、可燃物。避免产生粉尘。避免与活性金属粉末接触
配制方法	配制浓度 0.1mol·L^{-1} 溶液：溶解 10.64g 高氯酸锂固体溶于水中，加水稀释至 1L
储存注意事项	1.本品为易制爆试剂，实行"五双"管理。 2.储存于阴凉、干燥、通风良好的专用库房。远离火种、热源。 3.包装必须密封，切勿受潮。应与易（可）燃物、活性金属粉末等分开存放，切忌混储

六、急救措施

皮肤接触	立即脱去污染衣物，用大量流动清水彻底冲洗。就医
眼睛接触	立即分开眼睑，用流动清水或生理盐水彻底冲洗。就医
吸入	迅速脱离现场至空气新鲜处，保持呼吸道通畅。就医
食入	漱口，饮水。就医
对施救者的忠告	根据需要使用个人防护设备

七、消防措施

灭火剂	本品不燃。根据着火原因选择适当灭火剂灭火
灭火注意事项及防护	消防人员必须佩戴空气呼吸器，穿全身防火防毒服，在上风向灭火。尽可能将容器从火场移至空旷处。喷水保持火场容器冷却，直至灭火结束。在火场中与可燃物混合会发生爆炸，消防人员须在有防爆掩蔽处操作。禁止用沙土压盖
是否可用水灭火	是

八、泄漏应急处理

防护措施和装备	建议应急处理人员戴防尘口罩，穿防毒服，戴橡胶手套。确保安全的情况下，尽可能阻断泄漏源
处置材料和方法	用洁净的工具收集泄漏物，置于容器中
环保措施	防止泄漏物进入水体或下水道

九、废弃处置

处置方法	用安全掩埋法处置
污染包装物	将容器返还生产商或交给有资质的专业处理公司处置
废弃注意事项	废弃处置人员必须接受过专门的爆炸性物质废弃处置培训

高锰酸钾

一、基本信息

化学品中文名称	高锰酸钾	中文名称别名	灰锰氧
化学品英文名称	potassium permanganate；permanganic acid；potassium salt		
CAS No.	7722-64-7	UN No.	1490
分子式	KMnO₄	分子量	158.04

分子式 $KMnO_4$

二、危险性概述

GHS危险性分类	氧化性固体，类别2；危害水生环境-急性危害，类别1；危害水生环境-长期危害，类别1
GHS标签象形图	氧化性　环境危害
是否易制毒/易制爆	本品是易制毒和易制爆试剂。易制毒试剂第三类。氧化性固体，类别2
燃烧及爆炸	助燃，与可燃物混合会发生爆炸
危险反应及分解产物	与禁配物接触有发生燃烧爆炸的危险。加热时分解生成有毒气体和刺激性烟雾。分解产物：氧化锰、氧化钾
禁配物	强还原剂、活性金属粉末、硫、铝、锌、铜及其合金、易燃或可燃物。硫酸、铵盐、过氧化氢、甘油、乙二醇、磷等
健康危害	对眼、皮肤和呼吸道有腐蚀性。误服腐蚀口腔和消化道，最后可能造成循环衰竭
环境危害	严重危害水生生物且毒害影响长期持续

三、理化特性

外观与性状	深紫色细长斜方柱状结晶，有金属光泽		
熔点（凝固点）/℃	240（分解）	爆炸上限（体积分数）/%	无意义
沸点/℃	无资料	爆炸下限（体积分数）/%	无意义
闪点/℃	无意义	自燃温度/℃	无意义
溶解性	溶于水、碱液，微溶于甲醇、丙酮、硫酸		

四、个人防护

皮肤和身体	穿隔绝式防毒服，戴橡胶手套 必须穿工作服　必须戴防护手套
眼睛	戴化学安全防护眼镜 必须戴防护眼镜

呼吸	可能接触其粉末时，建议佩戴过滤式防尘呼吸器
设施配备	提供安全的淋浴和洗眼设备

五、使用与储存

使用注意事项	密闭操作，加强通风。远离火源、易燃物、可燃物。避免产生粉尘。避免与还原剂、活性金属粉末、酸类、醇类接触。禁止震动、撞击和摩擦
配制方法	配制浓度 0.1mol·L^{-1} 溶液：溶解 15.80g KMnO$_4$ 固体于水中，加水稀释至 1L
储存注意事项	1.本品为易制毒和易制爆试剂，实行"五双"管理。 2.储存于阴凉、通风的专用库房。远离火种、热源。 3.包装密封。应与还原剂、酸类、醇类、活性金属粉末等分开存放，切忌混储

六、急救措施

皮肤接触	立即脱去污染衣物，用大量流动清水彻底冲洗。就医
眼睛接触	立即分开眼睑，用流动清水或生理盐水彻底冲洗。就医
吸入	迅速脱离现场至空气新鲜处，保持呼吸道通畅。就医
食入	漱口，饮水。就医
对施救者的忠告	根据需要使用个人防护设备

七、消防措施

灭火剂	本品不燃。根据着火原因选择适当灭火剂灭火
灭火注意事项及防护	消防人员必须佩戴空气呼吸器，穿全身防火防毒服，在上风向灭火。尽可能将容器从火场移至空旷处。喷水保持火场容器冷却，直至灭火结束。
是否可用水灭火	是

八、泄漏应急处理

防护措施和装备	建议应急处理人员戴防尘口罩，穿防毒服，戴橡胶手套。确保安全的情况下，尽可能阻断泄漏源
处置材料和方法	用洁净的工具收集泄漏物，置于容器中
环保措施	防止泄漏物进入水体或下水道

九、废弃处置

处置方法	建议用安全掩埋法处置
污染包装物	将容器返还生产商或交给有资质的专业处理公司处置
废弃注意事项	处置前应参阅国家和地方有关法规

铬酸钾

一、基本信息

化学品中文名称	铬酸钾	中文名称别名	铬酸二钾
化学品英文名称	potassium chromate（Ⅵ）		
CAS No.	7789-00-6	UN No.	3288
分子式	K₂CrO₄	分子量	194.19

二、危险性概述

GHS危险性分类	急性毒性-经口，类别3；皮肤腐蚀/刺激，类别2；严重眼损伤/眼刺激，类别2A；生殖细胞致突变性，类别1B；皮肤致敏物，类别1；致癌性，类别1A；特异性靶器官毒性——次接触，类别3；危害水生环境-急性危害，类别1；危害水生环境-长期危害，类别1
GHS标签象形图	有毒物　　健康危害　　环境危害
是否易制毒/易制爆	否
燃烧及爆炸	助燃。接触禁配物有引起燃烧的危险
危险反应及分解产物	强氧化剂，接触禁配物有引起燃烧和爆炸的危险。高热分解可产生刺激性、有毒性气体。分解产物：氧化钾、氧化铬
禁配物	还原剂、易燃或可燃物
健康危害	反复或长期接触可能引起皮肤过敏、哮喘。损害呼吸道、肾。可能致癌
环境危害	严重危害水生生物且毒害影响长期持续

三、理化特性

外观与性状	黄色斜方晶体		
熔点（凝固点）/℃	968～975	爆炸上限（体积分数）/%	无意义
沸点/℃	1000	爆炸下限（体积分数）/%	无意义
闪点/℃	无意义	自燃温度/℃	无意义
溶解性	溶于水，不溶于乙醇		

四、个人防护

皮肤和身体	穿连体式防毒衣，戴橡胶手套　　必须穿工作服　　必须戴防护手套
眼睛	戴化学安全防护眼镜　　必须戴防护眼镜

| 呼吸 | 可能接触其粉末时，必须佩戴过滤式防毒面具（全面罩）或长管面具 |
| 设施配备 | 提供安全的淋浴和洗眼设备 |

五、使用与储存

使用注意事项	密闭操作，提供充分的局部排风。远离火源、易燃物、可燃物。避免产生粉尘。避免与还原剂接触
配制方法	配制浓度 $0.1mol \cdot L^{-1}$ 溶液：溶解 $19.42g$ K_2CrO_4 固体于水中，加水稀释至 $1L$
储存注意事项	1.储存于阴凉、通风的专用库房。远离火种、热源。 2.保持容器密封。应与还原剂、易（可）燃物、食用化学品等分开存放，切忌混储

六、急救措施

皮肤接触	立即脱去污染的衣物，用肥皂水或清水彻底冲洗。就医
眼睛接触	立即分开眼睑，用流动清水或生理盐水彻底冲洗。就医
吸入	迅速脱离现场至空气新鲜处，保持呼吸道通畅。就医
食入	用水漱口或饮水，催吐。
对施救者的忠告	根据需要使用个人防护设备

七、消防措施

灭火剂	一般用干粉灭火器、二氧化碳灭火器、泡沫灭火器灭火。实验室少量药品起火直接用灭火毯或砂土闷熄
灭火注意事项及防护	消防人员必须佩戴空气呼吸器、穿全身防火消防服，在上风向灭火
是否可用水灭火	是

八、泄漏应急处理

防护措施和装备	建议应急处理人员戴防尘口罩，穿防腐蚀、防毒服，戴橡胶手套。确保安全的情况下，尽可能阻断泄漏源
处置材料和方法	用干燥的砂土或惰性吸附材料吸收泄漏物，用适当工具收集，置于容器中
环保措施	防止泄漏物进入水体或下水道

九、废弃处置

处置方法	建议用控制焚烧法或安全掩埋法处置；破损容器禁止重新使用，要在规定场所掩埋
污染包装物	将容器返还生产商或交给有资质的专业处理公司处置
废弃注意事项	

过硫酸铵

一、基本信息

化学品中文名称	过硫酸铵	中文名称别名	高硫酸铵；过二硫酸铵
化学品英文名称	ammonium persulfate；ammonium peroxidisulphate		
CAS No.	7727-54-0	UN No.	1444
分子式	$(NH_4)_2S_2O_8$	分子量	228.22

二、危险性概述

GHS危险性分类	氧化性固体，类别3；急性毒性-经口，类别4；皮肤腐蚀/刺激，类别2；严重眼损伤/眼刺激，类别2；呼吸道致敏物，类别1；皮肤致敏物，类别1；特异性靶器官毒性——次接触，类别3（呼吸道刺激）；危害水生环境-急性危害，类别3
GHS标签象形图	 氧化性　　刺激性　　健康危害
是否易制毒/易制爆	否
燃烧及爆炸	助燃。受高热或撞击时即爆炸。与可燃物混合能形成爆炸性混合物
危险反应及分解产物	与禁配物接触发生反应。加热时分解生成含氨、氮氧化物和硫氧化物的有毒和腐蚀性烟雾。分解产物：氨气、氧化硫
禁配物	强还原剂、活性金属粉末、硫、磷
健康危害	反复或长期吸入接触可引起哮喘。对皮肤有致敏性
环境危害	危害水生生物

三、理化特性

外观与性状	无色单斜晶体，有时略带浅绿色，有潮解性		
熔点（凝固点）/℃	120（分解）	爆炸上限（体积分数）/%	无意义
沸点/℃	分解	爆炸下限（体积分数）/%	无意义
闪点/℃	无意义	自燃温度/℃	无意义
溶解性	易溶于水		

四、个人防护

皮肤和身体	穿隔绝式防毒服，戴橡胶手套 必须穿工作服　　必须戴防护手套
眼睛	戴化学安全防护眼镜 必须戴防护眼镜

呼吸	可能接触其粉末时,应该佩戴过滤式防尘呼吸器。高浓度环境中,建议佩戴空气呼吸器
设施配备	提供安全的淋浴和洗眼设备

五、使用与储存

使用注意事项	密闭操作,局部排风。远离火源、易燃物、可燃物。避免与还原剂、活性金属粉末接触。禁止震动、撞击和摩擦
配制方法	配制浓度 $0.1mol \cdot L^{-1}$ 溶液:溶解 22.82g $(NH_4)_2S_2O_8$ 固体于水中,加水稀释至 1L
储存注意事项	1.储存于阴凉、干燥、通风的专用库房。远离火种、热源。 2.包装必须密封。防止受潮。应与还原剂、活性金属粉末等分开存放,切忌混储

六、急救措施

皮肤接触	立即脱去污染衣物,用大量流动清水彻底冲洗。就医
眼睛接触	立即分开眼睑,用流动清水或生理盐水彻底冲洗。就医
吸入	迅速脱离现场至空气新鲜处,保持呼吸道通畅。就医
食入	漱口,饮水。就医
对施救者的忠告	根据需要使用个人防护设备

七、消防措施

灭火剂	本品不燃。根据着火原因选择适当灭火剂灭火
灭火注意事项及防护	实验室少量药品起火直接用灭火毯闷熄。禁止用砂土盖压
是否可用水灭火	是

八、泄漏应急处理

防护措施和装备	建议应急处理人员戴防尘口罩,穿防毒服,戴橡胶手套。确保安全的情况下,尽可能阻断泄漏源
处置材料和方法	用洁净的工具收集泄漏物,置于容器中
环保措施	防止泄漏物进入水体或下水道

九、废弃处置

处置方法	根据国家和地方有关法规的要求处置。或与制造商联系,确定处置方法
污染包装物	将容器返还生产商或交给有资质的专业处理公司处置
废弃注意事项	处置前应参阅国家和地方有关法规

过硫酸钾

一、基本信息

化学品中文名称	过硫酸钾	中文名称别名	高硫酸钾；过二硫酸钾
化学品英文名称	potassium persulfate；potassium peroxydisulfate		
CAS No.	7727-21-1	UN No.	1492
分子式	$K_2S_2O_8$	分子量	272.34

二、危险性概述

GHS危险性分类	氧化性固体，类别3；急性毒性-经口，类别4；皮肤腐蚀/刺激，类别2；严重眼损伤/眼刺激，类别2；呼吸道致敏物，类别1；皮肤致敏物，类别1；特异性靶器官毒性——次接触，类别3（呼吸道刺激）；危害水生环境-急性危害，类别3
GHS标签象形图	氧化性　　刺激性　　健康危害
是否易制毒/易制爆	否
燃烧及爆炸	助燃。受高热或撞击时即爆炸。与可燃物混合可形成爆炸性混合物
危险反应及分解产物	受热时分解生成含硫氧化物和腐蚀性烟雾。与金属粉末和强碱激烈反应。分解产物：氧化硫、氧气
禁配物	强还原剂、活性金属粉末、强碱、醇类、易燃物（硫、磷等）
健康危害	对眼、皮肤和呼吸道有刺激性。对呼吸道和皮肤有致敏性
环境危害	危害水生生物

三、理化特性

外观与性状	无色三斜细晶或白色片状结晶，无气味，有潮解性		
熔点（凝固点）/℃	100（分解）	爆炸上限（体积分数）/%	无意义
沸点/℃	无资料	爆炸下限（体积分数）/%	无意义
闪点/℃	无意义	自燃温度/℃	无意义
溶解性	溶于水，不溶于乙醇		

四、个人防护

皮肤和身体	穿隔绝式防毒服，戴橡胶手套　　必须穿工作服　　必须戴防护手套
眼睛	戴化学安全防护眼镜　　必须戴防护眼镜

呼吸	可能接触其粉末时，应该佩戴过滤式防尘呼吸器。高浓度环境中，建议佩戴空气呼吸器
设施配备	提供安全的淋浴和洗眼设备

五、使用与储存

使用注意事项	密闭操作，加强通风。远离火源、易燃物、可燃物。避免与还原剂、活性金属粉末、强碱、醇类接触。禁止震动、撞击和摩擦
配制方法	配制浓度 $0.1mol \cdot L^{-1}$ 溶液：溶解 27.23g $K_2S_2O_8$ 固体于水中，加水稀释至 1L
储存注意事项	1.储存于阴凉、干燥、通风的专用库房。远离火种、热源。 2.包装密封。应与还原剂、活性金属粉末、强碱、醇类等分开存放，切忌混储

六、急救措施

皮肤接触	立即脱去污染衣物，用大量流动清水彻底冲洗。就医
眼睛接触	立即分开眼睑，用流动清水或生理盐水彻底冲洗。就医
吸入	迅速脱离现场至空气新鲜处，保持呼吸道通畅。就医
食入	漱口，饮水。就医
对施救者的忠告	根据需要使用个人防护设备

七、消防措施

灭火剂	本品不燃。根据着火原因选择适当灭火剂灭火
灭火注意事项及防护	实验室少量药品起火直接用灭火毯闷熄。禁止用砂土盖压
是否可用水灭火	是

八、泄漏应急处理

防护措施和装备	建议应急处理人员戴防尘口罩，穿防毒服，戴橡胶手套。确保安全的情况下，尽可能阻断泄漏源
处置材料和方法	用洁净的工具收集泄漏物，置于容器中
环保措施	防止泄漏物进入水体或下水道

九、废弃处置

处置方法	根据国家和地方有关法规的要求处置。或与制造商联系，确定处置方法
污染包装物	将容器返还生产商或交给有资质的专业处理公司处置
废弃注意事项	处置前应参阅国家和地方有关法规

过氧化苯甲酰

一、基本信息

化学品中文名称	过氧化苯甲酰	中文名称别名	过氧化二苯甲酰；过氧化二苯基乙二醛
化学品英文名称	benzoyl peroxide；benzoyl superoxide；diphenylglyoxal peroxide		
CAS No.	94-36-0	UN No.	3102，3104，3106～3109
分子式	$C_{14}H_{10}O_4$	分子量	242.24

二、危险性概述

GHS危险性分类	有机过氧化物，B型；严重眼损伤/眼刺激，类别2；皮肤致敏物，类别1；危害水生环境-急性危害，类别1
GHS标签象形图	爆炸物　　易燃物　　刺激性　　环境危害
是否易制毒/易制爆	否
燃烧及爆炸	易燃。受撞击、摩擦，遇明火或其他点火源极易爆炸
危险反应及分解产物	与禁配物接触有发生燃烧爆炸的危险。分解产物：二氧化碳、苯甲酸、苯、苯甲酸苯酯
禁配物	强还原剂、酸类、碱类、醇类
健康危害	对上呼吸道有刺激性。对皮肤有强烈刺激及致敏作用。接触眼可致损害
环境危害	严重危害水生生物

三、理化特性

外观与性状	白色或淡黄色细粒，微有苦杏仁气味		
熔点（凝固点）/℃	103～108	爆炸上限（体积分数）/%	无资料
沸点/℃	分解（爆炸）	爆炸下限（体积分数）/%	无资料
闪点/℃	80	自燃温度/℃	80
溶解性	不溶于水，微溶于醇类，溶于丙酮、苯、二硫化碳、氯仿等		

四、个人防护

皮肤和身体	穿隔绝式防毒服，戴橡胶手套　　必须穿工作服　　必须戴防护手套
眼睛	戴化学安全防护眼镜　　必须戴防护眼镜

呼吸	可能接触其粉尘时，应该佩戴过滤式防尘呼吸器
设施配备	提供安全的淋浴和洗眼设备

五、使用与储存

使用注意事项	密闭操作，局部排风。远离火源、易燃物、可燃物。使用防爆型通风系统和设备。避免产生粉尘。避免与还原剂、酸类、碱类、醇类接触。禁止震动、撞击和摩擦
配制方法	可直接使用
储存注意事项	1.储存时以水作稳定剂，一般含水30%。库温保持在2～25℃。 2.与还原剂、酸类、碱类、醇类分开存放，切忌混储。不宜久存，以免变质。 3.采用防爆型照明、通风设施。禁止使用易产生火花的机械设备和工具。禁止震动、撞击和摩擦

六、急救措施

皮肤接触	立即脱去污染衣物，用大量流动清水彻底冲洗。就医
眼睛接触	立即分开眼睑，用流动清水或生理盐水彻底冲洗。就医
吸入	迅速脱离现场至空气新鲜处，保持呼吸道通畅。就医
食入	漱口，饮水。就医
对施救者的忠告	根据需要使用个人防护设备

七、消防措施

灭火剂	一般用水、泡沫灭火器、二氧化碳灭火器灭火。实验室少量药品起火直接用灭火毯闷熄
灭火注意事项及防护	消防人员必须佩戴空气呼吸器、穿隔绝式防毒服，戴橡胶手套，在上风向灭火。禁止用砂土压盖
是否可用水灭火	是

八、泄漏应急处理

防护措施和装备	建议应急处理人员戴防尘口罩，穿一般作业工作服，戴橡胶手套。确保安全的情况下，尽可能阻断泄漏源
处置材料和方法	用惰性、湿润的不燃材料吸收泄漏物，用无静电工具收集，置于塑料容器中
环保措施	防止泄漏物进入水体或下水道

九、废弃处置

处置方法	建议用控制焚烧法处置
污染包装物	将容器返还生产商或交给有资质的专业处理公司处置
废弃注意事项	处置前应参阅国家和地方有关法规

过氧化氢

一、基本信息

化学品中文名称	过氧化氢	中文名称别名	双氧水
化学品英文名称	hydrogen peroxide		
CAS No.	7722-84-1	UN No.	2014（20％≤含量＜40％）；2015（含量≥40％）
分子式	H₂O₂	分子量	34.02

二、危险性概述

GHS危险性分类	氧化性液体，类别1；急性毒性-经口，类别4；急性毒性-吸入，类别4；皮肤腐蚀/刺激，类别1A；严重眼损伤/眼刺激，类别1；特异性靶器官毒性——次接触，类别3（呼吸道刺激）；危害水生环境-急性危害，类别3
GHS标签象形图	氧化性　　刺激性　　腐蚀性
是否易制毒/易制爆	本品是易制爆试剂。（1）含量≥60％，氧化性液体，类别1；（2）20％≤含量＜60％，氧化性液体，类别2；（3）8％＜含量＜20％氧化性液体，类别3
燃烧及爆炸	助燃，与可燃物反应放出大量热量和氧气而引起着火爆炸
危险反应及分解产物	与禁配物接触有发生燃烧爆炸的危险。分解产物：氧气，水
禁配物	易燃或可燃物、强还原剂、铜、铁、铁盐、锌、活性金属粉末
健康危害	对呼吸道有强烈刺激性。眼直接接触液体可致不可逆损伤甚至失明。皮肤接触引起灼伤
环境危害	危害水生生物

三、理化特性

外观与性状	无色透明液体，有微弱的特殊气味		
熔点（凝固点）/℃	−0.4	爆炸上限（体积分数）/％	无意义
沸点/℃	150.2	爆炸下限（体积分数）/％	无意义
闪点/℃	无意义	自燃温度/℃	无意义
溶解性	溶于水、乙醇、乙醚，不溶于苯、石油醚		

四、个人防护

皮肤和身体	穿隔绝式防毒服，戴橡胶手套　　必须穿工作服　　必须戴防护手套
眼睛	呼吸系统防护中已作防护　　必须戴防护眼镜

呼吸	可能接触其蒸气时，应该佩戴过滤式防毒面具（全面罩）
设施配备	提供安全的淋浴和洗眼设备

五、使用与储存

使用注意事项	密闭操作，全面通风。远离火源、易燃物、可燃物。防止蒸气泄漏。避免与还原剂、活性金属粉末接触
配制方法	配制浓度为6%溶液：量取30% H_2O_2 200mL 加入水中，稀释至1L
储存注意事项	1.本品为易制爆试剂，实行"五双"管理。 2.储存于阴凉、干燥、通风的专用库房。远离火种、热源。 3.包装必须完整密封。应与易（可）燃物、还原剂、活性金属粉末等分开存放，切忌混储

六、急救措施

皮肤接触	立即脱去污染衣物，用大量流动清水彻底冲洗。就医
眼睛接触	立即分开眼睑，用流动清水或生理盐水彻底冲洗。就医
吸入	迅速脱离现场至空气新鲜处，保持呼吸道通畅。就医
食入	用水漱口，禁止催吐。给饮牛奶或蛋清。就医
对施救者的忠告	根据需要使用个人防护设备

七、消防措施

灭火剂	本品不燃。根据着火原因选择适当灭火剂灭火
灭火注意事项及防护	实验室少量药品起火直接用灭火毯闷熄。容器突然发出异常声音或出现异常现象，应立即撤离。禁止用砂土压盖
是否可用水灭火	是

八、泄漏应急处理

防护措施和装备	建议应急处理人员戴正压自给式呼吸器，穿防腐蚀、防毒服，戴橡胶手套。确保安全的情况下，尽可能阻断泄漏源
处置材料和方法	用大量水冲洗，稀释后排入废水系统
环保措施	防止泄漏物进入水体或下水道

九、废弃处置

处置方法	经水稀释后，发生分解放出氧气，待充分分解后，把废液排入废水系统
污染包装物	将容器返还生产商或交给有资质的专业处理公司处置
废弃注意事项	处置前应参阅国家和地方有关法规

氦

一、基本信息

化学品中文名称	氦	中文名称别名	氦气
化学品英文名称		helium	
CAS No.	7440-59-7	UN No.	1046（压缩）；1963（液化）
分子式	He	分子量	4.0026

二、危险性概述

GHS危险性分类	加压气体
GHS标签象形图	高压物
是否易制毒/易制爆	否
燃烧及爆炸	不燃
危险反应及分解产物	无
禁配物	无
健康危害	本品为惰性气体，高浓度时可有窒息危险。皮肤接触液态本品可引起冻伤
环境危害	无

三、理化特性

外观与性状	无色无味的惰性气体		
熔点（凝固点）/℃	−272.2	爆炸上限（体积分数）/％	无意义
沸点/℃	−268.9	爆炸下限（体积分数）/％	无意义
闪点/℃	无意义	自燃温度/℃	无意义
溶解性	不溶于水、乙醇		

四、个人防护

皮肤和身体	穿一般作业工作服，戴一般作业防护手套 必须穿工作服　必须戴防护手套
眼睛	一般不需特殊防护
呼吸	一般不需特殊防护。当作业场所空气中氧浓度低于18％时，必须佩戴空气呼吸器或长管面具
设施配备	提供安全的淋浴和洗眼设备

五、使用与储存

使用注意事项	密闭操作，提供良好的自然通风条件。防止气体泄漏。远离火源、易燃物、可燃物
配制方法	可直接使用
储存注意事项	1.储存于阴凉、通风的不燃气体专用库房。远离火种、热源。 2.应与易（可）燃物分开存放，切忌混储

六、急救措施

皮肤接触	如发生冻伤，用温水（38～42℃）复温，忌用热水或辐射热，不要搓揉。就医
吸入	迅速脱离现场至空气新鲜处，保持呼吸道通畅。就医
对施救者的忠告	根据需要使用个人防护设备

七、消防措施

灭火剂	本品不燃。根据着火原因选择合适的灭火剂灭火
灭火注意事项及防护	消防人员须佩戴防毒面具、穿全身消防服，在上风身灭火。喷水冷却容器，尽可能将容器从火场移至空旷处
是否可用水灭火	是

八、泄漏应急处理

防护措施和装备	建议应急处理人员戴正压式自给式呼吸器，穿一般作业工作服，戴防护手套。确保安全的情况下，尽可能阻断泄漏源
处置材料和方法	泄漏气体允许排入大气中，泄漏场所保持通风
环保措施	无

九、废弃处置

处置方法	废气直接排入大气
污染包装物	将容器返还生产商或交给有资质的专业处理公司处置
废弃注意事项	处置前应参阅国家和地方有关法规

环己酮

一、基本信息

化学品中文名称	环己酮	中文名称别名	无
化学品英文名称	cyclohexanone；ketohexamethylene		
CAS No.	108-94-1	UN No.	1915
分子式	$C_6H_{10}O$	分子量	98.16

二、危险性概述

GHS危险性分类	易燃液体，类别3；急性毒性-吸入，类别4
GHS标签象形图	易燃物　　刺激性
是否易制毒/易制爆	否
燃烧及爆炸	易燃。其蒸气能与空气形成爆炸性混合物
危险反应及分解产物	与禁配物接触有发生燃烧爆炸的危险
禁配物	强氧化剂、强还原剂、塑料
健康危害	本品具有麻醉和刺激作用。对眼、鼻和上呼吸道刺激性。误服可能引起肝、肾功能衰竭
环境危害	对环境可能有害

三、理化特性

外观与性状	无色或浅黄色透明油状液体，有强烈的刺激性臭味		
熔点（凝固点）/℃	−32.1	爆炸上限（体积分数）/%	9.4
沸点/℃	136.9～155.6	爆炸下限（体积分数）/%	1.1
闪点/℃	44（CC）	自燃温度/℃	420
溶解性	微溶于水，可混溶于乙醇、乙醚、苯、丙酮等多数有机溶剂		

四、个人防护

皮肤和身体	穿防静电工作服，戴橡胶耐油手套　　必须穿工作服　　必须戴防护手套
眼睛	戴化学安全防护眼镜　　必须戴防护眼镜

呼吸	可能接触其蒸气时，应佩戴过滤式防毒面具（半面罩）
设施配备	提供安全的淋浴和洗眼设备

必须戴防毒面具

五、使用与储存

使用注意事项	密闭操作，注意通风。远离火源、易燃物、可燃物。使用防爆型通风系统和设备。防止蒸气泄漏。避免与氧化剂、还原剂接触
配制方法	可直接使用
储存注意事项	1.储存于阴凉、通风的专用库房。远离火种、热源。 2.保持容器密封。应与氧化剂、还原剂等分开存放，切忌混储。 3.采用防爆型照明、通风设施。禁止使用易产生火花的机械设备和工具

六、急救措施

皮肤接触	立即脱去污染衣物，用大量流动清水彻底冲洗。就医
眼睛接触	立即分开眼睑，用流动清水或生理盐水彻底冲洗。就医
吸入	迅速脱离现场至空气新鲜处，保持呼吸道通畅。就医
食入	漱口、饮水。就医
对施救者的忠告	根据需要使用个人防护设备

七、消防措施

灭火剂	一般用泡沫灭火器、干粉灭火器、二氧化碳灭火器或砂土灭火。实验室少量药品起火直接用灭火毯或砂土闷熄
灭火注意事项及防护	消防人员必须佩戴过滤式防毒面具或空气呼吸器、穿全身防火防毒服，在上风向灭火
是否可用水灭火	否

八、泄漏应急处理

防护措施和装备	建议应急处理人员戴正压自给式呼吸器，穿防静电、防毒服，戴橡胶耐油手套，作业时使用的所有设备应接地。确保安全的情况下，尽可能阻断泄漏源
处置材料和方法	用砂土或其他不燃材料覆盖和吸收泄漏物，使用无静电工具收集，置于容器中
环保措施	防止泄漏物进入水体或下水道

九、废弃处置

处置方法	建议用焚烧法处置
污染包装物	将容器返还生产商或交给有资质的专业处理公司处置
废弃注意事项	处置前参阅国家和地方有关法律法规

环己烷

一、基本信息

化学品中文名称	环己烷	中文名称别名	六氢化苯
化学品英文名称	cyclohexane；hexahydrobenzene		
CAS No.	110-82-7	UN No.	1145
分子式	C_6H_{12}	分子量	84.18

二、危险性概述

GHS危险性分类	易燃液体，类别2；皮肤腐蚀/刺激，类别2；特异性靶器官毒性——次接触，类别3（麻醉效应）；吸入，类别1；危害水生环境-急性危害，类别1
GHS标签象形图	易燃物　刺激性　健康危害　环境危害
是否易制毒/易制爆	否
燃烧及爆炸	高度易燃，其蒸气能与空气形成爆炸性混合物
危险反应及分解产物	与禁配物发生接触、加热可能引起激烈燃烧或爆炸。
禁配物	强氧化剂、强酸、强碱、卤素
健康危害	对眼、皮肤和上呼吸道有轻微刺激性。误服液体可能吸入肺中，有引起化学肺炎的危险
环境危害	严重危害水生生物

三、理化特性

外观与性状	无色液体，有刺激性气味		
熔点（凝固点）/℃	6.47	爆炸上限（体积分数）/%	8.4
沸点/℃	80.7	爆炸下限（体积分数）/%	1.3
闪点/℃	−18（CC）	自燃温度/℃	245
溶解性	不溶于水，溶于乙醇、乙醚、丙酮、苯等多数有机溶剂		

四、个人防护

皮肤和身体	穿防静电工作服，戴橡胶耐油手套　必须穿工作服　必须戴防护手套
眼睛	空气中浓度超标时，戴安全防护眼镜　必须戴防护眼镜

呼吸	一般不需要特殊防护，高浓度接触时可佩戴过滤式防毒面具（半面罩） 必须戴防毒面具
设施配备	提供安全的淋浴和洗眼设备

五、使用与储存

使用注意事项	密闭操作，全面通风。远离火源、易燃物、可燃物。使用防爆型通风系统和设备。防止蒸气泄漏。避免与氧化剂接触
配制方法	可直接使用
储存注意事项	1.储存于阴凉、通风的专用库房。远离火种、热源。 2.保持容器密封。应与氧化剂分开存放，切忌混储。 3.采用防爆型照明、通风设施。禁止使用易产生火花的机械设备和工具

六、急救措施

皮肤接触	立即脱去污染的衣物，用肥皂水或流动的清水彻底冲洗。就医
眼睛接触	立即分开眼睑，用流动清水或生理盐水彻底冲洗。就医
吸入	迅速脱离现场至空气新鲜处，保持呼吸道通畅。就医
食入	漱口、饮水。就医
对施救者的忠告	根据需要使用个人防护设备

七、消防措施

灭火剂	一般用泡沫灭火器、干粉灭火器、二氧化碳灭火器或砂土灭火。实验室少量药品起火直接用灭火毯或砂土闷熄
灭火注意事项及防护	消防人员必须佩戴过滤式防毒面具或空气呼吸器、穿全身防火防毒服，在上风向灭火。用水灭火无效
是否可用水灭火	否

八、泄漏应急处理

防护措施和装备	建议应急处理人员戴正压自给式呼吸器，穿防静电、防毒服，戴橡胶手套，作业时使用的所有设备应接地。确保安全的情况下，尽可能阻断泄漏源
处置材料和方法	用砂土或其他不燃材料覆盖和吸收泄漏物，使用无静电工具收集，置于容器中
环保措施	防止泄漏物进入水体或下水道

九、废弃处置

处置方法	建议用焚烧法处置
污染包装物	将容器返还生产商或交给有资质的专业处理公司处置
废弃注意事项	处置前参阅国家和地方有关法律法规

环戊烷

一、基本信息

化学品中文名称	环戊烷	中文名称别名	
化学品英文名称	cyclopentane；pentamethylene		
CAS No.	287-92-3	UN No.	1146
分子式	C_5H_{10}	分子量	70.10

二、危险性概述

GHS危险性分类	易燃液体，类别2；危害水生环境-急性危害，类别3；危害水生环境-长期危害，类别3
GHS标签象形图	易燃物
是否易制毒/易制爆	否
燃烧及爆炸	高度易燃，其蒸气能与空气形成爆炸性混合物
危险反应及分解产物	与禁配物接触有发生燃烧爆炸的危险
禁配物	强氧化剂、强酸、强碱、卤素
健康危害	刺激眼、呼吸道和胃肠道。误服易进入呼吸道，导致吸入性肺炎。对中枢神经有影响
环境危害	危害水生生物且毒害影响长期持续

三、理化特性

外观与性状	无色透明液体，有苯样的气味		
熔点（凝固点）/℃	−94	爆炸上限（体积分数）/%	8.7
沸点/℃	49.2	爆炸下限（体积分数）/%	1.1
闪点/℃	−37（CC）	自燃温度/℃	361
溶解性	不溶于水，溶于乙醇、乙醚、苯、四氯化碳、丙酮等多数有机溶剂		

四、个人防护

皮肤和身体	穿防静电工作服，戴橡胶耐油手套 必须穿工作服　　必须戴防护手套
眼睛	一般不需要特殊防护，高浓度接触时可戴化学安全防护眼镜 必须戴防护眼镜

呼吸	空气中浓度超标时，应该佩戴过滤式防毒面具（半面罩）
设施配备	提供安全的淋浴和洗眼设备

必须戴防毒面具

五、使用与储存

使用注意事项	密闭操作，全面通风。远离火源、易燃物、可燃物。使用防爆型通风系统和设备。防止蒸气泄漏。避免与氧化剂接触
配制方法	可直接使用
储存注意事项	1.储存于阴凉、通风的专用库房。远离火种、热源。 2.保持容器密封。应与氧化剂分开存放，切忌混储。 3.采用防爆型照明、通风设施。禁止使用易产生火花的机械设备和工具

六、急救措施

皮肤接触	立即脱去污染衣物，用大量流动清水彻底冲洗。就医
眼睛接触	立即分开眼睑，用流动清水或生理盐水彻底冲洗。就医
吸入	迅速脱离现场至空气新鲜处，保持呼吸道通畅。就医
食入	漱口、饮水。就医
对施救者的忠告	根据需要使用个人防护设备

七、消防措施

灭火剂	一般用泡沫灭火器、干粉灭火器、二氧化碳灭火器或砂土灭火。实验室少量药品起火直接用灭火毯或砂土闷熄
灭火注意事项及防护	消防人员必须佩戴空气呼吸器、穿全身防火消防服，在上风向灭火。用水灭火无效
是否可用水灭火	否

八、泄漏应急处理

防护措施和装备	建议应急处理人员戴正压自给式呼吸器，穿防静电服，戴橡胶耐油手套。确保安全的情况下，尽可能阻断泄漏源
处置材料和方法	用砂土或其他不燃材料吸收，使用无静电工具收集，置于容器中
环保措施	防止泄漏物进入水体或下水道

九、废弃处置

处置方法	建议用焚烧法处置
污染包装物	将容器返还生产商或交给有资质的专业处理公司处置
废弃注意事项	处置前应参阅国家和地方有关法规

甲　苯

一、基本信息

化学品中文名称	甲苯	中文名称别名	甲基苯
化学品英文名称	toluene；methylbenzene		
CAS No.	108-88-3	UN No.	1294
分子式	C_7H_8	分子量	92.15

二、危险性概述

GHS危险性分类	易燃液体，类别2；皮肤腐蚀/刺激，类别2；生殖毒性，类别2；特异性靶器官毒性——次接触，类别3（麻醉效应）；特异性靶器官毒性-反复接触，类别2；吸入危害，类别1；危害水生环境-急性危害，类别2；危害水生环境-长期危害，类别3
GHS标签象形图	易燃物　　刺激性　　健康危害
是否易制毒/易制爆	本品是易制毒试剂。属于第三类易制毒化学品
燃烧及爆炸	高度易燃，其蒸气能与空气形成爆炸性混合物
危险反应及分解产物	与禁配物接触有发生燃烧爆炸的危险
禁配物	强氧化剂、酸类、卤素等
健康危害	对皮肤、黏膜和呼吸道有刺激性，吸入对中枢神经系统有麻醉作用，可致头晕、恶心、意识模糊，甚至昏迷
环境危害	危害水生生物且毒害影响长期持续

三、理化特性

外观与性状	无色透明液体，有类似苯的芳香气味		
熔点（凝固点）/℃	−94.9	爆炸上限（体积分数）/%	7.1
沸点/℃	110.6	爆炸下限（体积分数）/%	1.1
闪点/℃	4（CC）；16（OC）	自燃温度/℃	480
溶解性	不溶于水，可混溶于苯、乙醇、乙醚、氯仿等多数有机溶剂		

四、个人防护

皮肤和身体	穿防毒物渗透工作服，戴橡胶耐油手套　　必须穿工作服　必须戴防护手套
眼睛	戴化学安全防护眼镜　　必须戴防护眼镜

呼吸	空气中浓度超标时，应该佩戴过滤式防毒面具（半面罩）。紧急事态抢救或撤离时，佩戴空气呼吸器 必须戴防毒面具
设施配备	提供安全的淋浴和洗眼设备

五、使用与储存

使用注意事项	密闭操作，注意通风。远离火源、易燃物、可燃物。防止蒸气泄漏。避免与氧化剂、酸类、卤素等接触
配制方法	可直接使用
储存注意事项	1.本品属于易制毒化学品。实行"五双"管理。 2.储存于阴凉、通风的专用库房。远离火种、热源。 3.包装要求密封。应与易（可）燃物、氧化剂等分开存放，切忌混储。 4.采用防爆型照明、通风设施。禁止使用易产生火花的机械设备和工具

六、急救措施

皮肤接触	立即脱去污染衣物，用大量流动清水彻底冲洗。就医
眼睛接触	立即分开眼睑，用流动清水或生理盐水彻底冲洗。就医
吸入	迅速脱离现场至空气新鲜处，保持呼吸道通畅。就医
食入	漱口、饮水。禁止催吐。就医
对施救者的忠告	根据需要使用个人防护设备

七、消防措施

灭火剂	一般用泡沫灭火器、干粉灭火器、二氧化碳灭火器或砂土灭火。实验室少量药品起火直接用灭火毯或砂土闷熄
灭火注意事项及防护	消防人员必须佩戴过滤式防毒面具或空气呼吸器、穿全身防火防毒服，戴橡胶手套，在上风向灭火
是否可用水灭火	否

八、泄漏应急处理

防护措施和装备	建议应急处理人员戴正压自给式呼吸器，穿防毒、防静电服，戴橡胶耐油手套，作业时使用的所有设备应接地。确保安全的情况下，尽可能阻断泄漏源
处置材料和方法	用砂土或其他不燃材料覆盖和吸收泄漏物，使用无静电工具收集，置于容器中
环保措施	防止泄漏物进入水体或下水道

九、废弃处置

处置方法	建议用焚烧法处置
污染包装物	将容器返还生产商或交给有资质的专业处理公司处置
废弃注意事项	把倒空的容器在规定场所掩埋

甲　醇

一、基本信息

化学品中文名称	甲醇	中文名称别名	木精
化学品英文名称	methyl alcohol；methanol；wood spirits		
CAS No.	67-56-1	UN No.	1230
分子式	CH_4O	分子量	32.0

二、危险性概述

GHS危险性分类	易燃液体，类别2；急性毒性-经口，类别3；急性毒性-经皮，类别3；急性毒性-吸入，类别3；特异性靶器官毒性——次接触，类别1
GHS标签象形图	易燃物　　有毒物　　健康危害
是否易制毒/易制爆	否
燃烧及爆炸	高度易燃，其蒸气能与空气形成爆炸性混合物。遇高热、明火可起燃烧爆炸
危险反应及分解产物	与强氧化剂等禁配物接触，有发生火灾和爆炸的危险
禁配物	酸类、酸酐、强氧化剂、碱金属
健康危害	对眼、皮肤和呼吸道有刺激性，对中枢神经系统有影响，可致失去知觉、失明甚至死亡
环境危害	对环境可能有害

三、理化特性

外观与性状	无色透明液体，有刺激性气味		
熔点（凝固点）/℃	−97.8	爆炸上限（体积分数）/%	36.5
沸点/℃	64.7	爆炸下限（体积分数）/%	6
闪点/℃	12（CC）；12.2（OC）	自燃温度/℃	464
溶解性	溶于水，可混溶于醇类、乙醚等多数有机溶剂		

四、个人防护

皮肤和身体	穿防静电工作服，戴橡胶手套　　必须穿工作服　必须戴防护手套
眼睛	戴化学安全防护眼镜　　必须戴防护眼镜

呼吸	可能接触其蒸气时，应该佩戴过滤式防毒面具（半面罩）。紧急事态抢救或撤离时，佩戴空气呼吸器 　必须戴防毒面具
设施配备	提供安全的淋浴和洗眼设备

五、使用与储存

使用注意事项	密闭操作，加强通风。远离火源、易燃物、可燃物。防止蒸气泄漏。使用防爆型通风系统和设备。避免与氧化剂、酸类、碱金属接触
配制方法	可直接使用
储存注意事项	1.储存于阴凉、通风的专用库房。远离火种、热源。 2.采用防爆型照明、通风设施。禁止使用易产生火花的机械设备和工具。 3.包装要求密封。应与易（可）燃物、氧化剂、酸类、碱金属等分开存放，切忌混储

六、急救措施

皮肤接触	立即脱去污染衣物，用大量流动清水彻底冲洗。就医
眼睛接触	立即分开眼睑，用流动清水或生理盐水彻底冲洗。就医
吸入	迅速脱离现场至空气新鲜处，保持呼吸道通畅。就医
食入	饮适量温水，催吐（限清醒者）。就医
对施救者的忠告	根据需要使用个人防护设备

七、消防措施

灭火剂	一般用泡沫灭火器、干粉灭火器、二氧化碳灭火器或砂土灭火。实验室少量药品起火直接用灭火毯或砂土闷熄
灭火注意事项及防护	消防人员必须佩戴过滤式防毒面具或空气呼吸器、穿全身消防服，戴橡胶手套，在上风向灭火
是否可用水灭火	否

八、泄漏应急处理

防护措施和装备	建议应急处理人员戴正压自给式呼吸器，穿防静电、防毒服，戴橡胶手套。确保安全的情况下，尽可能阻断泄漏源
处置材料和方法	用砂土或其他不燃材料覆盖和吸收泄漏物，使用无静电工具收集，置于容器中
环保措施	防止泄漏物进入水体或下水道

九、废弃处置

处置方法	建议用焚烧法处置。点燃时要注意，此物质是高度易燃性物质
污染包装物	将容器返还生产商或交给有资质的专业处理公司处置
废弃注意事项	把倒空的容器在规定场所掩埋

甲基丙烯酸

一、基本信息

化学品中文名称	甲基丙烯酸	中文名称别名	异丁烯酸；2-甲基丙烯酸
化学品英文名称	methacrylic acid；2-methylpropenoic acid		
CAS No.	79-41-4	UN No.	2531
分子式	$C_4H_6O_2$	分子量	86.10

二、危险性概述

GHS危险性分类	急性毒性-经口，类别4；急性毒性-经皮，类别4；皮肤腐蚀/刺激，类别1A；严重眼损伤/眼刺激，类别1；特异性靶器官毒性--次接触，类别3（呼吸道刺激）；危害水生环境-急性危害，类别3
GHS标签象形图	<div align="center">⚠️ 🧪 刺激性　　腐蚀性</div>
是否易制毒/易制爆	否
燃烧及爆炸	可燃。其蒸气能与空气形成爆炸性混合物。容易发生聚合反应放出大量热量
危险反应及分解产物	与禁配物接触有发生燃烧爆炸的危险。易发生聚合反应，放出大量热量
禁配物	强氧化剂、胺类、强碱
健康危害	对鼻、喉和皮肤有刺激性，吸入引起肺部改变，接触可致眼灼伤，造成永久性损害
环境危害	危害水生生物

三、理化特性

外观与性状	无色结晶或透明液体，有刺激性气味		
熔点（凝固点）/℃	16	爆炸上限（体积分数）/%	8.7
沸点/℃	160～163	爆炸下限（体积分数）/%	1.6
闪点/℃	77（OC）	自燃温度/℃	435
溶解性	溶于水，溶于乙醇、乙醚等多数有机溶剂		

四、个人防护

皮肤和身体	穿防酸碱工作服，戴橡胶耐酸碱手套	👷 必须穿工作服　　🧤 必须戴防护手套
眼睛	戴化学安全防护眼镜	🥽 必须戴防护眼镜

呼吸	空气中浓度超标时，佩戴过滤式防毒面具（半面罩）
设施配备	提供安全的淋浴和洗眼设备

必须戴防毒面具

五、使用与储存

使用注意事项	密闭操作，加强通风。远离火源、易燃物、可燃物。防止蒸气泄漏。使用防爆型通风系统和设备。避免与氧化剂、胺类、碱类接触
配制方法	可直接使用
储存注意事项	1.储存于阴凉、干燥、通风良好的专用库房。远离火种、热源。 2.包装要求密封，不可与空气接触。应与氧化剂、胺类、碱类分开存放，切忌混储。不宜大量储存或久存。 3.采用防爆型照明、通风设施。禁止使用易产生火花的机械设备和工具

六、急救措施

皮肤接触	立即脱去污染衣物，用大量流动清水彻底冲洗。就医
眼睛接触	立即分开眼睑，用流动清水或生理盐水彻底冲洗。就医
吸入	迅速脱离现场至空气新鲜处，保持呼吸道通畅。就医
食入	用水漱口，禁止催吐。给饮牛奶或蛋清。就医
对施救者的忠告	根据需要使用个人防护设备

七、消防措施

灭火剂	一般用干粉灭火器、二氧化碳灭火器、泡沫灭火器灭火。实验室少量药品起火直接用灭火毯或砂土闷熄
灭火注意事项及防护	消防人员必须佩戴空气呼吸器、穿全身耐酸碱消防服，戴橡胶手套，在上风向灭火
是否可用水灭火	否

八、泄漏应急处理

防护措施和装备	建议应急处理人员戴正压自给式呼吸器，穿防静电、防腐蚀、防毒服，戴橡胶手套，作业时使用的所有设备应接地。确保安全的情况下，尽可能阻断泄漏源
处置材料和方法	用砂土或其他不燃材料吸收和覆盖，使用无静电工具收集，置于容器中
环保措施	防止泄漏物进入水体或下水道

九、废弃处置

处置方法	建议用焚烧法处置
污染包装物	将容器返还生产商或交给有资质的专业处理公司处置
废弃注意事项	处置前应参阅国家和地方有关法规

甲基丙烯酸甲酯

一、基本信息

化学品中文名称	甲基丙烯酸甲酯	中文名称别名	异丁烯酸甲酯；α-甲基丙烯酸甲酯；牙托水；有机玻璃单体
化学品英文名称	methyl methacrylate；methacrylic acid methylester；MMA		
CAS No.	80-62-6	UN No.	1247
分子式	$C_5H_8O_2$	分子量	100.11

二、危险性概述

GHS危险性分类	易燃液体，类别2；皮肤腐蚀/刺激，类别2；皮肤致敏物，类别1；特异性靶器官毒性——次接触，类别3；危害水生环境-急性危害，类别3
GHS标签象形图	易燃物　　刺激性
是否易制毒/易制爆	否
燃烧及爆炸	高度易燃。蒸气能与空气形成爆炸性混合物。容易自聚。受热或接触火源可能会产生膨胀或爆炸性分解
危险反应及分解产物	与禁配物接触有发生燃烧爆炸的危险。易发生聚合反应
禁配物	氧化剂、过氧化物、胺类、碱类、酸类、还原剂、卤素
健康危害	对皮肤和呼吸道有刺激性，对皮肤有致敏性，可致皮肤严重伤害
环境危害	危害水生生物

三、理化特性

外观与性状	无色易挥发液体，并具有强辣味		
熔点（凝固点）/℃	−48	爆炸上限（体积分数）/%	12.5
沸点/℃	100.5	爆炸下限（体积分数）/%	2.1
闪点/℃	10（OC）	自燃温度/℃	421~435
溶解性	微溶于水，溶于乙醇、乙醚等多数有机溶剂		

四、个人防护

皮肤和身体	穿防静电防腐蚀工作服，戴橡胶耐油手套 必须穿工作服　必须戴防护手套
眼睛	戴化学安全防护眼镜 必须戴防护眼镜

呼吸	可能接触其蒸气时，应佩戴过滤式防毒面具（半面罩）
设施配备	提供安全的淋浴和洗眼设备

必须戴防毒面具

五、使用与储存

使用注意事项	密闭操作，加强通风。远离火源、易燃物、可燃物。防止蒸气泄漏。使用防爆型通风系统和设备。避免与氧化剂、酸类、碱类、卤素接触
配制方法	可直接使用
储存注意事项	1.储存于阴凉、通风良好的专用库房。远离火种、热源。 2.包装要求密封。避光保存。应与氧化剂、碱、酸、还原剂分开存放，切忌混储。 3.采用防爆型照明、通风设施。禁止使用易产生火花的机械设备和工具

六、急救措施

皮肤接触	立即脱去污染衣物，用大量流动清水彻底冲洗。就医
眼睛接触	立即分开眼睑，用流动清水或生理盐水彻底冲洗。就医
吸入	迅速脱离现场至空气新鲜处，保持呼吸道通畅。就医
食入	漱口，饮水。就医
对施救者的忠告	根据需要使用个人防护设备

七、消防措施

灭火剂	一般用泡沫灭火器、干粉灭火器、二氧化碳灭火器或砂土灭火。实验室少量药品起火直接用灭火毯或砂土闷熄
灭火注意事项及防护	消防人员必须佩戴防毒面具，穿全身消防服，戴橡胶手套，在上风向灭火。遇大火，消防人员须在有防护掩蔽处操作
是否可用水灭火	否

八、泄漏应急处理

防护措施和装备	建议应急处理人员戴正压自给式呼吸器，穿防静电服，戴橡胶耐油手套，作业时使用的所有设备应接地。确保安全的情况下，尽可能阻断泄漏源
处置材料和方法	用砂土或其他不燃材料吸收和覆盖，使用无静电工具收集，置于容器中
环保措施	防止泄漏物进入水体或下水道

九、废弃处置

处置方法	建议用焚烧法处置
污染包装物	将容器返还生产商或交给有资质的专业处理公司处置
废弃注意事项	处置前应参阅国家和地方有关法规

甲基乙基酮

一、基本信息

化学品中文名称	甲基乙基酮	中文名称别名	2-丁酮；甲乙酮
化学品英文名称	methyl ethyl ketone；2-butanone		
CAS No.	78-93-3	UN No.	1193
分子式	C_4H_8O	分子量	72.11

二、危险性概述

GHS危险性分类	易燃液体，类别2；严重眼损伤/眼刺激，类别2；特异性靶器官毒性——次接触，类别3（麻醉效应）
GHS标签象形图	易燃物　　　刺激性
是否易制毒/易制爆	本品是易制毒试剂。易制毒试剂第三类
燃烧及爆炸	高度易燃，其蒸气能与空气形成爆炸性混合物。遇高热、明火可能会产生膨胀或爆炸性分解
危险反应及分解产物	与禁配物接触有发生燃烧爆炸的危险
禁配物	强氧化剂、碱类、强还原剂
健康危害	对眼、鼻、喉、黏膜有刺激性，长期接触可致皮炎。吸入可能引起嗜睡、失去协调性并感到眩晕
环境危害	可能危害环境

三、理化特性

外观与性状	无色液体，有似丙酮的气味		
熔点（凝固点）/℃	−85.9	爆炸上限（体积分数）/%	11.5
沸点/℃	79.6	爆炸下限（体积分数）/%	1.8
闪点/℃	−9（CC）	自燃温度/℃	404
溶解性	溶于水、乙醇、乙醚、丙酮、苯，可混溶于油类		

四、个人防护

皮肤和身体	穿防静电工作服，戴橡胶耐油手套　　必须穿工作服　必须戴防护手套
眼睛	戴化学安全防护眼镜　　必须戴防护眼镜

呼吸	空气中浓度超标时，佩戴过滤式防毒面具（半面罩）
	必须戴防毒面具
设施配备	加强通风，提供安全的淋浴和洗眼设备

五、使用与储存

使用注意事项	密闭操作，全面通风。远离火源、易燃物、可燃物。使用防爆型的通风系统和设备。防止蒸气泄漏。避免与氧化剂、还原剂、碱类接触
配制方法	可直接使用
储存注意事项	1.本品为易制毒试剂，实行"五双"管理。 2.储存于阴凉、通风良好的专用库房。远离火种、热源。 3.保持容器密封。应与氧化剂、还原剂、碱类等分开存放，切忌混储。 4.采用防爆型照明、通风设施。禁止使用易产生火花的机械设备和工具

六、急救措施

皮肤接触	立即脱去污染衣物，用大量流动清水彻底冲洗。就医
眼睛接触	立即分开眼睑，用流动清水或生理盐水彻底冲洗。就医
吸入	迅速脱离现场至空气新鲜处，保持呼吸道通畅。就医
食入	漱口，饮水。就医
对施救者的忠告	根据需要使用个人防护设备

七、消防措施

灭火剂	一般用泡沫灭火器、干粉灭火器、二氧化碳灭火器或砂土灭火。实验室少量药品起火直接用灭火毯或砂土闷熄
灭火注意事项及防护	消防人员必须佩戴防毒面具、穿全身防火防毒服，在上风向灭火
是否可用水灭火	否

八、泄漏应急处理

防护措施和装备	建议应急处理人员戴正压自给式呼吸器，穿防静电服，戴橡胶耐油手套，作业时使用的所有设备应接地。确保安全的情况下，尽可能阻断泄漏源
处置材料和方法	用砂土或其他不燃材料吸收，使用无静电工具收集，置于容器中
环保措施	防止泄漏物进入水体或下水道

九、废弃处置

处置方法	建议用焚烧法处置
污染包装物	将容器返还生产商或交给有资质的专业处理公司处置
废弃注意事项	处置前参照国家和地方有关法律法规

甲醛溶液

一、基本信息

化学品中文名称	甲醛溶液	中文名称别名	福尔马林（40％甲醛溶液）
化学品英文名称	formaldehyde solution；methanal solution		
CAS No.	50-00-0	UN No.	1198（易燃）；2209（不易燃，含量不低于25％）
分子式	CH$_2$O	分子量	30.03

二、危险性概述

GHS 危险性分类	急性毒性-经口，类别3；急性毒性-经皮，类别3；急性毒性-吸入，类别3；皮肤腐蚀/刺激，类别1B；严重眼损伤/眼刺激，类别1；皮肤致敏物，类别1；生殖细胞致突变性，类别2；致癌性，类别1A；特异性靶器官毒性-一次接触，类别3（呼吸道刺激）；危害水生环境-急性危害，类别2
GHS 标签象形图	有毒物　　腐蚀性　　健康危害
是否易制毒/易制爆	否
燃烧及爆炸	易燃。其蒸气能与空气形成爆炸性混合物
危险反应及分解产物	其蒸气与强氧化剂等禁配物接触，有发生火灾和爆炸的危险
禁配物	强氧化剂、强酸、强碱
健康危害	对黏膜、上呼吸道、眼睛和皮肤有强烈刺激性，是众多疾病的诱因，具有致癌性
环境危害	危害水生生物

三、理化特性

外观与性状	无色气体，具有刺激性和窒息性，商品为其水溶液		
熔点（凝固点）/℃	－92	爆炸上限（体积分数）/％	73.0
沸点/℃	－19～－21	爆炸下限（体积分数）/％	7.0
闪点/℃	83（CC）（37％水溶液）	自燃温度/℃	430
溶解性	易溶于水，溶于乙醇、乙醚、丙酮等多数有机溶剂		

四、个人防护

皮肤和身体	穿橡胶耐酸碱服，戴橡胶手套　　必须穿工作服　　必须戴防护手套
眼睛	呼吸系统中已作防护

呼吸	可能接触其蒸气时，建议佩戴过滤式防毒面具（全面罩）。紧急事态抢救或撤离时，佩戴空气呼吸器
设施配备	提供安全的淋浴和洗眼设备

五、使用与储存

使用注意事项	密闭操作，提供充分的局部排风。远离火源、易燃物、可燃物。防止蒸气泄漏。避免与氧化剂、酸类、碱类接触
配制方法	配制浓度10％溶液：量取40％福尔马林溶液250mL，加水稀释至1L
储存注意事项	1.储存于阴凉、通风的专用库房。远离火种、热源。 2.包装密封，不可与空气接触。应与氧化剂、酸类、碱类等分开存放，切忌混储。 3.采用防爆型照明、通风设施。禁止使用易产生火花的机械设备和工具

六、急救措施

皮肤接触	立即脱去污染衣物，用大量流动清水彻底冲洗。就医
眼睛接触	立即分开眼睑，用流动清水或生理盐水彻底冲洗。就医
吸入	迅速脱离现场至空气新鲜处，保持呼吸道通畅。就医
食入	用水漱口，禁止催吐。给饮牛奶和蛋清。就医
对施救者的忠告	根据需要使用个人防护设备

七、消防措施

灭火剂	一般用泡沫灭火器、干粉灭火器、二氧化碳灭火器或砂土灭火。实验室少量药品起火直接用灭火毯或砂土闷熄
灭火注意事项及防护	消防人员须佩戴防毒面具，穿全身消防服，戴橡胶手套，在上风向灭火
是否可用水灭火	否

八、泄漏应急处理

防护措施和装备	建议应急处理人员戴正压式自给式呼吸器，穿防腐蚀、防毒服，戴橡胶手套，作业时使用的所有设备应接地。确保安全的情况下，尽可能阻断泄漏源
处置材料和方法	用砂土或其他不燃材料吸收，或用一定浓度的亚硫酸氢钠中和。用无静电工具收集，置于容器中
环保措施	防止泄漏物进入水体或下水道

九、废弃处置

处置方法	用焚烧法处置
污染包装物	将容器返还生产商或交给有资质的专业处理公司处置
废弃注意事项	处置前应参阅国家和地方有关法规

甲　酸

一、基本信息

化学品中文名称	甲酸	中文名称别名	蚁酸
化学品英文名称		formic acid；methanoic acid	
CAS No.	64-18-6	UN No.	1779
分子式	CH_2O_2	分子量	46.03

二、危险性概述

GHS危险性分类	皮肤腐蚀/刺激，类别1A；严重眼损伤/眼刺激，类别1；危害水生环境-急性危害，类别3
GHS标签象形图	刺激性　　腐蚀性
是否易制毒/易制爆	否
燃烧及爆炸	可燃。其蒸气能与空气形成爆炸性混合物，遇高热、明火可引起燃烧或爆炸
危险反应及分解产物	与强氧化剂等禁配物接触，有发生火灾和爆炸的危险
禁配物	强氧化剂、强碱、活性金属粉末
健康危害	对皮肤和黏膜有刺激性；误服腐蚀口腔和消化道，可能因急性肾功能衰竭或呼吸功能衰竭而致死
环境危害	危害水生生物

三、理化特性

外观与性状	无色透明发烟液体，有强烈刺激性酸味		
熔点（凝固点）/℃	8.4	爆炸上限（体积分数）/%	57.0
沸点/℃	100.8	爆炸下限（体积分数）/%	12.0
闪点/℃	68.9（OC）；69（CC）	自燃温度/℃	480
溶解性	与水混溶，不溶于烃类，可混溶于乙醇、乙醚，溶于苯		

四、个人防护

皮肤和身体	穿橡胶耐酸碱服，戴橡胶耐酸碱手套　　必须穿工作服　必须戴防护手套
眼睛	呼吸系统防护中已作防护
呼吸	可能接触其蒸气时，必须佩戴过滤式防毒面具（全面罩）或长管面具
设施配备	提供安全的淋浴和洗眼设备

五、使用与储存

使用注意事项	密闭操作，加强通风。远离火源、易燃物、可燃物。防止蒸气泄漏。使用防爆型通风系统和设备。避免与氧化剂、碱类、活性金属粉末接触
配制方法	可直接使用
储存注意事项	1.储存于阴凉、通风的专用库房。远离火种、热源。 2.包装要求密封。应与氧化剂、碱类、活性金属粉末分开存放，切忌混储

六、急救措施

皮肤接触	立即脱去污染衣物，用大量流动清水彻底冲洗。就医
眼睛接触	立即分开眼睑，用流动清水或生理盐水彻底冲洗。就医
吸入	迅速脱离现场至空气新鲜处，保持呼吸道通畅。就医
食入	用水漱口，禁止催吐。给饮牛奶或蛋清。就医
对施救者的忠告	根据需要使用个人防护设备

七、消防措施

灭火剂	一般用泡沫灭火器、干粉灭火器、二氧化碳灭火器灭火。实验室少量药品起火直接用灭火毯或砂土闷熄
灭火注意事项及防护	消防人员必须佩戴空气呼吸器，穿全身耐酸碱消防服，在上风向灭火
是否可用水灭火	否

八、泄漏应急处理

防护措施和装备	建议应急处理人员戴正压自给式呼吸器，穿防腐蚀、防毒服，戴橡胶耐酸碱手套。确保安全的情况下，尽可能阻断泄漏源
处置材料和方法	用干燥的砂土或其他不燃材料吸收或覆盖，用塑料工具收集，置于容器中
环保措施	防止泄漏物进入水体或下水道

九、废弃处置

处置方法	建议用焚烧法处置
污染包装物	将容器返还生产商或交给有资质的专业处理公司处置
废弃注意事项	处置前应参阅国家和地方有关法规

间苯二酚

一、基本信息

化学品中文名称	间苯二酚	中文名称别名	雷锁辛；1,3-苯二酚；1,3-二羟基苯
化学品英文名称	resorcinol；1,3-benzenediol；*m*-dihydroxybenzene		
CAS No.	108-46-3	UN No.	2876
分子式	$C_6H_6O_2$	分子量	110.12

二、危险性概述

GHS危险性分类	急性毒性-经口，类别4；皮肤腐蚀/刺激，类别2；严重眼损伤/眼刺激，类别2；危害水生环境-急性危害，类别1
GHS标签象形图	<div style="text-align:center">刺激性　环境危害</div>
是否易制毒/易制爆	否
燃烧及爆炸	可燃。其粉体能与空气形成爆炸性混合物
危险反应及分解产物	与强氧化剂等禁配物发生反应
禁配物	酰基氯、酸酐、碱、强氧化剂、强酸
健康危害	急性中毒与酚类似，引起头痛、头昏、呼吸困难，甚至死亡。对呼吸道及皮肤有刺激性
环境危害	严重危害水生生物

三、理化特性

外观与性状	无色或类白色的针状结晶或粉末，味甜，置于空气中即缓慢变红		
熔点（凝固点）/℃	110.7	爆炸上限（体积分数）/%	9.8
沸点/℃	276.5	爆炸下限（体积分数）/%	1.4
闪点/℃	127	自燃温度/℃	608
溶解性	易溶于水、乙醚、乙醇，微溶于氯仿		

四、个人防护

皮肤和身体	穿防毒物渗透工作服，戴橡胶手套	必须穿工作服　必须戴防护手套
眼睛	戴化学安全防护眼镜	必须戴防护眼镜

呼吸	空气中粉尘浓度超标时，佩戴过滤式防尘呼吸器。紧急事态抢救或撤离时，佩戴空气呼吸器
设施配备	提供安全的淋浴和洗眼设备

五、使用与储存

使用注意事项	密闭操作，提供充分的局部排风。尽可能采取隔离操作。远离火源、易燃物、可燃物。使用防爆型通风系统和设备。避免产生粉尘。避免与氧化剂、酸类、碱类接触
配制方法	可直接使用
储存注意事项	1.储存于阴凉、通风的专用库房。远离火种、热源。避免光照。 2.包装要求密封，不可与空气接触。应与氧化剂、酸类、碱类、食用化学品分开存放，切忌混储

六、急救措施

皮肤接触	立即脱去污染的衣物，用大量流动清水彻底冲洗污染创面。同时使用浸过聚乙烯乙二醇的棉球或浸过30％～50％酒精的棉球擦洗创面，直至无酚味为止。可继续用4％～5％的碳酸氢钠溶液湿敷创面。就医
眼睛接触	立即分开眼睑，用流动清水或生理盐水彻底冲洗。就医
吸入	迅速脱离现场至空气新鲜处，保持呼吸道通畅。就医
食入	漱口，给服植物油 15～30mL，催吐。对食入时间长者禁用植物油，可口服牛奶或蛋清。就医
对施救者的忠告	根据需要使用个人防护设备

七、消防措施

灭火剂	一般用泡沫灭火器、干粉灭火器、二氧化碳灭火器或砂土灭火。实验室少量药品起火直接用灭火毯或砂土闷熄
灭火注意事项及防护	消防人员必须佩戴过滤式防毒面具或空气呼吸器、穿全身防火防毒服，在上风向灭火
是否可用水灭火	否

八、泄漏应急处理

防护措施和装备	建议应急处理人员戴防尘口罩，穿一般作业工作服，戴橡胶手套。确保安全的情况下，尽可能阻断泄漏源
处置材料和方法	用洁净的工具收集泄漏物，置于容器中
环保措施	防止泄漏物进入水体或下水道

九、废弃处置

处置方法	建议用焚烧法处置。与碳酸氢钠、固体易燃物充分接触后，再焚烧
污染包装物	将容器返还生产商或交给有资质的专业处理公司处置
废弃注意事项	处置前参照国家和地方有关法律法规

金属钠

一、基本信息

化学品中文名称	金属钠	中文名称别名	钠锭；钠
化学品英文名称	sodium		
CAS No.	7440-23-5	UN No.	1428
分子式	Na	分子量	22.99

二、危险性概述

GHS危险性分类	遇水放出易燃气体的物质和混合物，类别1；皮肤腐蚀/刺激，类别1B；严重眼损伤/眼刺激，类别1
GHS标签象形图	 易燃物　　　腐蚀性
是否易制毒/易制爆	本品是易制爆试剂。易制爆危险化学品名录7.2
燃烧及爆炸	接触空气易自燃。遇水剧烈反应，可引起燃烧或爆炸
危险反应及分解产物	与强氧化剂、水、卤素、非金属氧化物等禁配物接触，有发生火灾和爆炸的危险
禁配物	强氧化剂、水、氧、酸类、卤素（氯、氟、溴蒸气）、磷、多种氧化物
健康危害	在空气中能自燃，燃烧产生的烟（主要成分为氧化钠）对鼻、喉和上呼吸道有刺激和腐蚀作用。同潮湿皮肤或衣物接触可燃烧，造成烧伤
环境危害	可能危害环境

三、理化特性

外观与性状	银白色柔软的轻金属，常温下质软如蜡		
熔点（凝固点）/℃	97.8	爆炸上限（体积分数）/%	无意义
沸点/℃	881.4～892	爆炸下限（体积分数）/%	无意义
闪点/℃	无意义	自燃温度/℃	＞115
溶解性	不溶于煤油、乙醚、苯，溶于液氨		

四、个人防护

皮肤和身体	穿化学防护服，戴橡胶手套　　必须穿工作服　　必须戴防护手套
眼睛	戴化学安全防护眼镜　　必须戴防护眼镜

呼吸	一般不需特殊防护
设施配备	提供安全的淋浴和洗眼设备

五、使用与储存

使用注意事项	密闭操作。使用防爆型通风系统和设备。远离火源、易燃物、可燃物。避免与氧化剂、酸类、卤素接触。尤其注意避免与水接触。在氮气中操作处置
配制方法	可直接使用，避免与水接触或暴露于空气中
储存注意事项	1.浸于煤油中，储存于阴凉、干燥、通风良好的专用库房内。本品属于易制爆化学品，实行"五双"管理。远离火种、热源。 2.包装要求密封，不可与空气接触。应与氧化剂、酸类、卤素分开存放，切忌混储。 3.采用防爆型照明、通风设施。禁止使用易产生火花的设备和工具

六、急救措施

皮肤接触	立即脱去污染衣物，用大量流动清水彻底冲洗。就医
眼睛接触	立即分开眼睑，用流动清水或生理盐水彻底冲洗。就医
吸入	迅速脱离现场至空气新鲜处，保持呼吸道通畅。就医
食入	用水漱口，禁止催吐。给饮牛奶和蛋清。就医
对施救者的忠告	根据需要使用个人防护设备

七、消防措施

灭火剂	一般用干燥氯化钠粉末干燥石墨粉、碳酸钠干粉、碳酸钙干粉或干砂灭火。实验室少量药品起火直接用灭火毯或砂土闷熄
灭火注意事项及防护	消防人员必须佩带空气呼吸器，穿全身防火防毒服，在上风向灭火。不可用水灭火
是否可用水灭火	否

八、泄漏应急处理

防护措施和装备	建议应急处理人员戴正压自给式呼吸器，穿防静电、防腐蚀、防毒服。确保安全的情况下，尽可能阻断泄漏源
处置材料和方法	用干燥砂土或其他不燃材料覆盖泄漏物，保持干燥。用合适工具收入塑料容器，保存在煤油或液体石蜡中
环保措施	防止泄漏物进入水体或下水道

九、废弃处置

处置方法	根据国家和地方有关法规的要求处置。或与制造商联系，确定处置方法
污染包装物	将容器返还生产商或交给有资质的专业处理公司处置
废弃注意事项	把倒空的容器返还厂商或在规定场所掩埋

酒石酸锑钾

一、基本信息

化学品中文名称	酒石酸锑钾	中文名称别名	酒石酸氧锑钾；吐酒石
化学品英文名称	L-antimony potassium tartrate		
CAS No.	28300-74-5	UN No.	1551
分子式	$C_8H_4K_2O_{12}Sb_2$	分子量	613.83

二、危险性概述

GHS危险性分类	急性毒性-经口，类别3；急性毒性-经皮，类别3；急性毒性-吸入，类别3；危害水生环境-急性危害，类别2
GHS标签象形图	有毒物　　环境危害
是否易制毒/易制爆	否
燃烧及爆炸	不燃
危险反应及分解产物	无
禁配物	无机酸、强碱、碳酸盐、铅、银盐、强氧化剂
健康危害	吸入刺激呼吸道。误服可能引起毒害作用。直接接触眼睛可导致不适
环境危害	危害水生生物且毒害影响长期持续

三、理化特性

外观与性状	透明晶体或粉末		
熔点（凝固点）/℃	100	爆炸上限（体积分数）/%	无意义
沸点/℃	>35	爆炸下限（体积分数）/%	无意义
闪点/℃	无意义	自燃温度/℃	无意义
溶解性	溶于水和甘油、不溶于乙醇		

四、个人防护

皮肤和身体	穿防毒物渗透工作服，戴防毒物渗透手套　　必须穿工作服　必须戴防护手套
眼睛	戴化学安全防护眼镜　　必须戴防护眼镜
呼吸	可能接触其粉尘，应佩戴过滤式防尘呼吸器。紧急情况下需佩戴空气呼吸器
设施配备	提供安全的淋浴和洗眼设备

五、使用与储存

使用注意事项	密闭操作，局部排风。远离火源、易燃物、可燃物。避免产生粉尘。避免与氧化剂、酸类、碱类接触
配制方法	可直接使用
储存注意事项	1.储存于阴凉、通风的专用库房。远离火种、热源。 2.包装密封。应与氧化剂、酸类、碱类、食用化学品分开存放，切忌混储

六、急救措施

皮肤接触	立即脱去污染的衣物，用肥皂水或大量流动清水彻底冲洗。就医
眼睛接触	立即分开眼睑，用流动清水或生理盐水彻底冲洗。就医
吸入	迅速脱离现场至空气新鲜处，保持呼吸道通畅。就医
食入	饮水、漱口。就医
对施救者的忠告	根据需要使用个人防护设备

七、消防措施

灭火剂	本品不燃
灭火注意事项及防护	
是否可用水灭火	

八、泄漏应急处理

防护措施和装备	建议应急处理人员戴防尘口罩，穿防毒服，戴橡胶手套。确保安全的情况下，尽可能阻断泄漏源
处置材料和方法	用洁净的工具收集泄漏物，置于容器中
环保措施	防止泄漏物进入水体或下水道

九、废弃处置

处置方法	根据国家和地方有关法规的要求处置。或与制造商联系，确定处置方法
污染包装物	将容器返还生产商或交给有资质的专业处理公司处置
废弃注意事项	处置前应参阅国家和地方有关法规

糠 醛

一、基本信息

化学品中文名称	糠醛	中文名称别名	呋喃甲醛
化学品英文名称		furfural；2-furaldehyde	
CAS No.	98-01-1	UN No.	1199
分子式	$C_5H_4O_2$	分子量	96.09

二、危险性概述

GHS危险性分类	易燃液体，类别3；急性毒性-经口，类别3；急性毒性-吸入，类别3；皮肤腐蚀/刺激，类别2；严重眼损伤/眼刺激，类别2；特异性靶器官毒性——一次接触，类别3（呼吸道刺激）；危害水生环境-急性危害，类别3
GHS标签象形图	易燃物　　　有毒物
是否易制毒/易制爆	否
燃烧及爆炸	易燃。其蒸气能与空气形成爆炸性混合物。遇高热或明火可能产生膨胀或爆炸性分解
危险反应及分解产物	与强氧化剂等禁配物接触，有发生火灾和爆炸的危险
禁配物	强氧化剂、强碱
健康危害	其蒸气有强烈的刺激性，并具麻醉作用。吸入、食入或经皮肤吸收均可引起急性中毒，可致呼吸道刺激、肺水肿、肝损害、中枢神经系统损害、呼吸中枢麻痹，甚至死亡
环境危害	危害水生生物

三、理化特性

外观与性状	无色至黄色油状液体，有杏仁味		
熔点（凝固点）/℃	−36.5	爆炸上限（体积分数）/％	19.3
沸点/℃	161.8	爆炸下限（体积分数）/％	2.1
闪点/℃	60（CC）	自燃温度/℃	315
溶解性	微溶于冷水，溶于热水、乙醇、乙醚、苯		

四、个人防护

皮肤和身体	穿防静电工作服，戴橡胶耐油手套　　必须穿工作服　必须戴防护手套
眼睛	戴化学安全防护眼镜　　必须戴防护眼镜

呼吸	可能接触其蒸气时，应佩戴过滤式防毒面具（半面罩）
设施配备	提供安全的淋浴和洗眼设备

必须戴防毒面具

五、使用与储存

使用注意事项	密闭操作，提供充分的局部排风。远离火源、易燃物、可燃物。使用防爆型通风系统和设备。防止蒸气泄漏。避免与氧化剂、碱类接触
配制方法	可直接使用
储存注意事项	1.储存于阴凉、通风的专用库房。远离火种、热源。避免光照。 2.包装要求密封，不可与空气接触。应与氧化剂、碱类、食用化学品分开存放，切忌混储。不宜大量储存或久存。 3.采用防爆型照明、通风设施。禁止使用易产生火花的机械设备和工具

六、急救措施

皮肤接触	立即脱去污染衣物，用大量流动清水彻底冲洗。就医
眼睛接触	立即分开眼睑，用流动清水或生理盐水彻底冲洗。就医
吸入	迅速脱离现场至空气新鲜处，保持呼吸道通畅。就医
食入	漱口，饮水。就医
对施救者的忠告	根据需要使用个人防护设备

七、消防措施

灭火剂	一般用泡沫灭火器、干粉灭火器、二氧化碳灭火器或砂土灭火。实验室少量药品起火直接用灭火毯或砂土闷熄
灭火注意事项及防护	消防人员必须佩戴过滤式防毒面具或空气呼吸器、穿全身防火防毒服，在上风向灭火
是否可用水灭火	否

八、泄漏应急处理

防护措施和装备	建议应急处理人员戴正压自给式呼吸器，穿防静电、防腐蚀、防毒服，戴橡胶耐油手套。确保安全的情况下，尽可能阻断泄漏源
处置材料和方法	用砂土或其他不燃材料覆盖和吸收泄漏物，使用无静电工具收集，置于容器中
环保措施	防止泄漏物进入水体或下水道

九、废弃处置

处置方法	建议用焚烧法处置
污染包装物	将容器返还生产商或交给有资质的专业处理公司处置
废弃注意事项	处置前参照国家和地方有关法律法规

邻氨基苯酚

一、基本信息

化学品中文名称	邻氨基苯酚	中文名称别名	2-氨基苯酚；2-氨基酚；邻羟基苯胺
化学品英文名称	2-aminophenol；*o*-aminophenol		
CAS No.	95-55-6	UN No.	2512
分子式	C₆H₇NO	分子量	109.12

二、危险性概述

GHS危险性分类	急性毒性-经口，类别 4；急性毒性-吸入，类别 4；生殖细胞致突变性，类别 2
GHS标签象形图	刺激性　　健康危害
是否易制毒/易制爆	否
燃烧及爆炸	可燃，其粉体能与空气形成爆炸性混合物
危险反应及分解产物	与强氧化剂等禁配物发生反应
禁配物	强氧化剂、酰基氯、酸酐、酸类、氯仿
健康危害	吸入过量的本品粉尘，可引起高铁血红蛋白血症。有致敏作用，偶可引起支气管哮喘
环境危害	可能危害环境

三、理化特性

外观与性状	白色或浅灰色结晶粉末		
熔点（凝固点）/℃	170～174	爆炸上限（体积分数）/%	无资料
沸点/℃	无资料	爆炸下限（体积分数）/%	无资料
闪点/℃	无意义	自燃温度/℃	无资料
溶解性	溶于冷水、乙醇、苯、乙醚。		

四、个人防护

皮肤和身体	穿一般作业防护服，戴橡胶手套　　必须穿工作服　必须戴防护手套
眼睛	戴化学安全防护眼镜　　必须戴防护眼镜

呼吸	空气中粉尘浓度超标时，佩戴过滤式防尘呼吸器。紧急事态抢救或撤离时，佩戴空气呼吸器
设施配备	提供安全的淋浴和洗眼设备

五、使用与储存

使用注意事项	密闭操作，提供充分的局部排风。尽可能采取隔离操作。远离火源、易燃物、可燃物。使用防爆型通风系统和设备。避免产生粉尘。避免与氧化剂、酸类接触
配制方法	可直接使用
储存注意事项	1.储存于阴凉、通风的专用库房。远离火种、热源。 2.包装要求密封。应与氧化剂、酸类、食用化学品分开存放，切忌混储

六、急救措施

皮肤接触	立即脱去污染的衣物，用肥皂水或流动的清水彻底冲洗。就医
眼睛接触	立即分开眼睑，用流动的清水或生理盐水彻底冲洗。就医
吸入	迅速脱离现场至空气新鲜处，保持呼吸道通畅。就医
食入	漱口、饮水。就医
对施救者的忠告	根据需要使用个人防护设备

七、消防措施

灭火剂	一般用泡沫灭火器、干粉灭火器、二氧化碳灭火器或砂土灭火。实验室少量药品起火直接用灭火毯或砂土闷熄
灭火注意事项及防护	消防人员必须佩戴过滤式防毒面具或空气呼吸器、穿全身防火防毒服，在上风向灭火
是否可用水灭火	否

八、泄漏应急处理

防护措施和装备	建议应急处理人员戴防尘口罩，穿防毒服，戴橡胶手套。确保安全的情况下，尽可能阻断泄漏源
处置材料和方法	用洁净的工具收集泄漏物，置于容器中
环保措施	防止泄漏物进入水体或下水道

九、废弃处置

处置方法	建议用控制焚烧法处置
污染包装物	将容器返还生产商或交给有资质的专业处理公司处置
废弃注意事项	处置前参照国家和地方有关法律法规

邻苯二酚

一、基本信息

化学品中文名称	邻苯二酚	中文名称别名	1,2-苯二酚；儿茶酚
化学品英文名称	o-dihydroxybenzene；catechol；1,2-benzenediol		
CAS No.	120-80-9	UN No.	2811
分子式	$C_6H_6O_2$	分子量	110.11

二、危险性概述

GHS危险性分类	急性毒性-经口，类别4；急性毒性-经皮，类别2；皮肤腐蚀/刺激，类别2；严重眼损伤/眼刺激，类别2；致癌性，类别2；危害水生环境-急性危害，类别2
GHS标签象形图	刺激性　　健康危害
是否易制毒/易制爆	否
燃烧及爆炸	可燃。其粉体能与空气形成爆炸性混合物
危险反应及分解产物	与强氧化剂等禁配物发生反应。与三氯化铝/硝基化合物的混合物接触，发生剧烈爆炸。燃烧时生成刺激性烟雾
禁配物	酰基氯、酸酐、碱、强氧化剂、强酸
健康危害	对皮肤、呼吸道和消化道有刺激性。腐蚀眼睛。对肝、肾有损害。可能对中枢神经系统有影响，可致抑郁、惊厥，甚至呼吸衰竭
环境危害	危害水生生物

三、理化特性

外观与性状	无色结晶，见光或露置空气中变色，能升华		
熔点（凝固点）/℃	105	爆炸上限（体积分数）/%	9.8
沸点/℃	245～246	爆炸下限（体积分数）/%	1.6
闪点/℃	127（CC）	自燃温度/℃	510
溶解性	溶于水、乙醇、苯、氯仿、乙醚、碱液		

四、个人防护

皮肤和身体	穿防毒物渗透工作服，戴橡胶手套　　必须穿工作服　　必须戴防护手套
眼睛	戴化学安全防护眼镜　　必须戴防护眼镜

呼吸	空气中粉尘浓度超标时，佩戴过滤式防尘呼吸器。紧急事态抢救或撤离时，佩戴空气呼吸器
设施配备	提供安全的淋浴和洗眼设备

五、使用与储存

使用注意事项	密闭操作，提供充分的局部排风。尽可能采取隔离操作。远离火源、易燃物、可燃物。使用防爆型通风系统和设备。避免产生粉尘。避免与氧化剂、酸类、碱类接触
配制方法	可直接使用
储存注意事项	1.储存于阴凉、通风的专用库房。远离火种、热源。 2.包装要求密封，不可与空气接触。应与氧化剂、酸类、碱类、食用化学品分开存放，切忌混储

六、急救措施

皮肤接触	立即脱去污染的衣着，用大量流动清水彻底冲洗污染创面。同时使用浸过聚乙烯乙二醇的棉球或浸过30％~50％酒精的棉球擦洗创面，直至无酚味为止。可继续用4％～5％的碳酸氢钠溶液湿敷创面。就医
眼睛接触	立即分开眼睑，用大量流动清水或生理盐水彻底冲洗。就医
吸入	迅速脱离现场至空气新鲜处，保持呼吸道通畅。就医
食入	漱口，给服植物油 15～30mL，催吐。对食入时间长者禁用植物油，可口服牛奶或蛋清。就医
对施救者的忠告	根据需要使用个人防护设备

七、消防措施

灭火剂	一般用泡沫灭火器、干粉灭火器、二氧化碳灭火器或砂土灭火。实验室少量药品起火直接用灭火毯或砂土闷熄
灭火注意事项及防护	消防人员必须佩戴过滤式防毒面具或空气呼吸器、穿全身防火防毒服，在上风向灭火
是否可用水灭火	否

八、泄漏应急处理

防护措施和装备	建议应急处理人员戴防尘口罩，穿防毒服，戴橡胶手套。确保安全的情况下，尽可能阻断泄漏源
处置材料和方法	用洁净的工具收集泄漏物，置于容器中
环保措施	防止泄漏物进入水体或下水道

九、废弃处置

处置方法	建议用焚烧法处置
污染包装物	将容器返还生产商或交给有资质的专业处理公司处置
废弃注意事项	处置前参照国家和地方有关法律法规

邻硝基(苯)酚

一、基本信息

化学品中文名称	邻硝基（苯）酚	中文名称别名	2-硝基（苯）酚
化学品英文名称	o-nitrophenol；2-hydroxynitrobenzene		
CAS No.	88-75-5	UN No.	1663
分子式	$C_6H_5NO_3$	分子量	139.12

二、危险性概述

GHS危险性分类	爆炸物，1.1项；急性毒性-经口，类别3；危害水生环境-急性危害，类别2
GHS标签象形图	爆炸物　　有毒物　　环境危害
是否易制毒/易制爆	本品属于易制爆试剂。爆炸物1.1
燃烧及爆炸	遇高热、明火可燃
危险反应及分解产物	与强氧化剂等禁配物接触发生反应。分解产物：氮氧化物
禁配物	强氧化剂、强还原剂、强碱
健康危害	对皮肤有强烈刺激性。能经皮肤和呼吸道吸收。对肝、肾有损害
环境危害	危害水生生物

三、理化特性

外观与性状	淡黄色结晶，有芳香气味		
熔点（凝固点）/℃	45	爆炸上限（体积分数）/%	无资料
沸点/℃	214.5~216	爆炸下限（体积分数）/%	无资料
闪点/℃	无资料	自燃温度/℃	无资料
溶解性	溶于热水，易溶于乙醇、乙醚、苯		

四、个人防护

皮肤和身体	穿防毒物渗透工作服，戴橡胶手套　　必须穿工作服　　必须戴防护手套
眼睛	戴化学安全防护眼镜　　必须戴防护眼镜
呼吸	空气中粉尘浓度超标时，佩戴过滤式防尘呼吸器。紧急事态抢救或撤离时，佩戴空气呼吸器
设施配备	提供安全的淋浴和洗眼设备

五、使用与储存

使用注意事项	密闭操作，提供充分的局部排风。尽可能采取隔离操作。远离火源、易燃物、可燃物。使用防爆型通风系统和设备。避免产生粉尘。避免与氧化剂、还原剂、碱类接触
配制方法	可直接使用
储存注意事项	1.储存于阴凉、通风的专用库房。远离火种、热源。 2.包装要求密封。应与氧化剂、还原剂、碱类、食用化学品分开存放，切忌混储。 3.采用防爆型照明、通风设施。禁止使用易产生火花的机械设备和工具

六、急救措施

皮肤接触	立即脱去污染的衣物，用肥皂水或流动的清水彻底冲洗。就医
眼睛接触	立即分开眼睑，用流动清水或生理盐水彻底冲洗。就医
吸入	迅速脱离现场至空气新鲜处，保持呼吸道通畅。就医
食入	漱口、饮水。就医
对施救者的忠告	根据需要使用个人防护设备

七、消防措施

灭火剂	一般用泡沫灭火器、二氧化碳灭火器或砂土灭火。实验室少量药品起火直接用灭火毯或砂土闷熄
灭火注意事项及防护	消防人员必须佩戴过滤式防毒面具或空气呼吸器、穿全身防火防毒服，在上风向灭火
是否可用水灭火	否

八、泄漏应急处理

防护措施和装备	建议应急处理人员戴防尘口罩，穿防毒服，戴橡胶手套。确保安全的情况下，尽可能阻断泄漏源
处置材料和方法	用洁净的工具收集泄漏物，置于容器中
环保措施	防止泄漏物进入水体或下水道

九、废弃处置

处置方法	建议用控制焚烧法处置
污染包装物	将容器返还生产商或交给有资质的专业处理公司处置
废弃注意事项	处置前参照国家和地方有关法律法规

磷 酸

一、基本信息

化学品中文名称	磷酸	中文名称别名	
化学品英文名称	phosphoric acid；orthophosphoric acid		
CAS No.	7664-38-2	UN No.	1805（溶液）；3453（固态）
分子式	H_3PO_4	分子量	98.00

二、危险性概述

GHS危险性分类	皮肤腐蚀/刺激，类别1B；严重眼损伤/眼刺激，类别1；危害水生环境-急性危害，类别3
GHS标签象形图	腐蚀性
是否易制毒/易制爆	否
燃烧及爆炸	不燃
危险反应及分解产物	在偶氮化合物和环氧化合物的作用下，该物质剧烈聚合。燃烧时生成有毒烟雾。分解产物：氧化磷
禁配物	强碱、活性金属粉末、易燃或可燃物
健康危害	蒸气或雾对眼、鼻、喉有刺激性。误服有腐蚀性。皮肤或眼接触可致灼伤
环境危害	危害水生生物

三、理化特性

外观与性状	纯品为无色结晶，无臭，具有酸味		
熔点（凝固点）/℃	42.4（纯品）	爆炸上限（体积分数）/%	无意义
沸点/℃	260	爆炸下限（体积分数）/%	无意义
闪点/℃	无意义	自燃温度/℃	无意义
溶解性	与水混溶，可混溶于乙醇等多种有机溶剂		

四、个人防护

皮肤和身体	穿橡胶耐酸碱服，戴橡胶耐酸碱手套	必须穿工作服　　必须戴防护手套
眼睛	戴化学安全防护眼镜	必须戴防护眼镜

呼吸	可能接触其蒸气时，必须佩戴过滤式防毒面具（半面罩）；可能接触其粉尘时，建议佩戴过滤式防尘呼吸器 必须戴防毒面具
设施配备	提供安全的淋浴和洗眼设备

五、使用与储存

使用注意事项	密闭操作，注意通风。远离火源、易燃物、可燃物。避免产生粉尘。避免与碱类、活性金属粉末接触。稀释或制备溶液时，应把酸慢慢加入水中，防止发生过热和飞溅
配制方法	配制浓度 $1mol \cdot L^{-1}$ 溶液：量取 85％的磷酸 69.1mL 溶于水中，加水稀释至 1L
储存注意事项	1.储存于阴凉、通风的专用库房。远离火种、热源。 2.包装密封。应与可（易）燃物、碱类、活性金属粉末分开存放，切忌混储

六、急救措施

皮肤接触	立即脱去污染衣物，用大量流动清水彻底冲洗。就医
眼睛接触	立即分开眼睑，用流动清水或生理盐水彻底冲洗。就医
吸入	迅速脱离现场至空气新鲜处，保持呼吸道通畅。就医
食入	漱口，饮水。就医
对施救者的忠告	根据需要使用个人防护设备

七、消防措施

灭火剂	本品不燃。根据着火原因选择适当灭火剂灭火
灭火注意事项及防护	消防人员必须穿全身耐酸碱消防服，佩戴空气呼吸器灭火。尽可能将容器从火场移至空旷处。喷水保持火场容器冷却，至灭火结束
是否可用水灭火	是

八、泄漏应急处理

防护措施和装备	建议应急处理人员戴防尘口罩，穿防酸碱服，戴橡胶手套。确保安全的情况下，尽可能阻断泄漏源
处置材料和方法	用合适的工具收集泄漏物，置于容器中
环保措施	防止泄漏物进入水体或下水道

九、废弃处置

处置方法	缓慢加入碱液（石灰水）中，并不断搅拌，反应停止后，用大量水冲入废水系统
污染包装物	将容器返还生产商或交给有资质的专业处理公司处置
废弃注意事项	处置前应参阅国家和地方有关法规

硫

一、基本信息

化学品中文名称	硫	中文名称别名	硫黄
化学品英文名称		sulfur	
CAS No.	7704-34-9	UN No.	1350；2448（熔融）
分子式	S	分子量	32.06

二、危险性概述

GHS危险性分类	易燃固体，类别2
GHS标签象形图	<div align="center">易燃物</div>
是否易制毒/易制爆	本品是易制爆试剂。易燃固体，类别2
燃烧及爆炸	易燃。其粉尘或颗粒形状能与空气形成爆炸性混合物
危险反应及分解产物	与禁配物接触有发生燃烧爆炸的危险。燃烧时生成有毒和腐蚀性气体
禁配物	强氧化剂、卤素、金属粉末
健康危害	对眼、皮肤和呼吸道有刺激性，吸入粉末引起鼻炎和呼吸道炎。反复或长期接触可能引起皮炎
环境危害	可能危害环境

三、理化特性

外观与性状	淡黄色脆性结晶或粉末，有特殊臭味		
熔点（凝固点）/℃	112.8~120	爆炸上限/g/m³	1400
沸点/℃	444.6	爆炸下限/g/m³	35
闪点/℃	207（CC）	自燃温度/℃	232
溶解性	不溶于水，微溶于乙醇、乙醚，易溶于二硫化碳、苯、甲苯		

四、个人防护

皮肤和身体	穿一般作业防护服，戴橡胶手套　　必须穿工作服　必须戴防护手套
眼睛	一般不需要特殊防护
呼吸	一般不需要特殊防护。空气中粉尘浓度较高时，佩戴过滤式防尘呼吸器
设施配备	提供安全的淋浴和洗眼设备

五、使用与储存

使用注意事项	密闭操作，局部排风。远离火源、易燃物、可燃物。使用防爆型通风系统和设备。避免产生粉尘。避免与氧化剂接触
配制方法	可直接使用
储存注意事项	1.储存于阴凉、通风的专用库房。远离火种、热源。 2.包装密封。应与氧化剂分开存放，切忌混储。 3.采用防爆型照明、通风设施

六、急救措施

皮肤接触	立即脱去污染衣物，用大量流动清水彻底冲洗。就医
眼睛接触	立即分开眼睑，用流动清水或生理盐水彻底冲洗。就医
吸入	迅速脱离现场至空气新鲜处，保持呼吸道通畅。就医
食入	漱口，饮水。就医
对施救者的忠告	根据需要使用个人防护设备

七、消防措施

灭火剂	一般用雾状水或砂土灭火。实验室少量药品起火直接用灭火毯或砂土闷熄
灭火注意事项及防护	消防人员必须佩戴防毒面具、穿全身消防服，在上风向灭火
是否可用水灭火	是

八、泄漏应急处理

防护措施和装备	建议应急处理人员戴防尘口罩，穿防静电服。确保安全的情况下，尽可能阻断泄漏源
处置材料和方法	用洁净的工具收集泄漏物，置于容器中
环保措施	防止泄漏物进入水体或下水道

九、废弃处置

处置方法	建议用焚烧法处置。与燃料混合后，再焚烧
污染包装物	将容器返还生产商或交给有资质的专业处理公司处置
废弃注意事项	处置前应参阅国家和地方有关法规

硫化钡

一、基本信息

化学品中文名称	硫化钡	中文名称别名	一硫化钡
化学品英文名称	barium sulfide；barium monosulfide		
CAS No.	21109-95-5	UN No.	3134
分子式	BaS	分子量	169.4

二、危险性概述

GHS危险性分类	急性毒性-经口，类别4；急性毒性-吸入，类别4；危害水生环境-急性危害，类别1
GHS标签象形图	刺激性　　环境危害
是否易制毒/易制爆	否
燃烧及爆炸	易燃
危险反应及分解产物	与强氧化剂、水、酸雾等接触，有发生火灾的危险
禁配物	强氧化剂、水蒸气、酸类
健康危害	吸入粉尘可引起中毒。误服可引起恶心、呕吐、腹痛、腹泻、脉缓、进行性肌麻痹、心律紊乱、血钾明显降低等，可因心律紊乱和呼吸麻痹而死亡。可损害肾脏
环境危害	严重危害水生生物

三、理化特性

外观与性状	白色或灰白色结晶粉末，工业品是淡棕色至黑色粉末，也有块状，易吸潮水解		
熔点（凝固点）/℃	1200	爆炸上限（体积分数）/%	无资料
沸点/℃	无资料	爆炸下限（体积分数）/%	无资料
闪点/℃	无意义	自燃温度/℃	无资料
溶解性	溶于水		

四、个人防护

皮肤和身体	穿橡胶耐酸碱服，戴橡胶耐酸碱手套　　必须穿工作服　必须戴防护手套
眼睛	戴化学安全防护眼镜　　必须戴防护眼镜

呼吸	可能接触其粉末时，必须佩戴过滤式防尘呼吸器。必要时佩戴空气呼吸器
设施配备	提供安全的淋浴和洗眼设备

五、使用与储存

使用注意事项	密闭操作，局部排风。远离火源、易燃物、可燃物。避免产生粉尘。避免与氧化剂、酸类接触
配制方法	配制浓度 $0.1mol \cdot L^{-1}$ 溶液：溶解 16.94g BaS 固体于水中，加水稀释至 1L
储存注意事项	1.储存于阴凉、干燥、通风良好的专用库房。远离火种、热源。 2.包装必须密封，切勿受潮。不宜久存，以免变质。 3.应与氧化剂、酸类、食用化学品分开存放，切忌混储

六、急救措施

皮肤接触	立即脱去污染衣物，用大量流动清水彻底冲洗。就医
眼睛接触	立即分开眼睑，用流动清水或生理盐水彻底冲洗。就医
吸入	迅速脱离现场至空气新鲜处，保持呼吸道通畅。就医
食入	用水漱口，禁止催吐。给饮牛奶或蛋清。就医
对施救者的忠告	根据需要使用个人防护设备

七、消防措施

灭火剂	一般用雾状水或砂土灭火。实验室少量药品起火直接用灭火毯或砂土闷熄。禁止使用酸碱类灭火剂
灭火注意事项及防护	消防人员必须佩戴空气呼吸器、穿全身耐酸碱消防服，在上风向灭火
是否可用水灭火	是

八、泄漏应急处理

防护措施和装备	建议应急处理人员戴防尘口罩，穿防酸碱服，戴橡胶耐酸碱手套。确保安全的情况下，尽可能阻断泄漏源
处置材料和方法	用洁净的工具收集泄漏物，置于容器中
环保措施	防止泄漏物进入水体或下水道

九、废弃处置

处置方法	根据国家和地方有关法规的要求处置。或与制造商联系，确定处置方法
污染包装物	将容器返还生产商或交给有资质的专业处理公司处置
废弃注意事项	处置前应参阅国家和地方有关法规

硫化钠

一、基本信息

化学品中文名称	硫化钠	中文名称别名	臭碱；硫化碱
化学品英文名称	sodium sulfide；sodium monosulfide		
CAS No.	1313-82-2	UN No.	1385（无水或含结晶水＜30％）；1849（含结晶水≥30％）
分子式	Na$_2$S	分子量	78.04

二、危险性概述

GHS危险性分类	急性毒性-经口，类别4；急性毒性-经皮，类别3；皮肤腐蚀/刺激，类别1B；严重眼损伤/眼刺激，类别1；危害水生环境-急性危害，类别1
GHS标签象形图	有毒物　腐蚀性　环境危害
是否易制毒/易制爆	否
燃烧及爆炸	易燃
危险反应及分解产物	燃烧、遇酸和水，分解生成有毒和腐蚀性气体。水溶液与氧化剂激烈反应。分解产物：氧化钠、二氧化硫
禁配物	酸类、强氧化剂
健康危害	对眼、皮肤和呼吸道有腐蚀性。误服后能引起硫化氢中毒
环境危害	严重危害水生生物

三、理化特性

外观与性状	无色或米黄色颗粒结晶，工业品为红褐色或砖红色块状		
熔点（凝固点）/℃	1180	爆炸上限（体积分数）/％	无资料
沸点/℃	无资料	爆炸下限（体积分数）/％	无资料
闪点/℃	无意义	自燃温度/℃	无资料
溶解性	易溶于水，不溶于乙醚，微溶于乙醇		

四、个人防护

皮肤和身体	穿橡胶耐酸碱服，戴橡胶耐酸碱手套　必须穿工作服　必须戴防护手套
眼睛	戴化学安全防护眼镜　必须戴防护眼镜

呼吸	可能接触其粉末时，必须佩戴过滤式防尘呼吸器。必要时佩戴空气呼吸器
设施配备	提供安全的淋浴和洗眼设备

五、使用与储存

使用注意事项	密闭操作。远离火源、易燃物、可燃物。使用防爆型通风系统和设备。避免产生粉尘。避免与氧化剂、酸类接触
配制方法	配制浓度 $1mol \cdot L^{-1}$ 溶液：溶解 78.04g Na_2S 固体和 20g NaOH 固体于水中，稀释至 1L
储存注意事项	1. 储存于阴凉、通风的专用库房，远离火种、热源。 2. 包装密封。不宜久存，以免变质。应与酸类、氧化剂分开存放，切忌混储

六、急救措施

皮肤接触	立即脱去污染衣物，用大量流动清水彻底冲洗。就医
眼睛接触	立即分开眼睑，用流动清水或生理盐水彻底冲洗。就医
吸入	迅速脱离现场至空气新鲜处，保持呼吸道通畅。就医
食入	用水漱口，禁止催吐。给饮牛奶或蛋清。就医
对施救者的忠告	根据需要使用个人防护设备

七、消防措施

灭火剂	一般用水、雾状水或砂土灭火。实验室少量药品起火直接用灭火毯或砂土闷熄
灭火注意事项及防护	消防人员必须佩戴空气呼吸器、穿全身耐酸碱消防服，在上风向灭火。禁止使用酸碱灭火器
是否可用水灭火	是

八、泄漏应急处理

防护措施和装备	建议应急处理人员戴防尘口罩，穿防酸碱服，戴橡胶耐酸碱手套。确保安全的情况下，尽可能阻断泄漏源
处置材料和方法	用洁净的工具收集泄漏物，置于容器中
环保措施	防止泄漏物进入水体或下水道

九、废弃处置

处置方法	建议用安全掩埋法处置
污染包装物	将容器返还生产商或交给有资质的专业处理公司处置
废弃注意事项	处置前应参阅国家和地方有关法规

硫 脲

一、基本信息

化学品中文名称	硫脲	中文名称别名	硫代尿素
化学品英文名称	thiourea；thiocarbamide		
CAS No.	62-56-6	UN No.	3077
分子式	CH_4N_2S	分子量	76.13

二、危险性概述

GHS危险性分类	急性毒性-经口，类别4；生殖毒性，类别2；危害水生环境-急性危害，类别2；危害水生环境-长期危害，类别2
GHS标签象形图	刺激性　　健康危害　　环境危害
是否易制毒/易制爆	否
燃烧及爆炸	可燃
危险反应及分解产物	与强氧化剂、强酸和丙烯醛剧烈反应。受热分解生成有毒烟雾。分解产物：硫化物、氮氧化物
禁配物	强氧化剂、强酸
健康危害	对眼有刺激性。反复或长期接触可能对甲状腺有影响。可能致癌
环境危害	危害水生生物且毒害影响长期持续

三、理化特性

外观与性状	白色光亮苦味晶体		
熔点（凝固点）/℃	182	爆炸上限（体积分数）/%	无资料
沸点/℃	263（分解）	爆炸下限（体积分数）/%	无资料
闪点/℃	＞182	自燃温度/℃	无资料
溶解性	溶于冷水、乙醇，微溶于乙醚		

四、个人防护

皮肤和身体	穿一般作业防护服，戴橡胶手套　　必须穿工作服　必须戴防护手套
眼睛	一般不需特殊防护，必要时佩戴化学安全防护眼镜
呼吸	空气中粉尘浓度较高时，应佩戴过滤式防尘呼吸器
设施配备	提供安全的淋浴和洗眼设备

五、使用与储存

使用注意事项	密闭操作，局部排风。远离火源、易燃物、可燃物。避免产生粉尘。避免与氧化剂、酸类接触
配制方法	配制浓度5%溶液：溶解50.00g硫脲于水中，加水稀释至1L
储存注意事项	1.储存于阴凉、通风的专用库房。远离火种、热源。 2.密封包装。与氧化剂、酸类、食用化学品分开存放，切忌混储

六、急救措施

皮肤接触	立即脱去污染衣物，用大量流动清水彻底冲洗。就医
眼睛接触	立即分开眼睑，用流动清水或生理盐水彻底冲洗。就医
吸入	迅速脱离现场至空气新鲜处，保持呼吸道通畅。就医
食入	漱口，饮水。就医
对施救者的忠告	根据需要使用个人防护设备

七、消防措施

灭火剂	一般用水雾灭火器、泡沫灭火器、二氧化碳灭火器或砂土灭火。实验室少量药品起火直接用灭火毯或砂土闷熄
灭火注意事项及防护	消防人员必须佩带空气呼吸器，穿全身防火防毒服，在上风向灭火
是否可用水灭火	是

八、泄漏应急处理

防护措施和装备	建议应急处理人员戴防尘口罩、橡胶手套，穿防毒服。确保安全的情况下，尽可能阻断泄漏源
处置材料和方法	用洁净的工具收集泄漏物，置于容器中
环保措施	防止泄漏物进入水体或下水道

九、废弃处置

处置方法	建议用焚烧法处置。所产生的气体要通过过滤器除去
污染包装物	将容器返还生产商或交给有资质的专业处理公司处置
废弃注意事项	处置前应参阅国家和地方有关规定

硫　酸

一、基本信息

化学品中文名称	硫酸	中文名称别名	
化学品英文名称		sulfuric acid	
CAS No.	7664-93-9	UN No.	1830（＞51%）；2796（≤51%）
分子式	H₂SO₄	分子量	98.08

二、危险性概述

GHS危险性分类	皮肤腐蚀/刺激，类别1A；严重眼损伤/眼刺激，类别1；危害水生环境-急性危害，类别3
GHS标签象形图	腐蚀性
是否易制毒/易制爆	本品是易制毒试剂。第三类
燃烧及爆炸	不燃。浓硫酸与可燃物接触易着火燃烧
危险反应及分解产物	与易燃或可燃物、电石、高氯酸盐、金属粉末等发生剧烈反应，有发生火灾的危险。分解产物：氧化硫
禁配物	碱类、强还原剂、易燃或可燃物、电石、高氯酸盐、硝酸盐、苦味酸盐、金属粉末等
健康危害	对眼睛、皮肤、黏膜等组织有强烈的刺激和腐蚀作用。蒸气或雾引起呼吸道刺激，重者发生呼吸困难和肺水肿；高浓度引起喉痉挛或声门水肿而窒息死亡
环境危害	危害水生生物

三、理化特性

外观与性状	纯品为无色透明油状液体，无臭		
熔点（凝固点）/℃	10～10.49	爆炸上限（体积分数）/%	无意义
沸点/℃	330	爆炸下限（体积分数）/%	无意义
闪点/℃	无意义	自燃温度/℃	无意义
溶解性	与水、乙醇混溶		

四、个人防护

皮肤和身体	穿橡胶耐酸碱服，戴橡胶耐酸碱手套 必须穿工作服　必须戴防护手套
眼睛	呼吸系统防护中已作防护

呼吸	可能接触其烟雾时,佩戴过滤式防毒面具(全面罩)或空气呼吸器。紧急事态抢救或撤离时,建议佩戴空气呼吸器
设施配备	提供安全的淋浴和洗眼设备

五、使用与储存

使用注意事项	密闭操作,注意通风。远离火源、易燃物、可燃物。防止蒸气泄漏。避免与还原剂、碱类、碱金属接触。稀释或制备溶液时,应把酸加入水中,避免沸腾和飞溅
配制方法	配制浓度 6mol·L^{-1} 溶液:量取 326mL 浓度为 18.4mol·L^{-1} 硫酸缓慢加入水中并不断搅拌,稀释至 1L
储存注意事项	1.本品为易制毒试剂,实行"五双"管理。 2.储存于阴凉、通风的专用库房。 3.保持容器密闭。应与易(可)燃物、还原剂、碱类、碱金属、食用化学品分开存放,切忌混储

六、急救措施

皮肤接触	立即脱去污染衣物,用大量流动清水彻底冲洗。就医
眼睛接触	立即分开眼睑,用流动清水或生理盐水彻底冲洗。就医
吸入	迅速脱离现场至空气新鲜处,保持呼吸道通畅。就医
食入	用水漱口,禁止催吐。给饮牛奶或蛋清。就医
对施救者的忠告	根据需要使用个人防护设备

七、消防措施

灭火剂	一般用水雾灭火器、干粉灭火器、泡沫灭火器、二氧化碳灭火器灭火,避免使用直流水灭火。实验室少量药品起火直接用灭火毯或砂土闷熄
灭火注意事项及防护	消防人员须佩戴携气式呼吸器,穿全身消防服,在上风向灭火。
是否可用水灭火	是

八、泄漏应急处理

防护措施和装备	建议应急处理人员戴携气式呼吸器,穿防静电服,戴橡胶手套。确保安全的情况下,尽可能阻断泄漏源
处置材料和方法	用砂土、活性炭或其他惰性材料吸收,用耐酸工具收集,置于容器中。禁止冲入下水道
环保措施	防止泄漏物进入下水道

九、废弃处置

处置方法	尽可能回收利用。如果不能回收利用,采用焚烧方法进行处置。不得采用排放到下水道的方式废弃处置本品
污染包装物	将容器返还生产商或交给有资质的专业处理公司处置
废弃注意事项	处置前参照国家和地方有关法律法规

硫酸钴

一、基本信息

化学品中文名称	硫酸钴	中文名称别名	硫酸亚钴，硫酸钴（Ⅱ）
化学品英文名称	cobalt sulfate，cobaltous sulfate，cobalt（Ⅱ）sulfate		
CAS No.	10124-43-3	UN No.	3077
分子式	$CoSO_4$	分子量	154.996

二、危险性概述

GHS危险性分类	急性毒性-经口，类别4；呼吸道过敏物，类别1；皮肤致敏物，类别1；生殖细胞致突变性，类别2；致癌性，类别2；生殖毒性，类别1B；危害水生环境-急性危害，类别1；危害水生环境-长期危害，类别1
GHS标签象形图	健康危害　　刺激性　　环境危害
是否易制毒/易制爆	否
燃烧及爆炸	不燃
危险反应及分解产物	危险的分解产物：氧化硫
禁配物	潮湿空气
健康危害	对眼、皮肤和呼吸道有刺激性。反复或长期接触可引起皮炎、哮喘。本品可能对心脏、甲状腺和骨髓有影响，可能致癌，对人类生殖造成毒性影响，可能造成婴儿畸形
环境危害	严重危害水生生物且毒害影响长期持续

三、理化特性

外观与性状	玫瑰红色单斜晶体		
熔点（凝固点）/℃	735（分解）	爆炸上限（体积分数）/%	无意义
沸点/℃	无资料	爆炸下限（体积分数）/%	无意义
闪点/℃	无意义	自燃温度/℃	无意义
溶解性	溶于水、甲醇，不溶于氨，微溶于乙醇		

四、个人防护

皮肤和身体	穿橡胶耐酸碱服，戴橡胶耐酸碱手套　　必须穿工作服　　必须戴防护手套
眼睛	戴化学安全防护眼镜　　必须戴防护眼镜

呼吸	使用全面罩式多功能防毒面具
设施配备	提供安全的淋浴和洗眼设备

五、使用与储存

使用注意事项	密闭操作，加强排风。远离火源、易燃物、可燃物。避免产生粉尘。避免与潮湿空气接触
配制方法	配制浓度 0.1mol·L^{-1} 溶液：溶解 15.50g $CoSO_4$ 固体于水中，加水稀释至 1L
储存注意事项	1.储存于阴凉、通风的专用库房。远离火种、热源。 2.避免阳光直射。包装必须密封，切勿受潮。 3.应与食用化学品等分开存放，切忌混储

六、急救措施

皮肤接触	立即脱去污染衣物，用大量流动清水彻底冲洗。就医
眼睛接触	立即分开眼睑，用流动清水或生理盐水彻底冲洗。就医
吸入	迅速脱离现场至空气新鲜处，保持呼吸道通畅。就医
食入	饮足量温水，催吐、洗胃、导泻。就医
对施救者的忠告	根据需要使用个人防护设备

七、消防措施

灭火剂	本品不燃
灭火注意事项及防护	
是否可用水灭火	

八、泄漏应急处理

防护措施和装备	建议应急处理人员戴防尘口罩，穿防毒服，戴橡胶耐油手套。禁止接触或跨越泄漏物。作业时所用的所有设备应接地。尽可能切断泄漏源
处置材料和方法	小量泄漏，用沙土、活性炭或其他惰性材料吸收，并转移至安全场所。尽可能将泄漏液体收集在可密闭的容器中
环保措施	防止泄漏物进入下水道

九、废弃处置

处置方法	建议用安全掩埋法处置
污染包装物	将容器返还生产商或交给有资质的专业处理公司处理
废弃注意事项	处置前参照国家和地方有关法律法规

硫酸镍

一、基本信息

化学品中文名称	硫酸镍	中文名称别名	六水硫酸镍
化学品英文名称	nickel（II）sulfate hexahydrate		
CAS No.	10101-97-0	UN No.	9141
分子式	$NiSO_4 \cdot 6H_2O$	分子量	262.86

二、危险性概述

GHS危险性分类	皮肤腐蚀/刺激，类别2；呼吸道致敏物，类别1；皮肤致敏物，类别1；生殖细胞致突变性，类别2；致癌性，类别1A；生殖毒性，类别1B；特异性靶器官系统毒性类别1；危害水生环境-急性危害，类别1；危害水生环境-长期危害，类别1
GHS标签象形图	健康危害　　刺激性　　环境危害
是否易制毒/易制爆	否
燃烧及爆炸	不燃
危险反应及分解产物	与禁配物可发生危险反应。遇高热分解生成有毒烟雾
禁配物	强氧化物，强酸，强碱
健康危害	对眼、皮肤和呼吸道有刺激性。皮肤接触可引起皮炎和湿疹，常伴有剧烈瘙痒，称之为"镍痒症"。本品是人类致癌物
环境危害	严重危害水生生物且毒害影响长期持续

三、理化特性

外观与性状	α型为蓝绿色四方结晶，在533℃转变为β型绿色透明结晶		
熔点（凝固点）/℃	1453（lit.）	爆炸上限（体积分数）/%	无意义
沸点/℃	2732（lit.）	爆炸下限（体积分数）/%	无意义
闪点/℃	无意义	自燃温度/℃	无意义
溶解性	易溶于水，微溶于乙醇、甲醇		

四、个人防护

皮肤和身体	穿化学品防护服，戴橡胶手套　　必须穿工作服　必须戴防护手套
眼睛	戴化学安全防护眼镜　　必须戴防护眼镜

呼吸	可能接触其蒸气时，必须佩戴过滤式防毒面具（全面罩）或长管面具
设施配备	提供安全的淋浴和洗眼设备

五、使用与储存

使用注意事项	密闭操作，加强排风。远离火源、易燃物、可燃物。避免产生粉尘。避免与潮湿空气接触
配制方法	配制浓度 $0.1mol \cdot L^{-1}$ 溶液：溶解 37.09g $NiSO_4 \cdot 6H_2O$ 固体于水中，加水稀释至 1L
储存注意事项	1.储存在干燥、阴凉和通风的专用库房。远离热源、火种。 2.包装保持密封。应与强氧化剂、食用化学品等分开存放，切忌混储

六、急救措施

皮肤接触	立即脱去污染衣物，用大量流动清水彻底冲洗。就医
眼睛接触	立即分开眼睑，用流动清水或生理盐水彻底冲洗。就医
吸入	迅速脱离现场至空气新鲜处，保持呼吸道通畅。就医
食入	用水漱口，禁止催吐。就医
对施救者的忠告	根据需要使用个人防护设备

七、消防措施

灭火剂	本品不燃。根据着火原因选择适当灭火剂灭火
灭火注意事项及防护	实验室少量药品起火直接用灭火毯或砂土闷熄
是否可用水灭火	是

八、泄漏应急处理

防护措施和装备	建议应急处理人员戴防尘口罩，穿防毒服，戴橡胶手套。确保安全的情况下，尽可能阻断泄漏源
处置材料和方法	用洁净的工具收集泄漏物，置于容器中
环保措施	防止泄漏物进入水体或下水道

九、废弃处置

处置方法	根据国家和地方有关法规的要求处置。或与制造商联系，确定处置方法
污染包装物	将容器返还生产商或交给有资质的专业处理公司处置
废弃注意事项	处置前应参阅国家和地方有关法规

六氢吡啶

一、基本信息

化学品中文名称	六氢吡啶	中文名称别名	哌啶；氮己环；
化学品英文名称	hexahydropyridine；piperidine		
CAS No.	110-89-4	UN No.	2401
分子式	$C_5H_{11}N$	分子量	85.20

二、危险性概述

GHS危险性分类	易燃液体，类别2；急性毒性-吸入，类别3；急性毒性-经皮，类别3；皮肤腐蚀/刺激，类别1B；严重眼损伤/眼刺激，类别1
GHS标签象形图	易燃物　　有毒物　　腐蚀性
是否易制毒/易制爆	本品是易制毒试剂。易制毒试剂第二类
燃烧及爆炸	高度易燃。其蒸气能与空气形成爆炸性混合物。遇高热或明火可能产生膨胀或爆炸性分解
危险反应及分解产物	与禁配物接触有发生燃烧爆炸的危险
禁配物	酸类、酸酐、强氧化剂
健康危害	吸入对呼吸道有刺激性。皮肤接触会中毒，吸收后可致全身反应。直接接触严重灼伤眼和皮肤。误服可引起虚弱、恶心、呼吸困难、肌肉瘫痪和窒息
环境危害	可能危害环境

三、理化特性

外观与性状	无色澄清液体，有类似氨的气味		
熔点（凝固点）/℃	−9～−7	爆炸上限（体积分数）/%	10
沸点/℃	106	爆炸下限（体积分数）/%	1.4
闪点/℃	16（CC）	自燃温度/℃	无资料
溶解性	溶于水、乙醇、乙醚、苯和氯仿		

四、个人防护

皮肤和身体	穿隔绝式防毒服，戴橡胶耐油手套	必须穿工作服　必须戴防护手套
眼睛	呼吸系统防护中已作防护	

呼吸	可能接触其蒸气时，必须佩戴过滤式防毒面具（全面罩）。紧急事态抢救或撤离时，建议佩戴空气呼吸器
设施配备	加强通风，提供安全的淋浴和洗眼设备

五、使用与储存

使用注意事项	密闭操作，加强通风。远离火源、易燃物、可燃物。使用防爆型的通风系统和设备。防止蒸气泄漏。避免与氧化剂、酸类接触
配制方法	可直接使用
储存注意事项	1.储存于阴凉、通风良好的专用库房。远离火种、热源。 2.保持容器密封。应与氧化剂、酸类、食用化学品等分开存放，切忌混储。 3.采用防爆型照明、通风设施。禁止使用易产生火花的机械设备和工具

六、急救措施

皮肤接触	立即脱去污染衣物，用大量流动清水彻底冲洗。就医
眼睛接触	立即分开眼睑，用流动清水或生理盐水彻底冲洗。就医
吸入	迅速脱离现场至空气新鲜处，保持呼吸道通畅。就医
食入	用水漱口，禁止催吐。给饮牛奶或蛋清。就医
对施救者的忠告	根据需要使用个人防护设备

七、消防措施

灭火剂	一般用泡沫灭火器、干粉灭火器、二氧化碳灭火器或砂土灭火。实验室少量药品起火直接用灭火毯或砂土闷熄
灭火注意事项及防护	消防人员必须佩戴空气呼吸器、穿全身防火消防服，在上风向灭火
是否可用水灭火	否

八、泄漏应急处理

防护措施和装备	建议应急处理人员戴正压自给式呼吸器，穿防静电、防腐蚀、防毒服，戴橡胶耐油手套。确保安全的情况下，尽可能阻断泄漏源
处置材料和方法	用砂土或其他不燃材料吸收，用无静电工具收集，置于容器中
环保措施	防止泄漏物进入水体或下水道

九、废弃处置

处置方法	建议用焚烧法处置
污染包装物	将容器返还生产商或交给有资质的专业处理公司处置
废弃注意事项	处置前参照国家和地方有关法律法规

六亚甲基四胺

一、基本信息

化学品中文名称	六亚甲基四胺	中文名称别名	六甲撑四胺；乌洛托品
化学品英文名称	hexamethylenetetramine；urotropine		
CAS No.	100-97-0	UN No.	1328
分子式	$C_6H_{12}N_4$	分子量	140.22

二、危险性概述

GHS危险性分类	易燃固体，类别2；皮肤致敏物，类别1；危害水生环境-急性危害，类别2
GHS标签象形图	易燃物　　刺激性
是否易制毒/易制爆	本品是易制爆试剂。易制爆危险化学品名录7.11
燃烧及爆炸	易燃。其粉体能与空气形成爆炸性混合物
危险反应及分解产物	与强氧化剂等禁配物接触，有发生容器爆炸的危险。受热或燃烧生成有害烟雾。分解产物：氨
禁配物	强氧化剂、强酸
健康危害	对眼、皮肤和呼吸道有腐蚀性。吸入可能引起肺水肿
环境危害	危害水生生物

三、理化特性

外观与性状	白色细粒状结晶，味初甜后苦		
熔点（凝固点）/℃	280～295（分解）	爆炸上限（体积分数）/%	无资料
沸点/℃	263（升华）	爆炸下限（体积分数）/%	无资料
闪点/℃	250（CC）	自燃温度/℃	无资料
溶解性	溶于水、乙醇、氯仿、四氯化碳，不溶于乙醚、石油醚、芳烃		

四、个人防护

皮肤和身体	穿防毒物渗透工作服，戴一般作业防护手套　　必须穿工作服　必须戴防护手套
眼睛	戴化学安全防护眼镜　　必须戴防护眼镜

呼吸	粉尘浓度较高的环境中，佩戴过滤式防尘呼吸器。必要时佩戴空气呼吸器
设施配备	提供安全的淋浴和洗眼设备

五、使用与储存

使用注意事项	密闭操作，局部排风。远离火源、易燃物、可燃物。使用防爆型通风系统和设备。避免产生粉尘。避免与氧化剂、酸类接触
配制方法	配制浓度20%溶液：溶解200.00g六亚甲基四胺固体于水中，加水稀释至1L
储存注意事项	1.本品为易制爆试剂，实行"五双"管理。 2.储存于阴凉、通风的专用库房。远离火种、热源。 3.包装密封。应与氧化剂、酸类分开存放，切忌混储。 4.采用防爆型通风和照明设施。禁止使用易产生火花的设备和工具

六、急救措施

皮肤接触	立即脱去污染衣物，用大量流动清水彻底冲洗。就医
眼睛接触	立即分开眼睑，用流动清水或生理盐水彻底冲洗。就医
吸入	迅速脱离现场至空气新鲜处，保持呼吸道通畅。就医
食入	漱口、饮水。就医
对施救者的忠告	根据需要使用个人防护设备

七、消防措施

灭火剂	一般用泡沫灭火器、二氧化碳灭火器或砂土灭火。实验室少量药品起火直接用灭火毯或砂土闷熄
灭火注意事项及防护	消防人员必须佩戴空气呼吸器，穿全身防火防毒服，在上风向灭火
是否可用水灭火	否

八、泄漏应急处理

防护措施和装备	建议应急处理人员戴防尘口罩，穿防静电服，戴防护手套。确保安全的情况下，尽可能阻断泄漏源
处置材料和方法	用洁净的工具收集泄漏物，置于容器中
环保措施	防止泄漏物进入水体或下水道

九、废弃处置

处置方法	建议用焚烧法处置
污染包装物	将容器返还生产商或交给有资质的专业处理公司处置
废弃注意事项	处置前应参阅国家和地方有关法规

氯铂酸

一、基本信息

化学品中文名称	氯铂酸	中文名称别名	六氯铂酸
化学品英文名称	hexachloroplatinic acid		
CAS No.	16941-12-1	UN No.	2507
分子式	H_2PtCl_6	分子量	409.81

二、危险性概述

GHS危险性分类	急性毒性-经口，类别3；皮肤腐蚀/刺激，类别1B；严重眼睛损伤/眼刺激，类别1；呼吸过敏，类别1
GHS标签象形图	有毒物　　健康危害　　腐蚀性
是否易制毒/易制爆	否
燃烧及爆炸	不燃
危险反应及分解产物	与禁配物可发生反应
禁配物	强氧化剂、碱类
健康危害	直接接触会引起严重皮肤灼伤和眼损伤。吸入可能导致过敏、哮喘或呼吸困难。误服中毒
环境危害	可能危害环境

三、理化特性

外观与性状	透明深黄色溶液		
熔点（凝固点）/℃	150	爆炸上限（体积分数）/%	无资料
沸点/℃	无资料	爆炸下限（体积分数）/%	无资料
闪点/℃	无意义	自燃温度/℃	无资料
溶解性	易溶于水、乙醇		

四、个人防护

皮肤和身体	穿橡胶耐酸碱服，戴橡胶耐酸碱手套　　必须穿工作服　　必须戴防护手套
眼睛	戴化学安全防护眼镜　　必须戴防护眼镜

呼吸	可能接触其蒸气时，必须佩戴过滤式防毒面具（全面罩）或空气呼吸器。紧急事态抢救或撤离时，建议佩戴空气呼吸器
设施配备	提供安全的淋浴和洗眼设备

五、使用与储存

使用注意事项	密闭操作，注意通风。远离火源、易燃物、可燃物。防止蒸气泄漏。避免与碱类接触
配制方法	可直接使用
储存注意事项	1.储存于阴凉、干燥、通风的专用库房。远离火种、热源。 2.保持容器密封。应与碱类分开存放，切忌混储

六、急救措施

皮肤接触	立即脱去污染的衣物，用肥皂水或大量清水彻底冲洗。就医
眼睛接触	立即分开眼睑，用流动清水或生理盐水彻底冲洗。就医
吸入	迅速脱离现场至空气新鲜处，保持呼吸道通畅。就医
食入	用水漱口，禁止催吐。就医
对施救者的忠告	根据需要使用个人防护设备

七、消防措施

灭火剂	本品不燃
灭火注意事项及防护	
是否可用水灭火	

八、泄漏应急处理

防护措施和装备	建议应急处理人员戴正压式自给式呼吸器，穿防腐蚀、防毒服，戴橡胶手套。确保安全的情况下，尽可能阻断泄漏源
处置材料和方法	用砂土、活性炭或其他惰性材料吸收，用适当的工具收集，置于容器中
环保措施	防止泄漏物进入下水道

九、废弃处置

处置方法	与易燃溶剂相溶或者相混合，在备有燃烧后处理和洗刷作用的化学焚化炉中燃烧
污染包装物	将容器返还生产商或交给有资质的专业处理公司处置
废弃注意事项	处置前应参阅国家和地方有关法规

氯化钡

一、基本信息

化学品中文名称	氯化钡	中文名称别名	
化学品英文名称		barium chloride	
CAS No.	10361-37-2	UN No.	1564
分子式	BaCl$_2$	分子量	208.24

二、危险性概述

GHS危险性分类	急性毒性-经口，类别3；急性毒性-吸入，类别4；危害水生环境-急性危害，类别3
GHS标签象形图	<div align="center">☠ 有毒物</div>
是否易制毒/易制爆	否
燃烧及爆炸	不燃
危险反应及分解产物	与强氧化剂等禁配物发生反应，与三氯化硼接触剧烈反应
禁配物	酸类、强氧化剂
健康危害	误服后致急性中毒。吸入烟尘可引起中毒。接触可造成低钾血、导致心脏病和肌肉障碍，可能导致死亡
环境危害	危害水生生物

三、理化特性

外观与性状	无色晶体或白色粉末，无臭		
熔点（凝固点）/℃	963	爆炸上限（体积分数）/%	无意义
沸点/℃	1560	爆炸下限（体积分数）/%	无意义
闪点/℃	无意义	自燃温度/℃	无意义
溶解性	溶于水，不溶于丙酮、乙醇，微溶于乙酸、硫酸		

四、个人防护

皮肤和身体	穿连衣式防毒服，戴橡胶手套 必须穿工作服 必须戴防护手套
眼睛	戴化学安全防护眼镜 必须戴防护眼镜

呼吸	可能接触其粉末时，必须佩戴过滤式防尘呼吸器。紧急事态抢救或撤离时，建议佩戴空气呼吸器
设施配备	提供安全的淋浴和洗眼设备

五、使用与储存

使用注意事项	密闭操作，局部通风。远离火源、易燃物、可燃物。避免产生粉尘。避免与氧化剂、酸类接触
配制方法	配制浓度 $0.1mol \cdot L^{-1}$ 溶液：溶解 20.82g $BaCl_2$ 固体于水中，加水稀释至 1L
储存注意事项	1.储存于阴凉、通风的专用库房，远离火种、热源。 2.包装密封。应与氧化剂、酸类、食用化学品分开存放，切忌混储

六、急救措施

皮肤接触	立即脱去污染衣物，用大量流动清水彻底冲洗。就医
眼睛接触	立即分开眼睑，用流动清水或生理盐水彻底冲洗。就医
吸入	迅速脱离现场至空气新鲜处，保持呼吸道通畅。就医
食入	饮足量温水，催吐。给服硫酸钠。就医
对施救者的忠告	根据需要使用个人防护设备

七、消防措施

灭火剂	本品不燃。根据着火原因选择适当灭火剂灭火
灭火注意事项及防护	实验室少量药品起火直接用灭火毯或砂土闷熄
是否可用水灭火	是

八、泄漏应急处理

防护措施和装备	建议应急处理人员戴防尘口罩，穿防毒服，戴橡胶手套。确保安全的情况下，尽可能阻断泄漏源
处置材料和方法	用洁净的工具收集泄漏物，置于容器中
环保措施	防止泄漏物进入水体或下水道

九、废弃处置

处置方法	建议中和后，用安全掩埋法处置
污染包装物	将容器返还生产商或交给有资质的专业处理公司处置
废弃注意事项	处置前应参阅国家和地方有关法规

氯化镉

一、基本信息

化学品中文名称	氯化镉	中文名称别名	
化学品英文名称		cadmium chloride；cadmium dichloride	
CAS No.	10108-64-2	UN No.	2570
分子式	CdCl$_2$	分子量	183.30

二、危险性概述

GHS危险性分类	急性毒性-经口，类别3；急性毒性-吸入，类别2；生殖细胞致突变性，类别1B；致癌性，类别1A；生殖毒性，类别1B；特异性靶器官毒性-反复接触，类别1；危害水生环境-急性危害，类别1；危害水生环境-长期危害，类别1
GHS标签象形图	有毒物　　健康危害　　环境危害
是否易制毒/易制爆	否
燃烧及爆炸	不燃
危险反应及分解产物	与强氧化剂等禁配物发生反应。受热分解生成含镉和氯极高毒性烟雾。危险的分解产物：氯化氢
禁配物	强氧化剂、钾
健康危害	对眼、皮肤和呼吸道有刺激性。误食可出现严重的胃肠道刺激症状，重者危及生命
环境危害	严重危害水生生物且毒害影响长期持续

三、理化特性

外观与性状	无色单斜晶体		
熔点（凝固点）/℃	568	爆炸上限（体积分数）/%	无意义
沸点/℃	960	爆炸下限（体积分数）/%	无意义
闪点/℃	无意义	自燃温度/℃	无意义
溶解性	易溶于水，溶于丙酮，微溶于甲醇、乙醇，不溶于乙醚		

四、个人防护

皮肤和身体	穿透气型防毒服，戴橡胶手套　　必须穿工作服　　必须戴防护手套
眼睛	戴安全防护眼镜　　必须戴防护眼镜

呼吸	作业人员应该佩戴过滤式防尘呼吸器。必要时，佩戴空气呼吸器或长管面具
设施配备	提供安全的淋浴和洗眼设备

五、使用与储存

使用注意事项	密闭操作，加强通风。避免产生粉尘。远离火源、易燃物、可燃物。避免与氧化剂、活性金属粉末接触。禁止震动、撞击和摩擦
配制方法	配制浓度 $0.1mol \cdot L^{-1}$ 溶液：溶解 18.33g $CdCl_2$ 固体于水中，加水稀释至 1L
储存注意事项	1.储存于阴凉、通风的专用库房。远离火种、热源。 2.包装密封。应与氧化剂、活性金属粉末、食用化学品分开存放，切忌混储

六、急救措施

皮肤接触	立即脱去污染衣物，用大量流动清水彻底冲洗。就医
眼睛接触	立即分开眼睑，用流动清水或生理盐水彻底冲洗。就医
吸入	迅速脱离现场至空气新鲜处，保持呼吸道通畅。就医
食入	漱口，饮水。就医
对施救者的忠告	根据需要使用个人防护设备

七、消防措施

灭火剂	本品不燃。根据着火原因选择适当灭火剂灭火
灭火注意事项及防护	实验室少量药品起火直接用灭火毯或砂土闷熄
是否可用水灭火	是

八、泄漏应急处理

防护措施和装备	建议应急处理人员戴防尘口罩，穿防毒服，戴橡胶手套。确保安全的情况下，尽可能阻断泄漏源
处置材料和方法	用洁净的工具收集泄漏物，置于容器中
环保措施	防止泄漏物进入水体或下水道

九、废弃处置

处置方法	根据国家和地方有关法规的要求处置。或与制造商联系，确定处置方法
污染包装物	将容器返还生产商或交给有资质的专业处理公司处置
废弃注意事项	处置前应参阅国家和地方有关法规

氯化汞

一、基本信息

化学品中文名称	氯化汞	中文名称别名	氯化高汞；二氯化汞；升汞
化学品英文名称	mercuric chloride；mercury bichloride		
CAS No.	7487-94-7	UN No.	1624
分子式	HgCl$_2$	分子量	271.50

二、危险性概述

GHS危险性分类	急性毒性-经口，类别2；皮肤腐蚀/刺激，类别1B；严重眼损伤/眼刺激，类别1；生殖细胞致突变性，类别2；生殖毒性，类别2；特异性靶器官毒性-反复接触，类别1；危害水生环境-急性危害，类别1；危害水生环境-长期危害，类别1
GHS标签象形图	有毒物　腐蚀性　健康危害　环境危害
是否易制毒/易制爆	否
燃烧及爆炸	不燃
危险反应及分解产物	与强氧化剂等禁配物发生反应，与碱金属能发生剧烈反应
禁配物	强氧化剂、强碱
健康危害	对眼、皮肤和呼吸道有腐蚀性。长期反复接触可引起神经衰弱综合征。误服可引起急性腐蚀性胃肠炎、急性肾功能衰竭，严重者致命
环境危害	危害水生生物且毒害影响长期持续

三、理化特性

外观与性状	无色或白色结晶性粉末，常温下微量挥发		
熔点（凝固点）/℃	276～277	爆炸上限（体积分数）/%	无意义
沸点/℃	302	爆炸下限（体积分数）/%	无意义
闪点/℃	无意义	自燃温度/℃	无意义
溶解性	溶于水、乙醇、乙醚、甲醇、丙酮、乙酸乙酯，不溶于二硫化碳、吡啶		

四、个人防护

皮肤和身体	穿连衣式防毒服，戴橡胶手套　必须穿工作服　必须戴防护手套
眼睛	戴化学安全防护眼镜　必须戴防护眼镜

呼吸	作业人员应该佩戴过滤式防尘呼吸器。必要时佩戴空气呼吸器
设施配备	提供安全的淋浴和洗眼设备

五、使用与储存

使用注意事项	密闭操作，局部排风。远离火源、易燃物、可燃物。避免产生粉尘。避免与强氧化剂、强碱类接触
配制方法	配制浓度 $0.1mol \cdot L^{-1}$ 溶液：溶解 $27.15g$ $HgCl_2$ 固体于水中，加水稀释至 $1L$
储存注意事项	1.本品为剧毒试剂，实行"双人收发、双人保管"。 2.储存于阴凉、通风良好的专用库房。远离火种、热源。 3.包装密封。应与氧化剂、碱类、食用化学品分开存放，切忌混储

六、急救措施

皮肤接触	立即脱去污染衣物，用大量流动清水彻底冲洗。就医
眼睛接触	立即分开眼睑，用流动清水或生理盐水彻底冲洗。就医
吸入	迅速脱离现场至空气新鲜处，保持呼吸道通畅。就医
食入	口服蛋清、牛奶或豆浆。就医
对施救者的忠告	根据需要使用个人防护设备

七、消防措施

灭火剂	本品不燃。根据着火原因选择适当灭火剂灭火
灭火注意事项及防护	实验室少量药品起火直接用灭火毯或砂土闷熄
是否可用水灭火	是

八、泄漏应急处理

防护措施和装备	建议应急处理人员戴防尘口罩，穿防毒服，戴橡胶手套。确保安全的情况下，尽可能阻断泄漏源
处置材料和方法	用洁净的工具收集泄漏物，置于容器中
环保措施	防止泄漏物进入水体或下水道

九、废弃处置

处置方法	根据国家和地方有关法规的要求处置。或与制造商联系，确定处置方法
污染包装物	将容器返还生产商或交给有资质的专业处理公司处置
废弃注意事项	处置前应参阅国家和地方有关法规

氯化钴

一、基本信息

化学品中文名称	氯化钴	中文名称别名	二氯化钴，氯化钴（Ⅱ）
化学品英文名称	cobalt（Ⅱ）chloride；cobalt dichloride；cobalt muriate		
CAS No.	7646-79-9	UN No.	2923
分子式	$CoCl_2$	分子量	129.839

二、危险性概述

GHS危险性分类	急性毒性-经口，类别4；呼吸道致敏物，类别1；皮肤致敏物，类别1；生殖细胞致突变性，类别2；生殖毒性，类别1B；致癌性，类别2；皮肤腐蚀/刺激，类别1A；危害水生环境-急性危害，类别1；危害水生环境-长期危害，类别1
GHS标签象形图	有毒物　　健康危害　　环境危害
是否易制毒/易制爆	否
燃烧及爆炸	不燃
危险反应及分解产物	与禁配物接触有发生燃烧爆炸的危险。燃烧生成刺激性或有毒烟雾
禁配物	强氧化剂，碱金属（如钾、钠）
健康危害	对眼有刺激性。反复或长期接触引起皮肤过敏、哮喘。本品可能对心脏、甲状腺和骨髓有影响，可能是致癌物，可能造成生殖或发育毒性
环境危害	危害水生生物且毒害影响长期持续

三、理化特性

外观与性状	淡蓝色片状结晶粉末，具有吸湿性。遇空气和湿气时变粉红色		
熔点（凝固点）/℃	735	爆炸上限（体积分数）/%	无意义
沸点/℃	1049	爆炸下限（体积分数）/%	无意义
闪点/℃	无意义	自燃温度/℃	无意义
溶解性	易溶于水、乙醇、乙醚、丙酮和甘油		

四、个人防护

皮肤和身体	穿防毒物渗透工作服，戴橡胶手套　　必须穿工作服　　必须戴防护手套
眼睛	戴化学安全防护眼镜　　必须戴防护眼镜

呼吸	可能接触其粉末时，建议佩戴过滤式防尘呼吸器
设施配备	提供安全的淋浴和洗眼设备

五、使用与储存

使用注意事项	密闭操作，注意通风。避免与强氧化剂接触。避免产生粉尘
配制方法	配制浓度 $0.1mol \cdot L^{-1}$ 溶液：溶解 12.98g $CoCl_2$ 固体于水中，加水稀释至 1L
储存注意事项	1.储存于阴凉、通风良好的专用库房。远离火种、热源。 2.应与氧化剂分开存放，切忌混储

六、急救措施

皮肤接触	立即脱去污染衣物，用大量流动清水彻底冲洗。就医
眼睛接触	立即分开眼睑，用流动清水或生理盐水彻底冲洗。就医
吸入	迅速脱离现场至空气新鲜处，保持呼吸道通畅。就医
食入	漱口，饮水。就医
对施救者的忠告	根据需要使用个人防护设备

七、消防措施

灭火剂	本品不燃。根据着火原因选择适当灭火剂灭火
灭火注意事项及防护	实验室少量药品起火直接用灭火毯或砂子闷熄
是否可用水灭火	是

八、泄漏应急处理

防护措施和装备	建议应急处理人员戴防尘口罩，穿防毒服，戴橡胶手套。确保安全的情况下，尽可能阻断泄漏源
处置材料和方法	用洁净的工具收集泄漏物，置于容器中
环保措施	防止泄漏物进入水体或下水道

九、废弃处置

处置方法	根据国家和地方有关法规的要求处置。或与制造商联系，确定处置方法
污染包装物	将容器返还生产商或交给有资质的专业处理公司处置
废弃注意事项	处置前应参阅国家和地方有关法规

氯化锌

一、基本信息

化学品中文名称	氯化锌	中文名称别名	锌氯粉，二氯化锌
化学品英文名称		zinc chloride；butter of zinc	
CAS No.	7646-85-7	UN No.	2331
分子式	ZnCl$_2$	分子量	136.30

二、危险性概述

GHS危险性分类	急性毒性-经口，类别4；皮肤腐蚀/刺激，类别1B；严重眼睛损伤/眼睛刺激性，类别1；特异性靶器官毒性-一次接触，类别3（呼吸道刺激）；危害水生环境-急性危害，类别1；危害水生环境-长期危害，类别1
GHS标签象形图	腐蚀性　　刺激性　　环境危害
是否易制毒/易制爆	否
燃烧及爆炸	不燃
危险反应及分解产物	受高热分解产生有毒的腐蚀性和刺激性的烟气。燃烧产物：氯化氢
禁配物	强氧化剂、有机过氧化物
健康危害	吸入本品烟雾可引起支气管肺炎，高浓度吸入可致死。眼接触可致结膜炎或灼伤。可引起皮肤刺激和烧灼，皮肤上出现"鸟眼"型溃疡。误服可腐蚀口腔和消化道，严重者可致死
环境危害	严重危害水生生物且毒害影响长期持续

三、理化特性

外观与性状	白色六方晶系颗粒或粉末，无臭，易潮解		
熔点（凝固点）/℃	283～293	爆炸上限（体积分数）/%	无意义
沸点/℃	732	爆炸下限（体积分数）/%	无意义
闪点/℃	无意义	自燃温度/℃	无意义
溶解性	极易溶于水，溶于甲醇、乙醇、甘油、丙酮、乙醚，不溶于液氨		

四、个人防护

皮肤和身体	穿橡胶耐酸碱服，戴橡胶耐酸碱手套　　必须穿工作服　　必须戴防护手套
眼睛	戴化学安全防护眼镜　　必须戴防护眼镜

呼吸	空气中粉尘浓度超标时，必须佩戴自吸过滤式防尘口罩；紧急事态抢救或撤离时，应该佩戴空气呼吸器 必须用防尘口罩
设施配备	提供安全的淋浴和洗眼设备

五、使用与储存

使用注意事项	密闭操作，局部排风。远离火源、易燃物、可燃物。避免产生粉尘。避免与氧化剂接触，尤其要注意避免与水接触
配制方法	配制浓度 $0.1 mol \cdot L^{-1}$ 溶液：溶解 $13.63g\ ZnCl_2$ 固体于水中，加水稀释至 1L
储存注意事项	1.储存于阴凉、通风的专用库房。远离火种、热源。 2.应与氧化剂、食用化学品分开存放，切忌混储

六、急救措施

皮肤接触	立即脱去污染衣物，用肥皂水或清水彻底冲洗。就医
眼睛接触	立即分开眼睑，用流动清水或生理盐水彻底冲洗。就医
吸入	迅速脱离现场至空气新鲜处，保持呼吸道通畅。就医
食入	用水漱口，禁止催吐。给饮牛奶或蛋清。就医
对施救者的忠告	根据需要使用个人防护设备

七、消防措施

灭火剂	本品不燃
灭火注意事项及防护	
是否可用水灭火	

八、泄漏应急处理

防护措施和装备	建议应急处理人员戴防尘口罩，穿防酸碱服，戴橡胶手套。确保安全的情况下，尽可能阻断泄漏源
处置材料和方法	用洁净的工具收集泄漏物，置于容器中
环保措施	防止泄漏物进入水体或下水道

九、废弃处置

处置方法	建议用水溶解后加碱中和，稀释后排入废水系统或用安全掩埋法处置
污染包装物	将容器返还生产商或交给有资质的专业处理公司处置
废弃注意事项	处置前应参阅国家和地方有关法规

氯化亚砜

一、基本信息

化学品中文名称	氯化亚砜	中文名称别名	二氯氧化硫；亚硫酰（二）氯
化学品英文名称	thionyl chloride；sulfurous oxychloride；sulfur chloride oxide		
CAS No.	7719-09-7	UN No.	1836
分子式	$SOCl_2$	分子量	118.97

二、危险性概述

GHS危险性分类	急性毒性-经口，类别4；急性毒性-吸入，类别4；皮肤腐蚀/刺激，类别1A；严重眼损伤/眼刺激，类别1；特异性靶器官毒性--次接触，类别3（呼吸道刺激）
GHS标签象形图	刺激性　　腐蚀性
是否易制毒/易制爆	否
燃烧及爆炸	不燃
危险反应及分解产物	遇水发生分解反应，分解为亚硫酸和盐酸。分解产物：加热到约140℃则分解成氯、二氧化硫和一氧化硫
禁配物	水、碱类
健康危害	对眼和皮肤有刺激性，接触可引起眼和皮肤灼伤
环境危害	可能危害环境

三、理化特性

外观与性状	淡黄色至红色、发烟液体，有强烈刺激气味		
熔点（凝固点）/℃	－105	爆炸上限（体积分数）/%	无意义
沸点/℃	76～79	爆炸下限（体积分数）/%	无意义
闪点/℃	无意义	自燃温度/℃	无意义
溶解性	可混溶于苯、氯仿、四氯化碳等		

四、个人防护

皮肤和身体	穿橡胶耐酸碱服，戴橡胶耐酸碱手套　　必须穿工作服　必须戴防护手套
眼睛	呼吸系统防护中已做防护

呼吸	空气中浓度超标时，必须佩戴过滤式防毒面具（全面罩）或空气呼吸器。紧急事态抢救或撤离时，佩戴空气呼吸器
设施配备	提供安全的淋浴和洗眼设备

五、使用与储存

使用注意事项	密闭操作，局部排风。远离火源、易燃物、可燃物。防止蒸气泄漏到工作场所的空气中。避免与碱类接触，尤其要注意与水接触
配制方法	直接使用
储存注意事项	1.储存于阴凉、通风的专用库房。 2.保持容器密封。应与碱类等分开存放，切忌混储

六、急救措施

皮肤接触	立即脱去污染衣物，用大量流动清水彻底冲洗。就医
眼睛接触	立即分开眼睑，用流动清水或生理盐水彻底冲洗。就医
吸入	迅速脱离现场至空气新鲜处，保持呼吸道通畅。就医
食入	用水漱口，禁止催吐。给饮牛奶和蛋清。就医
对施救者的忠告	根据需要使用个人防护设备

七、消防措施

灭火剂	本品不燃
灭火注意事项及防护	
是否可用水灭火	

八、泄漏应急处理

防护措施和装备	建议应急处理人员戴正压式自给式呼吸器，穿防酸碱服，戴橡胶耐酸碱手套。确保安全的情况下，尽可能阻断泄漏源
处置材料和方法	用干燥的砂土或其他不燃材料覆盖泄漏物，用无静电工具收集泄漏物，置于塑料容器中
环保措施	防止泄漏物进入水体或下水道

九、废弃处置

处置方法	中和、稀释后，排入废水系统
污染包装物	将容器返还生产商或交给有资质的专业处理公司处置
废弃注意事项	处置前应参阅国家和地方有关法规

氯磺酸

一、基本信息

化学品中文名称	氯磺酸	中文名称别名	
化学品英文名称		chlorosulfonic acid	
CAS No.	7790-94-5	UN No.	1754
分子式	HClSO₃	分子量	116.52

二、危险性概述

GHS危险性分类	急性毒性-经口，类别2；皮肤腐蚀/刺激，类别1B；严重眼损伤/刺激，类别1；特异性靶器官毒性--一次接触，类别3（呼吸道刺激）；危害水生环境-急性危害，类别2
GHS标签象形图	腐蚀性　　　有毒物
是否易制毒/易制爆	否
燃烧及爆炸	滴于水中能引起爆炸分解；与非金属单质或可燃物接触发生着火或爆炸
危险反应及分解产物	与禁配物接触有发生燃烧爆炸的危险。受热或遇水分解生成有毒和腐蚀性烟雾。分解产物：氯化氢、氧化硫
禁配物	酸类、碱类、醇类、活性金属粉末、胺类、水、易燃或可燃物
健康危害	吸入能引起呼吸道刺激，伴有咳嗽、呼吸道阻塞和黏膜损伤。误服可致严重的毒性反应。直接接触严重灼伤眼和皮肤
环境危害	危害水生生物

三、理化特性

外观与性状	无色或淡黄色半油状液体，有极浓的刺激性气味		
熔点（凝固点）/℃	−80	爆炸上限（体积分数）/%	无意义
沸点/℃	151~158	爆炸下限（体积分数）/%	无意义
闪点/℃	无意义	自燃温度/℃	无意义
溶解性	不溶于二硫化碳、四氯化碳，溶于氯仿、乙酸、二氯甲烷		

四、个人防护

皮肤和身体	穿橡胶耐酸碱服，戴橡胶耐酸碱手套　　必须穿工作服　　必须戴防护手套
眼睛	戴化学安全防护眼镜　　必须戴防护眼镜

呼吸	可能接触其烟雾时，佩戴过滤式防毒面具（半面罩）或空气呼吸器。紧急事态抢救或撤离时，建议佩戴空气呼吸器 必须戴防毒面具
设施配备	加强通风，提供安全的淋浴和洗眼设备

五、使用与储存

使用注意事项	密闭操作，注意通风。远离火源、易燃物、可燃物。使用防爆型通风系统和设备。防止蒸气泄漏到工作场所的空气中。避免与酸类、醇类、碱类、活性金属粉末接触。尤其注意避免与水接触
配制方法	可直接使用
储存注意事项	1.储存于阴凉、干燥、通风良好的专用库房。远离火种、热源。 2.包装必须密封，切勿受潮。应与易（可）燃物、酸类、碱类、醇类、活性金属粉末等分开存放，切忌混储

六、急救措施

皮肤接触	立即脱去污染衣物，用大量流动清水彻底冲洗。就医
眼睛接触	立即分开眼睑，用流动清水或生理盐水彻底冲洗。就医
吸入	迅速脱离现场至空气新鲜处，保持呼吸道通畅。就医
食入	用水漱口，禁止催吐。给饮牛奶或蛋清。就医
对施救者的忠告	根据需要使用个人防护设备

七、消防措施

灭火剂	一般用二氧化碳灭火器或砂土灭火。实验室少量药品起火直接用灭火毯或砂土闷熄
灭火注意事项及防护	消防人员必须佩戴空气呼吸器、穿全身耐酸碱消防服灭火。禁止用水、泡沫和酸碱灭火剂灭火
是否可用水灭火	否

八、泄漏应急处理

防护措施和装备	建议应急处理人员戴正压自给式呼吸器，穿防酸碱服，戴橡胶耐酸碱手套。确保安全的情况下，尽可能阻断泄漏源
处置材料和方法	用干燥的砂土或其他不燃材料覆盖泄漏物，用无静电工具收集，置于容器中
环保措施	防止泄漏物进入水体或下水道

九、废弃处置

处置方法	根据国家和地方有关法规的要求处置。或与制造商联系，确定处置方法
污染包装物	将容器返还生产商或交给有资质的专业处理公司处置
废弃注意事项	处置前参照国家和地方有关法律法规。在规定的场所掩埋空容器

氯酸钾

一、基本信息

化学品中文名称	氯酸钾	中文名称别名	白药粉
化学品英文名称	potassium chlorate；potassium oxymuriate		
CAS No.	3811-04-9	UN No.	1485
分子式	$KClO_3$	分子量	122.55

二、危险性概述

GHS危险性分类	氧化性固体，类别1；急性毒性-经口，类别4；急性毒性-吸入，类别4；危害水生环境-急性危害，类别2；危害水生环境-长期危害，类别2
GHS标签象形图	氧化性　刺激性　环境危害
是否易制毒/易制爆	本品是易制爆试剂。氧化性固体，类别1
燃烧及爆炸	易燃。与可燃物混合或急剧加热会发生爆炸
危险反应及分解产物	与禁配物接触有发生燃烧爆炸的危险。分解产物：氯化物、氧化钾
禁配物	强还原剂、易燃或可燃物、醇类、强酸、硫、磷、铝、镁
健康危害	对人的致死量约为10g。误服急性中毒表现为高铁血红蛋白血症、肠胃炎、肝肾损害，甚至窒息。粉尘对呼吸道有刺激性
环境危害	严重危害水生生物且毒害影响长期持续

三、理化特性

外观与性状	无色片状结晶或白色颗粒粉末，味咸而凉		
熔点（凝固点）/℃	356～368	爆炸上限（体积分数）/%	无意义
沸点/℃	400（分解）	爆炸下限（体积分数）/%	无意义
闪点/℃	无意义	自燃温度/℃	无意义
溶解性	溶于水，不溶于丙酮、乙醇，微溶于液氨，溶于碱溶液		

四、个人防护

皮肤和身体	穿隔绝式防毒服，戴橡胶手套　必须穿工作服　必须戴防护手套
眼睛	戴化学安全防护眼镜　必须戴防护眼镜

呼吸	可能接触其粉末时，建议佩戴过滤式防尘呼吸器
设施配备	提供安全的淋浴和洗眼设备

五、使用与储存

使用注意事项	密闭操作，加强通风。远离火源、易燃物、可燃物。避免产生粉尘。避免与还原剂、醇类、酸类接触。禁止震动、撞击和摩擦
配制方法	配制浓度 0.1mol·L^{-1} 溶液：溶解 12.25g KClO$_3$ 固体于水中，加水稀释至 1L
储存注意事项	1.本品为易制爆试剂，实行"五双"管理。 2.储存于阴凉、干燥、通风良好的专用库房。远离火种、热源。 3.包装密封。应与易（可）燃物、强还原剂、酸类、醇类等分开存放，切忌混储

六、急救措施

皮肤接触	立即脱去污染衣物，用大量流动清水彻底冲洗。就医
眼睛接触	立即分开眼睑，用流动清水或生理盐水彻底冲洗。就医
吸入	迅速脱离现场至空气新鲜处，保持呼吸道通畅。就医
食入	漱口，饮水。就医
对施救者的忠告	根据需要使用个人防护设备

七、消防措施

灭火剂	一般用大量水灭火，或用干粉灭火剂闷熄。实验室少量药品起火直接用灭火毯闷熄
灭火注意事项及防护	消防人员必须佩戴防毒面具、穿全身消防服，在有防护掩蔽处灭火。禁止用砂土压盖
是否可用水灭火	是

八、泄漏应急处理

防护措施和装备	建议应急处理人员戴防尘口罩，穿防毒服，戴橡胶手套。确保安全的情况下，尽可能阻断泄漏源
处置材料和方法	用洁净的工具收集泄漏物，置于容器中
环保措施	防止泄漏物进入水体或下水道

九、废弃处置

处置方法	建议用安全掩埋法处置
污染包装物	将容器返还生产商或交给有资质的专业处理公司处置
废弃注意事项	处置前应参阅国家和地方有关法规

氯酸钠

一、基本信息

化学品中文名称	氯酸钠	中文名称别名	氯酸碱
化学品英文名称		sodium chlorate	
CAS No.	7775-09-9	UN No.	1495
分子式	NaClO₃	分子量	106.44

二、危险性概述

GHS危险性分类	氧化性固体，类别1；急性毒性-经口，类别4；危害水生环境-急性危害，类别2；危害水生环境-长期危害，类别2
GHS标签象形图	氧化性　　刺激性　　环境危害
是否易制毒/易制爆	本品是易制爆试剂。氧化性固体，类别1
燃烧及爆炸	与可燃物混合或急剧加热会发生爆炸。撞击、摩擦、受热可能有危险
危险反应及分解产物	与禁配物接触有发生燃烧爆炸的危险。分解产物：氧气、氯化物、氧化钠
禁配物	强还原剂、易燃或可燃物、醇类、强酸、硫、磷、铝
健康危害	本品粉尘对眼、皮肤和呼吸道有刺激性。误服引起急性中毒，表现为高铁血红蛋白血症，胃肠炎，肝肾损伤，甚至发生窒息
环境危害	严重危害水生生物且毒害影响长期持续

三、理化特性

外观与性状	无色无味结晶，味咸而凉，有潮解性		
熔点（凝固点）/℃	248～261	爆炸上限（体积分数）/％	无意义
沸点/℃	分解	爆炸下限（体积分数）/％	无意义
闪点/℃	无意义	自燃温度/℃	无意义
溶解性	易溶于水，微溶于乙醇，溶于液氨、甘油		

四、个人防护

皮肤和身体	穿隔绝式防毒服，戴橡胶手套　　必须穿工作服　必须戴防护手套
眼睛	戴化学安全防护眼镜　　必须戴防护眼镜

呼吸	可能接触其粉末时，建议佩戴过滤式防尘呼吸器
设施配备	提供安全的淋浴和洗眼设备

五、使用与储存

使用注意事项	密闭操作，加强通风。远离火源、易燃物、可燃物。避免产生粉尘。避免与还原剂、醇类接触。禁止震动、撞击和摩擦
配制方法	配制浓度 $0.1mol \cdot L^{-1}$ 溶液：溶解 $10.64g$ $NaClO_3$ 固体于水中，加水稀释至 1L
储存注意事项	1. 本品为易制爆试剂，实行"五双"管理。 2. 储存于阴凉、干燥、通风良好的专用库房。远离火种、热源。 3. 包装密封。应与易（可）燃物、还原剂、醇类等分开存放，切忌混储

六、急救措施

皮肤接触	立即脱去污染衣物，用大量流动清水彻底冲洗。就医
眼睛接触	立即分开眼睑，用流动清水或生理盐水彻底冲洗。就医
吸入	迅速脱离现场至空气新鲜处，保持呼吸道通畅。就医
食入	漱口，饮水。高铁血红蛋白血症可用美蓝和维生素C治疗。就医
对施救者的忠告	根据需要使用个人防护设备

七、消防措施

灭火剂	一般用大量水灭火，或用干粉灭火剂闷熄。实验室少量药品起火直接用灭火毯闷熄
灭火注意事项及防护	消防人员必须佩戴防毒面具、穿全身消防服，在有防护掩蔽处灭火。禁止用砂土压盖
是否可用水灭火	是

八、泄漏应急处理

防护措施和装备	建议应急处理人员戴防尘口罩，穿防毒服，戴橡胶手套。确保安全的情况下，尽可能阻断泄漏源
处置材料和方法	用洁净的工具收集泄漏物，置于容器中
环保措施	防止泄漏物进入水体或下水道

九、废弃处置

处置方法	建议用安全掩埋法处置
污染包装物	将容器返还生产商或交给有资质的专业处理公司处置
废弃注意事项	处置前应参阅国家和地方有关法规

马来酸酐

一、基本信息

化学品中文名称	马来酸酐	中文名称别名	顺丁烯二酸酐；2,5-呋喃二酮
化学品英文名称		maleic anhydride	
CAS No.	108-31-6	UN No.	2215
分子式	$C_4H_2O_3$	分子量	98.06

二、危险性概述

GHS危险性分类	急性毒性-经口，类别4；皮肤腐蚀，类别1B；严重眼睛损伤/眼刺激，类别1；呼吸道致敏物，类别1；皮肤致敏物，类别1；危害水生环境-急性危害，类别3
GHS标签象形图	健康危害　腐蚀性　刺激性
是否易制毒/易制爆	否
燃烧及爆炸	遇高热或明火可能会产生膨胀或爆炸性分解
危险反应及分解产物	与碱金属、碱土金属、氨、铵离子、一甲胺、二甲胺、三乙胺、低级脂肪胺、吡啶或喹啉发生放热分解
禁配物	强氧化剂、强还原剂、强酸、强碱、碱金属、水
健康危害	直接接触严重灼伤眼和皮肤。吸入引起过敏、哮喘或呼吸困难
环境危害	可能危害水生生物

三、理化特性

外观与性状	无色针状结晶或白色结晶性粉末，易升华		
熔点（凝固点）/℃	52.8	爆炸上限（体积分数）/%	7.1
沸点/℃	202（升华）	爆炸下限（体积分数）/%	1.4
闪点/℃	102	自燃温度/℃	477
溶解性	溶于水、丙酮、苯、氯仿等多数有机溶剂。		

四、个人防护

皮肤和身体	穿橡胶耐酸碱服，戴橡胶耐酸碱手套　　必须穿工作服　必须戴防护手套
眼睛	戴化学安全防护眼镜　　必须戴防护眼镜

呼吸	可能接触其粉尘时，佩戴过滤式防毒面具（半面罩）或空气呼吸器。 紧急事态抢救或撤离时，建议佩戴空气呼吸器
设施配备	加强通风，提供安全的淋浴和洗眼设备

必须戴防毒面具

五、使用与储存

使用注意事项	密闭操作，注意通风。远离火源、易燃物、可燃物。使用防爆型通风系统和设备。防止烟雾或粉尘泄漏。避免与还原剂、酸类、氧化剂接触
配制方法	配制浓度6%溶液（测定二烯值或共轭双键化合物）：6g马来酸酐溶于94g甲苯中（甲苯应预先经过无水硫酸铜干燥后蒸馏），静置一日后使用
储存注意事项	1.储存在阴凉、干燥、通风的专用库房。远离火种、热源。 2.包装必须密封。应与氧化剂、还原剂、酸类、食用化学品等分开存放，切忌混储。 3.采用防爆型照明、通风设施。禁止使用易产生火花的机械设备和工具

六、急救措施

皮肤接触	立即脱去污染衣物，用大量流动清水彻底冲洗。就医
眼睛接触	立即分开眼睑，用流动清水或生理盐水彻底冲洗。就医
吸入	迅速脱离现场至空气新鲜处，保持呼吸道通畅。就医
食入	用水漱口，禁止催吐。给饮牛奶或蛋清。就医
对施救者的忠告	根据需要使用个人防护设备

七、消防措施

灭火剂	一般用干粉灭火器、二氧化碳灭火器、耐醇泡沫灭火器或砂土灭火。实验室少量药品起火直接用灭火毯或砂土闷熄
灭火注意事项及防护	消防人员必须佩戴空气呼吸器、穿全身耐酸碱消防服，在上风向灭火。禁止用水灭火
是否可用水灭火	否

八、泄漏应急处理

防护措施和装备	建议应急处理人员戴防尘口罩，穿防酸碱服，戴橡胶手套。确保安全的情况下，尽可能阻断泄漏源
处置材料和方法	用洁净的工具收集泄漏物，置于容器中
环保措施	防止泄漏物进入水体或下水道

九、废弃处置

处置方法	根据国家和地方有关法规的要求处置。或与制造商联系，确定处置方法。建议用安全掩埋法处置
污染包装物	将容器返还生产商或交给有资质的专业处理公司处置
废弃注意事项	处置前参照国家和地方有关法律法规

镁 粉

一、基本信息

化学品中文名称	镁粉	中文名称别名	
化学品英文名称	magnesium powder		
CAS No.	7439-95-4	UN No.	1418（粉末）；1869（丸状、旋屑或带状）
分子式	Mg	分子量	24.31

二、危险性概述

GHS危险性分类	遇水放出易燃气体的物质和混合物，类别2；自热物质和混合物，类别1
GHS标签象形图	 易燃物
是否易制毒/易制爆	本品是易制爆试剂。自热物质和混合物，类别1；遇水放出易燃气体的物质和混合物，类别2
燃烧及爆炸	遇水剧烈反应，可引起燃烧或爆炸
危险反应及分解产物	与强氧化剂、卤素、水等禁配物接触，有发生火灾和爆炸的危险
禁配物	酸类、酰基氯、卤素（氯、溴、碘）、强氧化剂、氯代烃、水、氧、硫、磷、砷
健康危害	对眼、上呼吸道和皮肤有刺激性。吸入可引起咳嗽、胸痛等
环境危害	可能危害环境

三、理化特性

外观与性状	银白色有金属光泽的粉末		
熔点（凝固点）/℃	650~651	爆炸上限/mg·m⁻³	无资料
沸点/℃	1100	爆炸下限/mg·m⁻³	44~59
闪点/℃	500	自燃温度/℃	480~510
溶解性	不溶于水、碱液，溶于酸		

四、个人防护

皮肤和身体	穿防静电工作服，戴一般作业防护手套 必须穿工作服　必须戴防护手套
眼睛	戴化学安全防护眼镜 必须戴防护眼镜

呼吸	空气中粉尘浓度超标时，应该佩戴过滤式防尘呼吸器。必要时佩戴空气呼吸器
设施配备	提供安全的淋浴和洗眼设备

五、使用与储存

使用注意事项	加强局部排风。远离火源、易燃物、可燃物。避免产生粉尘。避免与酸类、卤素、氧化剂、氯代烃接触，尤其要注意避免与水接触
配制方法	可直接使用
储存注意事项	1.本品为易制爆试剂，实行"五双"管理。 2.储存于阴凉、干燥、通风的专用库房。远离火种、热源。 3.包装要求密封，不可与空气接触。应与氧化剂、酸类、卤素、氯代烃等分开存放，切忌混储。 4.采用防爆型照明、通风设施。禁止使用易产生火花的机械设备和工具

六、急救措施

皮肤接触	立即脱去污染衣物，用大量流动清水彻底冲洗。就医
眼睛接触	立即分开眼睑，用流动清水或生理盐水彻底冲洗。就医
吸入	迅速脱离现场至空气新鲜处，保持呼吸道通畅。就医
食入	漱口，饮水。就医
对施救者的忠告	根据需要使用个人防护设备

七、消防措施

灭火剂	一般用干燥石墨粉或干砂闷熄。实验室少量药品起火直接用灭火毯或砂土闷熄
灭火注意事项及防护	消防人员必须佩戴空气呼吸器、穿全身防火消防服，在上风向灭火。严禁用水、泡沫、二氧化碳灭火
是否可用水灭火	否

八、泄漏应急处理

防护措施和装备	建议应急处理人员戴防尘口罩，穿防静电服。确保安全的情况下，尽可能阻断泄漏源
处置材料和方法	用干燥的砂土或其他不燃材料覆盖泄漏物，减少飞散、避免雨淋，保持干燥。用合适的工具收集泄漏物，置于容器中
环保措施	防止泄漏物进入水体或下水道

九、废弃处置

处置方法	根据国家和地方有关法规的要求处置。若可能，回收使用
污染包装物	将容器返还生产商或交给有资质的专业处理公司处置
废弃注意事项	处置前应参阅国家和地方有关法规

萘

一、基本信息

化学品中文名称	萘	中文名称别名	精萘；粗萘；萘饼
化学品英文名称		naphthalene	
CAS No.	91-20-3	UN No.	1334
分子式	$C_{10}H_8$	分子量	128.18

二、危险性概述

GHS危险性分类	易燃固体，类别2；急性毒性-经口，类别4；致癌性，类别2；危害水生环境-急性危害，类别1；危害水生环境-长期危害，类别1
GHS标签象形图	易燃物　　刺激性　　健康危害　　环境危害
是否易制毒/易制爆	否
燃烧及爆炸	易燃。其粉体能与空气形成爆炸性混合物。遇高热或明火可能产生膨胀或爆炸性分解
危险反应及分解产物	与禁配物接触有发生火灾和爆炸的危险
禁配物	强氧化剂（如铬酸酐、氯酸盐和高锰酸钾等）
健康危害	具有刺激作用，高浓度致溶血性贫血及肝、肾损害。长期接触对眼睛有损伤
环境危害	严重危害水生生物且毒害影响长期持续

三、理化特性

外观与性状	白色易挥发晶体，有温和芳香气味，粗萘有煤焦油臭味		
熔点（凝固点）/℃	80.1	爆炸上限（体积分数）/%	5.9（蒸气）
沸点/℃	217.9	爆炸下限/(g/m³)	2.5（粉尘）；0.9（蒸气）
闪点/℃	79（CC）	自燃温度/℃	526
溶解性	不溶于水，溶于无水乙醇、乙醚、苯		

四、个人防护

皮肤和身体	穿防毒物渗透工作服，戴防化学品手套　　必须穿工作服　　必须戴防护手套
眼睛	戴化学安全防护眼镜　　必须戴防护眼镜

呼吸	可能接触其粉尘时，建议佩戴过滤式防尘呼吸器。高浓度蒸气接触时应佩戴过滤式防毒面具（半面罩） 必须戴防毒面具
设施配备	提供安全的淋浴和洗眼设备

五、使用与储存

使用注意事项	密闭操作，局部排风。远离火源、易燃物、可燃物。使用防爆型通风系统和设备。避免产生粉尘。避免与氧化剂接触。在氮气中操作处置
配制方法	直接使用
储存注意事项	1.储存于阴凉、通风的专用库房。远离火种、热源。 2.包装要求密封。应与氧化剂分开存放，切忌混储

六、急救措施

皮肤接触	立即脱去污染的衣物，用肥皂水或流动的清水彻底冲洗。就医
眼睛接触	立即分开眼睑，用流动清水或生理盐水彻底冲洗。就医
吸入	迅速脱离现场至空气新鲜处，保持呼吸道通畅。就医
食入	漱口、饮水。就医
对施救者的忠告	根据需要使用个人防护设备

七、消防措施

灭火剂	一般使用二氧化碳灭火器或砂土灭火。实验室少量药品起火直接用灭火毯或砂土闷熄
灭火注意事项及防护	消防人员必须佩戴过滤式防毒面具或空气呼吸器、穿全身防火防毒服，在上风向灭火
是否可用水灭火	否

八、泄漏应急处理

防护措施和装备	建议应急处理人员戴防尘口罩，穿防毒、防静电服，戴防化学品手套。确保安全的情况下，尽可能阻断泄漏源
处置材料和方法	用洁净的工具收集泄漏物，置于容器中
环保措施	防止泄漏物进入水体或下水道

九、废弃处置

处置方法	建议用焚烧法处置
污染包装物	将容器返还生产商或交给有资质的专业处理公司处置
废弃注意事项	把倒空的容器归还厂商或在规定场所掩埋

偶氮二异丁腈

一、基本信息

化学品中文名称	2,2'-偶氮二异丁腈	中文名称别名	发泡剂 VAZO；2,2'-偶氮双（异丁腈）；偶氮异丁腈；发孔剂 N；2,2'偶氮二（2-甲基丙腈）
化学品英文名称	2,2-azodiisobutyronitrile；azobisisobutyronitrile		
CAS No.	78-67-1	UN No.	3234
分子式	$C_8H_{12}N_4$	分子量	164.24

二、危险性概述

GHS危险性分类	自反应物质和混合物，C型；急性毒性-经口，类别4；急性毒性-吸入，类别4；危害水生环境-急性危害，类别3；危害水生环境-长期危害，类别3
GHS标签象形图	易燃物　刺激性
是否易制毒/易制爆	否
燃烧及爆炸	易燃。与氧化剂混合能形成爆炸性混合物
危险反应及分解产物	与禁配物接触有发生火灾和爆炸的危险。分解产物：氰化物、氮气
禁配物	强氧化剂
健康危害	在体内可释放氰离子引起中毒。长期接触可引起神经衰弱综合征、呼吸道刺激症状，肝、肾损害
环境危害	危害水生生物且毒害影响长期持续

三、理化特性

外观与性状	白色透明结晶		
熔点（凝固点）/℃	110（分解）	爆炸上限（体积分数）/%	无资料
沸点/℃	无资料	爆炸下限（体积分数）/%	无资料
闪点/℃	无资料	自燃温度/℃	无资料
溶解性	不溶于水，溶于乙醇、乙醚、甲苯、甲醇等多种有机溶剂及乙烯基单体		

四、个人防护

皮肤和身体	穿透气型防毒服，戴防毒物渗透手套　必须穿工作服　必须戴防护手套
眼睛	戴安全防护眼镜　必须戴防护眼镜

呼吸	可能接触毒物时，应该佩戴过滤式防尘呼吸器。紧急事态抢救或撤离时，建议佩戴空气呼吸器
设施配备	提供安全的淋浴和洗眼设备

五、使用与储存

使用注意事项	密闭操作，局部排风。远离火源、易燃物、可燃物。使用防爆型通风系统和设备。避免产生粉尘。避免与氧化剂接触
配制方法	可直接使用
储存注意事项	1.储存于阴凉、通风的专用库房。远离火种、热源。 2.包装要求密封。应与氧化剂分开存放，切忌混储。 3.采用防爆型照明、通风设施。禁止使用易产生火花的机械设备和工具

六、急救措施

皮肤接触	立即脱去污染的衣着，用肥皂水或清水彻底冲洗。就医
眼睛接触	立即分开眼睑，用流动清水或生理盐水彻底冲洗。就医
吸入	迅速脱离现场至空气新鲜处，保持呼吸道通畅。就医
食入	催吐（仅限于清醒者），给服活性炭悬液。就医
对施救者的忠告	根据需要使用个人防护设备

七、消防措施

灭火剂	一般用水、泡沫灭火器、干粉灭火器、二氧化碳灭火器或砂土灭火。实验室少量药品起火直接用灭火毯或砂土闷熄
灭火注意事项及防护	消防人员须佩戴防毒面具、穿全身消防服，在上风向灭火
是否可用水灭火	是

八、泄漏应急处理

防护措施和装备	建议应急处理人员戴防尘口罩，穿防毒、防静电服，戴防毒物渗透手套。确保安全的情况下，尽可能阻断泄漏源
处置材料和方法	用惰性、湿润的不燃材料吸收泄漏物，用无静电工具收集，置于塑料容器中
环保措施	防止泄漏物进入水体或下水道

九、废弃处置

处置方法	建议用焚烧法处置
污染包装物	将容器返还生产商或交给有资质的专业处理公司处置
废弃注意事项	处置前应参阅国家和地方有关法规

硼氢化钠

一、基本信息

化学品中文名称	硼氢化钠	中文名称别名	氢硼化钠
化学品英文名称	sodium borohydride; sodium tetrahydroborate		
CAS No.	16940-66-2	UN No.	1426
分子式	$NaBH_4$	分子量	37.833

二、危险性概述

GHS危险性分类	遇水放出易燃气体的物质和混合物，类别1；急性毒性-经口，类别3；急性毒性-吸入，类别4；皮肤腐蚀/刺激，类别1B；严重眼损伤/眼刺激，类别1
GHS标签象形图	有毒物　　腐蚀性　　易燃物
是否易制毒/易制爆	否
燃烧及爆炸	遇水反应，生成高度易燃气体
危险反应及分解产物	遇水、酸类、氧化剂及潮湿的空气能引起燃烧。分解产物：氧化硼、氢气
禁配物	强氧化剂、水、醇类、酸类、强碱
健康危害	本品具有腐蚀性和刺激性。直接接触严重灼伤眼和皮肤，误食可能引起毒害作用，对胃肠道黏膜有刺激性
环境危害	可能危害环境

三、理化特性

外观与性状	白色至灰白色晶状粉末或块状物，吸湿性强		
熔点（凝固点）/℃	250（分解）	爆炸上限（体积分数）/%	无资料
沸点/℃	500（分解）	爆炸下限（体积分数）/%	3.02
闪点/℃	无资料	自燃温度/℃	无资料
溶解性	溶于水、液氨，不溶于乙醚、苯、烃类		

四、个人防护

皮肤和身体	穿密闭型防毒服，戴橡胶手套　　必须穿工作服　　必须戴防护手套
眼睛	呼吸系统防护中已作防护

呼吸	可能接触其粉尘时，必须佩戴过滤式防尘呼吸器。必要时佩戴空气呼吸器
设施配备	提供安全的淋浴和洗眼设备

五、使用与储存

使用注意事项	密闭操作。远离火源、易燃、可燃物。避免产生粉尘。避免与氧化剂、酸类接触。尤其要注意避免与水接触
配制方法	可直接使用
储存注意事项	1.储存于阴凉、干燥、通风良好的专用库房。远离火种、热源。 2.包装必须密封，切勿受潮。应与易（可）燃物、酸类、氧化剂分开存放，切忌混储

六、急救措施

皮肤接触	立即脱去污染衣物，用大量流动清水彻底冲洗。就医
眼睛接触	立即分开眼睑，用流动清水或生埋盐水彻底冲洗。就医
吸入	迅速脱离现场至空气新鲜处，保持呼吸道通畅。就医
食入	用水漱口，禁止催吐。给饮牛奶和蛋清。就医
对施救者的忠告	根据需要使用个人防护设备

七、消防措施

灭火剂	一般用用干粉灭火器、二氧化碳灭火器或砂土灭火。实验室少量药品起火直接用灭火毯或砂土闷熄
灭火注意事项及防护	消防人员必须佩带空气呼吸器，穿全身防火防毒服，在上风向灭火
是否可用水灭火	否

八、泄漏应急处理

防护措施和装备	建议应急处理人员戴防尘口罩，穿防毒、防静电服，戴橡胶耐酸碱手套。确保安全的情况下，尽可能阻断泄漏源
处置材料和方法	用干燥的砂土或其他惰性材料吸收泄漏物，用适当的工具收集，置于容器中
环保措施	避免排放到环境中

九、废弃处置

处置方法	根据国家和地方的有关法规要求处置。或与制造商联系，确定处置方法
污染包装物	将容器返还生产商或交给有资质的专业处理公司处置
废弃注意事项	处置前应参阅国家和地方有关法规

硼 酸

一、基本信息

化学品中文名称	硼酸	中文名称别名	原硼酸
化学品英文名称		boric acid，boracic acid	
CAS No.	10043-35-3	UN No.	
分子式	H₃BO₃	分子量	61.833

二、危险性概述

GHS危险性分类	急性毒性-经口，类别5；生殖毒性，类别1B
GHS标签象形图	健康危害
是否易制毒/易制爆	否
燃烧及爆炸	不燃
危险反应及分解产物	受高热分解放出有毒的气体
禁配物	钾、碱类
健康危害	吞咽可能有害。可能对生育能力或胎儿造成伤害。本品易被损伤皮肤吸收引起中毒
环境危害	危害环境

三、理化特性

外观与性状	无色透明微带珍珠状光泽的鳞片状结晶或白色结晶或粉末，无臭气，味淡酸苦后带甜，有滑腻手感		
熔点（凝固点）/℃	169（分解）	爆炸上限（体积分数）/%	无资料
沸点/℃	300	爆炸下限（体积分数）/%	无资料
闪点/℃	无资料	自燃温度/℃	无资料
溶解性	易溶于沸水、沸乙醇和甘油，溶于水、乙醇、乙醚		

四、个人防护

皮肤和身体	穿防毒物渗透工作服，戴橡胶手套 必须穿工作服　必须戴防护手套
眼睛	戴化学安全防护眼镜 必须戴防护眼镜
呼吸	使用全面罩式多功能防毒面具
设施配备	提供安全的淋浴和洗眼设备

五、使用与储存

使用注意事项	密闭操作，提供充分的局部排风。远离火源、易燃物、可燃物。避免产生粉尘。避免与钾、酸酐等物质接触
配制方法	配制浓度 $0.1mol \cdot L^{-1}$ 溶液：溶解 $6.18g$ H_3BO_3 固体于水中，加水稀释至 $1L$
储存注意事项	1. 储存于阴凉、通风的专用库房。远离火种、热源。 2. 应与碱类、钾分开存放，切忌混储

六、急救措施

皮肤接触	立即脱去污染的衣物，用肥皂水和清水彻底冲洗皮肤。就医
眼睛接触	立即分开眼睑，用流动清水或生理盐水冲洗。就医
吸入	脱离现场至空气新鲜处。如呼吸困难，给输氧。就医
食入	饮足量温水，催吐、洗胃、导泻。就医
对施救者的忠告	根据需要使用个人防护设备

七、消防措施

灭火剂	本品不燃。用水雾、干粉、泡沫或二氧化碳灭火剂灭火
灭火注意事项及防护	消防人员必须穿全身防火防毒服，在上风向灭火。灭火时尽可能将容器从火场移至空旷处
是否可用水灭火	是

八、泄漏应急处理

防护措施和装备	建议应急处理人员戴防尘口罩，穿防毒物渗透工作服，戴橡胶手套，保证通风。确保安全的情况下，尽可能阻断泄漏源
处置材料和方法	用合适的工具收集泄漏物，尽量不要产生粉尘，置于密闭容器中
环保措施	不要让泄漏物进入下水道

九、废弃处置

处置方法	将剩余的和未回收的产品交给处理公司
污染包装物	将容器返还生产商或按照国家和地方法规处置
废弃注意事项	处置前参照国家和地方有关法律法规

偏钒酸铵

一、基本信息

化学品中文名称	偏钒酸铵	中文名称别名	钒酸（Ⅴ）铵；钒酸铵；氧化铵钒
化学品英文名称		ammonium metavanadate	
CAS No.	7803-55-6	UN No.	2859
分子式	NH_4VO_3	分子量	116.98

二、危险性概述

GHS危险性分类	急性毒性-经口，类别3；急性毒性-经皮，类别5；急性毒性-吸入，类别1；皮肤腐蚀/刺激，类别2；严重眼损伤/眼刺激，类别2A；特异性靶器官系统毒性-一次接触，类别3（呼吸道刺激）；危害水生环境-急性危害，类别3；危害水生环境-长期危害，类别3
GHS标签象形图	 有毒物
是否易制毒/易制爆	否
燃烧及爆炸	不燃
危险反应及分解产物	与禁配物发生反应有发生火灾和爆炸的危险。分解产物为氮氧化物和氧
禁配物	还原剂、易燃或可燃物
健康危害	对眼、皮肤和呼吸道有刺激性。吞咽会中毒。吸入致命
环境危害	可能危害水生生物且毒害长期持续

三、理化特性

外观与性状	无色至黄色结晶或粉末，无气味，具吸湿性		
熔点（凝固点）/℃	210（分解）	爆炸上限（体积分数）/%	无资料
沸点/℃	无资料	爆炸下限（体积分数）/%	无资料
闪点/℃	无意义	自燃温度/℃	无资料
溶解性	难溶于水，溶于热水和稀氨水，不溶于乙醇、醚、氯化铵		

四、个人防护

皮肤和身体	穿防毒物渗透工作服，戴防毒物渗透手套 必须穿工作服　　必须戴防护手套
眼睛	戴化学安全防护眼镜 必须戴防护眼镜

呼吸	建议佩戴防毒面具。如果防毒面具是保护的唯一方式，则使用全面罩式送风防毒面具
设施配备	提供安全的淋浴和洗眼设备

五、使用与储存

使用注意事项	密闭操作，全面通风。远离火源、易燃物、可燃物。避免产生粉尘。避免与还原剂等接触
配制方法	配制浓度 $0.1mol \cdot L^{-1}$ 溶液：溶解 $11.70g$ NH_4VO_3 固体于水中，加水稀释至 1L
储存注意事项	1. 储存于阴凉、通风的专用库房。远离火种、热源。 2. 避免阳光直射。包装密封。应与还原剂、易（可）燃物、食用化学品分开存放，切忌混储

六、急救措施

皮肤接触	立即脱去污染的衣物，用肥皂水和大量流动清水冲洗。就医
眼睛接触	立即分开眼睑，用流动清水或生理盐水彻底冲洗。就医
吸入	迅速脱离现场至空气新鲜处，保持呼吸道通畅。就医
食入	饮水、漱口。就医
对施救者的忠告	根据需要使用个人防护设备

七、消防措施

灭火剂	一般用二氧化碳灭火器或砂土灭火。实验室少量药品起火直接用灭火毯或砂土闷熄
灭火注意事项及防护	消防人员必须佩戴防毒面具，穿全身消防服，戴防毒物渗透手套，在上风向灭火
是否可用水灭火	是

八、泄漏应急处理

防护措施和装备	建议应急处理人员戴防尘口罩，穿防毒服，戴防毒物渗透手套。确保安全的情况下，尽可能阻断泄漏源
处置材料和方法	用防电工具或湿刷子收集，置于容器中
环保措施	不要让泄漏物进入下水道

九、废弃处置

处置方法	将剩余的和未回收的产品交给处理公司
污染包装物	将容器返还生产商或按照国家和地方法规处置
废弃注意事项	处置前参照国家和地方有关法律法规

氢氟酸

一、基本信息

化学品中文名称	氢氟酸	中文名称别名	氟化氢溶液
化学品英文名称	hydrofluoric acid；hydrogen fluoride solution		
CAS No.	7664-39-3	UN No.	1790
分子式	HF	分子量	20.01

二、危险性概述

GHS危险性分类	急性毒性-经口，类别2；急性毒性-经皮，类别1；急性毒性-吸入，类别2；皮肤腐蚀/刺激，类别1A；严重眼损伤/眼刺激，类别1；危害水生环境-急性危害，类别3
GHS标签象形图	有毒物　　腐蚀性
是否易制毒/易制爆	否
燃烧及爆炸	不燃
危险反应及分解产物	与强碱、玻璃等禁配物发生反应。与活泼金属粉末反应放出易燃气体。分解产物：氟化氢
禁配物	强碱、活性金属粉末、玻璃制品
健康危害	对皮肤有强烈的腐蚀作用。本品灼伤疼痛剧烈，会损伤骨膜及骨质。眼接触高浓度本品可引起角膜穿孔。接触其蒸气，可发生支气管炎、肺炎等
环境危害	危害水生生物

三、理化特性

外观与性状	无色透明、有刺激性臭味的液体。商品为40%水溶液		
熔点（凝固点）/℃	−83.1（纯）	爆炸上限（体积分数）/%	无意义
沸点/℃	120（35.3%）	爆炸下限（体积分数）/%	无意义
闪点/℃	无意义	自燃温度/℃	无意义
溶解性	与水混溶，溶于乙醇，微溶于乙醚		

四、个人防护

皮肤和身体	穿橡胶耐酸碱服，戴橡胶耐酸碱手套　　必须穿工作服　　必须戴防护手套
眼睛	呼吸系统防护中已作防护

呼吸	可能接触其烟雾时，必须佩戴过滤式防毒面具（全面罩）或空气呼吸器。紧急事态抢救或撤离时，建议佩戴空气呼吸器
设施配备	提供安全的淋浴和洗眼设备

五、使用与储存

使用注意事项	密闭操作，注意通风。远离火源、易燃物、可燃物。防止蒸气泄漏。避免与碱类、活性金属粉末、玻璃制品接触
配制方法	配制浓度 $1\text{mol} \cdot \text{L}^{-1}$ 溶液：量取 17.6mL 氢氟酸溶于水中，加水稀释至 1L
储存注意事项	1.储存于阴凉、通风的专用库房。远离火种、热源。 2.保持容器密封。应与碱类、活性金属粉末、玻璃制品分开存放，切忌混储

六、急救措施

皮肤接触	立即脱去污染衣物，用大量流动清水彻底冲洗。就医
眼睛接触	立即分开眼睑，用流动清水或生理盐水彻底冲洗。就医
吸入	迅速脱离现场至空气新鲜处，保持呼吸道通畅。就医
食入	用水漱口，禁止催吐。给饮牛奶或蛋清。就医
对施救者的忠告	根据需要使用个人防护设备

七、消防措施

灭火剂	本品不燃。根据着火原因选择适当灭火剂灭火
灭火注意事项及防护	消防人员必须穿全身耐酸碱消防服，佩戴空气呼吸器灭火。尽可能将容器从火场移至空旷处。喷水保持火场容器冷却，直至灭火结束
是否可用水灭火	是

八、泄漏应急处理

防护措施和装备	建议应急处理人员戴正压式自给式呼吸器，穿防酸碱服，戴橡胶耐酸碱手套，作业时使用的所有设备应接地。确保安全的情况下，尽可能阻断泄漏源
处置材料和方法	可用干燥的砂土或其他不燃材料覆盖泄漏物，或用石灰（CaO）、碎石灰石（$CaCO_3$）、碳酸氢钠（$NaHCO_3$）中和，用适当工具收集，置于塑料容器中
环保措施	防止泄漏物进入水体或下水道

九、废弃处置

处置方法	用过量石灰水中和，析出的沉淀填埋处理或回收利用，上清液稀释后排入废水系统
污染包装物	将容器返还生产商或交给有资质的专业处理公司处置
废弃注意事项	处置前应参阅国家和地方有关法规

氢〔压缩〕

一、基本信息

化学品中文名称	氢〔压缩的〕	中文名称别名	氢气
化学品英文名称	hydrogen（compressed）		
CAS No.	1333-74-0	UN No.	1049（压缩）；1699（冷冻液化）
分子式	H₂	分子量	2.02

二、危险性概述

GHS危险性分类	易燃气体，类别1；加压气体
GHS标签象形图	易燃物　　高压物
是否易制毒/易制爆	否
燃烧及爆炸	极易燃，内装加压气体；与空气混合能形成爆炸性混合物
危险反应及分解产物	与强氧化剂、卤素等禁配物接触，有发生火灾和爆炸物的危险
禁配物	强氧化剂、卤素
健康危害	本品在生理学上属于惰性气体，仅在高浓度时，由于空气中的氧分压降低才会引起窒息
环境危害	无

三、理化特性

外观与性状	无色无味气体		
熔点（凝固点）/℃	−259.2	爆炸上限（体积分数）/%	75
沸点/℃	−252.8	爆炸下限（体积分数）/%	4.1
闪点/℃	无意义	自燃温度/℃	500～571
溶解性	不溶于水，微溶于乙醇、乙醚		

四、个人防护

皮肤和身体	穿防静电工作服，戴一般作业防护手套　　必须穿工作服　必须戴防护手套
眼睛	一般不需特殊防护
呼吸	一般不需要特殊防护，高浓度接触时可佩戴空气呼吸器
设施配备	提供安全的淋浴和洗眼设备

五、使用与储存

使用注意事项	密闭操作,加强通风。远离火源、易燃物、可燃物。使用防爆型通风系统和设备。防止气体泄漏。避免与氧化剂、卤素接触
配制方法	可直接使用
储存注意事项	1.储存于阴凉、通风的易燃气体专用库房。远离火种、热源。 2.采用防爆型照明、通风设施。禁止使用易产生火花的机械设备和工具。 3.应与氧化剂、卤素分开放,切忌混储

六、急救措施

皮肤接触	如发生冻伤,用温水(38~42℃)复温,忌用热水或辐射热,不要搓揉。就医
吸入	迅速脱离现场至空气新鲜处,保持呼吸道通畅。就医
对施救者的忠告	根据需要使用个人防护设备

七、消防措施

灭火剂	一般用泡沫灭火器、干粉灭火器、二氧化碳灭火器灭火
灭火注意事项及防护	消防人员必须佩戴空气呼吸器,穿全身防火防毒服,在上风向灭火
是否可用水灭火	否

八、泄漏应急处理

防护措施和装备	建议应急处理人员戴正压式自给式呼吸器,穿防静电服,作业时使用的所有设备应接地。确保安全的情况下,尽可能切断气源
处置材料和方法	隔离泄漏区直至气体散尽
环保措施	防止气体扩散

九、废弃处置

处置方法	根据国家和地方有关法规的要求处置。或与制造商联系,确定处置方法
污染包装物	将容器返还生产商或交给有资质的专业处理公司处置
废弃注意事项	把空容器归还厂商

氢氧化钡

一、基本信息

化学品中文名称	氢氧化钡	中文名称别名	
化学品英文名称	barium hydroxide		
CAS No.	17194-00-2	UN No.	326
分子式	Ba（OH）$_2$	分子量	171.35

二、危险性概述

GHS危险性分类	急性毒性-经口，类别4；皮肤腐蚀/刺激，类别1；严重眼损伤/眼刺激，类别1；特异性靶器官毒性——次接触，类别2；特异性靶器官毒性-一次接触，类别3（呼吸道刺激）
GHS标签象形图	⚠️ 🧪 ☢️ 刺激性　腐蚀性　健康危害
是否易制毒/易制爆	否
燃烧及爆炸	不燃
危险反应及分解产物	与禁配物发生反应。分解产物：氧化钡
禁配物	酸类
健康危害	误服可引起急性中毒，表现为恶心、呕吐、腹痛、腹泻、脉缓、进行性肌麻痹、心律紊乱、血钾明显降低等。可因心律紊乱和呼吸麻痹而死亡。吸入烟尘可引起慢性中毒
环境危害	可能危害环境

三、理化特性

外观与性状	白色粉末		
熔点（凝固点）/℃	300～408	爆炸上限（体积分数）/%	无意义
沸点/℃	1436	爆炸下限（体积分数）/%	无意义
闪点/℃	无意义	自燃温度/℃	无意义
溶解性	微溶于水、乙醇，易溶于稀酸		

四、个人防护

皮肤和身体	穿橡胶耐酸碱服，戴橡胶耐酸碱手套 必须穿工作服　必须戴防护手套
眼睛	戴化学安全防护眼镜 必须戴防护眼镜

呼吸	可能接触其粉末时，必须佩戴过滤式防尘呼吸器。紧急事态抢救或撤离时，建议佩戴空气呼吸器
设施配备	提供安全的淋浴和洗眼设备

五、使用与储存

使用注意事项	密闭操作，局部排风。远离火源、易燃物、可燃物。避免产生粉尘。避免与酸类接触
配制方法	配制浓度 $0.1mol \cdot L^{-1}$ 溶液：溶解 17.14g Ba（OH）$_2$ 固体于水中，加水稀释至 1L
储存注意事项	1. 储存于阴凉、通风的专用库房。远离火种、热源。 2. 包装密封。应与酸类、食用化学品等分开存放，切忌混储

六、急救措施

皮肤接触	立即脱去污染衣物，用大量流动清水彻底冲洗。就医
眼睛接触	立即分开眼睑，用流动清水或生理盐水彻底冲洗。就医
吸入	迅速脱离现场至空气新鲜处，保持呼吸道通畅。就医
食入	用水漱口，禁止催吐。给饮牛奶或蛋清。解毒剂：硫酸钠、硫代硫酸钠。有低血钾者应补充钾盐。就医
对施救者的忠告	根据需要使用个人防护设备

七、消防措施

灭火剂	本品不燃。一般用水雾，耐醇泡沫，干粉或二氧化碳灭火
灭火注意事项及防护	实验室少量药品起火直接用灭火毯或砂土闷熄。如有必要，佩戴自给式呼吸器进行消防作业
是否可用水灭火	是

八、泄漏应急处理

防护措施和装备	建议应急处理人员戴防尘口罩，穿防腐蚀、防毒服，戴橡胶耐酸碱手套。确保安全的情况下，尽可能阻断泄漏源
处置材料和方法	用洁净的工具收集泄漏物，置于容器中
环保措施	防止泄漏物进入水体或下水道

九、废弃处置

处置方法	建议中和后，用安全掩埋法处置
污染包装物	将容器返还生产商或交给有资质的专业处理公司处置
废弃注意事项	处置前应参阅国家和地方有关法规

氢氧化钾

一、基本信息

化学品中文名称	氢氧化钾	中文名称别名	苛性钾
化学品英文名称	potassium hydroxide；caustic potash		
CAS No.	1310-58-3	UN No.	1813；1814（溶液）
分子式	KOH	分子量	56.11

二、危险性概述

GHS危险性分类	急性毒性-经口，类别4；皮肤腐蚀/刺激，类别1A；严重眼损伤/眼刺激，类别1；危害水生环境-急性危害，类别3
GHS标签象形图	刺激性　　腐蚀性
是否易制毒/易制爆	否
燃烧及爆炸	不燃
危险反应及分解产物	遇水和水蒸气大量放热。与酸类等禁配物发生反应。分解产物：氧化钾
禁配物	强酸、易燃或可燃物、二氧化碳、酸酐、酰基氯
健康危害	本品具有强腐蚀性。粉尘刺激眼和呼吸道，腐蚀鼻中隔；皮肤和眼直接接触可引起灼伤；误服可引起消化道灼伤、黏膜糜烂、出血、休克
环境危害	危害水生生物

三、理化特性

外观与性状	纯品为白色半透明晶体，工业品为灰白、蓝绿或淡紫色片状或块状固体。易潮解		
熔点（凝固点）/℃	360～406	爆炸上限（体积分数）/%	无意义
沸点/℃	1320～1324	爆炸下限（体积分数）/%	无意义
闪点/℃	无意义	自燃温度/℃	无意义
溶解性	溶于水、乙醇，微溶于乙醚		

四、个人防护

皮肤和身体	穿橡胶耐酸碱服，戴橡胶耐酸碱手套　　必须穿工作服　　必须戴防护手套
眼睛	戴化学安全防护眼镜　　必须戴防护眼镜

呼吸	可能接触其粉末时，必须佩戴过滤式防尘呼吸器。必要时佩戴空气呼吸器
设施配备	提供安全的淋浴和洗眼设备

五、使用与储存

使用注意事项	密闭操作，注意通风。远离火源、易燃物、可燃物。避免产生粉尘。避免与酸类接触。稀释或制备溶液时，应把碱加入水中，避免沸腾和飞溅
配制方法	配制浓度 $2mol \cdot L^{-1}$ 溶液：溶解 112.22g KOH 固体于水中，加水稀释至 1L
储存注意事项	1.储存于阴凉、干燥、通风良好的专用库房。远离火种、热源。 2.包装必须密封，切勿受潮。应与酸类、易（可）燃物等分开存放，切忌混储

六、急救措施

皮肤接触	立即脱去污染衣物，用大量流动清水彻底冲洗。就医
眼睛接触	立即分开眼睑，用流动清水或生理盐水彻底冲洗。就医
吸入	迅速脱离现场至空气新鲜处，保持呼吸道通畅。就医
食入	用水漱口，禁止催吐。给饮牛奶或蛋清。就医
对施救者的忠告	根据需要使用个人防护设备

七、消防措施

灭火剂	本品不燃。一般用水雾，耐醇泡沫，干粉或二氧化碳灭火
灭火注意事项及防护	实验室少量药品起火直接用灭火毯或砂土闷熄。如有必要，佩戴自给式呼吸器进行消防作业。与金属反应放出氢
是否可用水灭火	是

八、泄漏应急处理

防护措施和装备	建议应急处理人员戴防尘口罩，穿防酸碱服，戴橡胶耐酸碱手套。确保安全的情况下，尽可能阻断泄漏源
处置材料和方法	用洁净的工具收集泄漏物，置于容器中
环保措施	防止泄漏物进入水体或下水道

九、废弃处置

处置方法	中和稀释后，排入废水系统
污染包装物	将容器返还生产商或交给有资质的专业处理公司处置
废弃注意事项	处置前应参阅国家和地方有关法规

氢氧化锂

一、基本信息

化学品中文名称	氢氧化锂	中文名称别名	无水氢氧化锂
化学品英文名称	lithium hydroxide		
CAS No.	1310-65-2	UN No.	2680
分子式	LiOH	分子量	23.95

二、危险性概述

GHS危险性分类	急性毒性-经口，类别4；皮肤腐蚀/刺激，类别1B；严重眼损伤/眼刺激，类别1；危害水生环境-急性危害，类别3
GHS标签象形图	腐蚀性　　有毒物　　健康危害
是否易制毒/易制爆	否
燃烧及爆炸	不燃
危险反应及分解产物	与酸类等禁配物发生反应
禁配物	强氧化剂、酸、铝、锌
健康危害	对眼、皮肤和上呼吸道有强烈的腐蚀和刺激性。误服腐蚀消化道
环境危害	危害水生生物

三、理化特性

外观与性状	白色晶体		
熔点（凝固点）/℃	462	爆炸上限（体积分数）/%	无意义
沸点/℃	925	爆炸下限（体积分数）/%	无意义
闪点/℃	无意义	自燃温度/℃	无意义
溶解性	溶于水，微溶于酸、醇，不溶于醚		

四、个人防护

皮肤和身体	穿橡胶耐酸碱服，戴橡胶耐酸碱手套　　必须穿工作服　　必须戴防护手套
眼睛	戴化学安全防护眼镜　　必须戴防护眼镜
呼吸	可能接触其粉尘时，必须佩戴过滤式防尘呼吸器。必要时佩戴空气呼吸器
设施配备	提供安全的淋浴和洗眼设备

五、使用与储存

使用注意事项	密闭操作。远离火源、易燃物、可燃物。避免产生粉尘。避免与酸类接触。稀释或制备溶液时，应把碱加入水中，避免沸腾和飞溅
配制方法	配制浓度 $0.1\text{mol} \cdot \text{L}^{-1}$ 溶液：溶解 2.40g 氢氧化锂固体于水中，加水稀释至 1L
储存注意事项	1.储存于阴凉、干燥、通风良好的专用库房。远离火种、热源。 2.包装必须密封，切勿受潮。应与易（可）燃物、酸类分开存放，切忌混储

六、急救措施

皮肤接触	立即脱去污染衣物，用大量流动清水彻底冲洗。就医
眼睛接触	立即分开眼睑，用流动清水或生理盐水彻底冲洗。就医
吸入	迅速脱离现场至空气新鲜处，保持呼吸道通畅。就医
食入	用水漱口，禁止催吐。给饮牛奶和蛋清。就医
对施救者的忠告	根据需要使用个人防护设备

七、消防措施

灭火剂	干燥氯化钠粉末、干燥石墨粉、碳酸钠干粉、碳酸钙干粉、干砂
灭火注意事项及防护	消防人员必须佩带空气呼吸器，穿全身防火防毒服，在上风向灭火。尽可能将容器从火场移至空旷处
是否可用水灭火	否

八、泄漏应急处理

防护措施和装备	建议应急处理人员戴防尘口罩，穿防酸碱服，戴橡胶耐酸碱手套。确保安全的情况下，尽可能阻断泄漏源
处置材料和方法	用干燥的沙土或其他惰性吸附材料吸收泄漏物，用合适工具收集，置于容器中
环保措施	防止泄漏到周围环境中及下水道

九、废弃处置

处置方法	中和、稀释后，排入废水系统
污染包装物	将容器返还生产商或交给有资质的专业处理公司处置
废弃注意事项	处置前应参阅国家和地方有关法规。把倒空的容器返还厂商或在规定场所掩埋

氢氧化钠

一、基本信息

化学品中文名称	氢氧化钠	中文名称别名	苛性钠；烧碱
化学品英文名称	sodium hydroxide；caustic soda		
CAS No.	1310-73-2	UN No.	1823；1824（溶液）
分子式	NaOH	分子量	40.00

二、危险性概述

GHS危险性分类	皮肤腐蚀/刺激，类别1A；严重眼损伤/眼刺激，类别1；危害水生环境-急性危害，类别3
GHS标签象形图	腐蚀性
是否易制毒/易制爆	否
燃烧及爆炸	不燃
危险反应及分解产物	遇潮时对铝、锌和锡有腐蚀性，并放出易燃易爆的氢气。遇水和水蒸气大量放热，形成腐蚀性溶液。具有强腐蚀性。与酸类等禁配物发生反应。分解产物：氧化钠
禁配物	强酸、易燃或可燃物、过氧化物、二氧化碳、水
健康危害	对眼、皮肤有强烈刺激性和腐蚀性。粉尘刺激眼和呼吸道，腐蚀鼻中隔。直接接触可灼伤眼和皮肤。误服可造成消化道灼伤、黏膜糜烂、出血和休克
环境危害	危害水生生物

三、理化特性

外观与性状	纯品为无色透明晶体。吸湿性强		
熔点（凝固点）/℃	318.4	爆炸上限（体积分数）/%	无意义
沸点/℃	1390	爆炸下限（体积分数）/%	无意义
闪点/℃	无意义	自燃温度/℃	无意义
溶解性	易溶于水、乙醇、甘油。不溶于丙酮、乙醚		

四、个人防护

皮肤和身体	穿橡胶耐酸碱服，戴橡胶耐酸碱手套　　必须穿工作服　必须戴防护手套
眼睛	戴化学安全防护眼镜　　必须戴防护眼镜

呼吸	可能接触其粉末时，必须佩戴过滤式防尘呼吸器。必要时佩戴空气呼吸器
设施配备	提供安全的淋浴和洗眼设备

五、使用与储存

使用注意事项	密闭操作，注意通风。远离火源、易燃物、可燃物。避免产生粉尘。避免与酸类接触。稀释或制备溶液时，应把碱加入水中，避免沸腾和飞溅
配制方法	配制浓度 6mol·L^{-1} 溶液：溶解 240.00g NaOH 固体于水中，加水稀释至 1L
储存注意事项	1.储存于阴凉、干燥、通风良好的专用库房。远离火种、热源。 2.包装必须密封，切勿受潮。应与酸类、易燃物等分开存放，切忌混储

六、急救措施

皮肤接触	立即脱去污染衣物，用大量流动清水彻底冲洗。就医
眼睛接触	立即分开眼睑，用流动清水或生理盐水彻底冲洗。就医
吸入	迅速脱离现场至空气新鲜处，保持呼吸道通畅。就医
食入	用水漱口，禁止催吐。给饮牛奶或蛋清。就医
对施救者的忠告	根据需要使用个人防护设备

七、消防措施

灭火剂	本品不燃。一般用水雾，耐醇泡沫，干粉或二氧化碳灭火
灭火注意事项及防护	实验室少量药品起火直接用灭火毯或砂土闷熄。如有必要，佩戴自给式呼吸器进行消防作业
是否可用水灭火	是

八、泄漏应急处理

防护措施和装备	建议应急处理人员戴防尘口罩，穿防酸碱服，戴橡胶耐酸碱手套。确保安全的情况下，尽可能阻断泄漏源
处置材料和方法	用洁净的工具收集泄漏物，置于容器中
环保措施	防止泄漏物进入水体或下水道

九、废弃处置

处置方法	根据国家和地方有关法规的要求处置。或与制造商联系，确定处置方法
污染包装物	将容器返还生产商或交给有资质的专业处理公司处置
废弃注意事项	处置前应参阅国家和地方有关法规

三氯化铝〔无水〕

一、基本信息

化学品中文名称	三氯化铝（无水）	中文名称别名	氯化铝
化学品英文名称	aluminium trichloride（anhydrous）；aluminum chloride		
CAS No.	7446-70-0	UN No.	1726
分子式	AlCl₃	分子量	133.33

二、危险性概述

GHS危险性分类	皮肤腐蚀/刺激，类别1B；严重眼损伤/眼刺激，类别1；危害水生环境-急性危害，类别2
GHS标签象形图	腐蚀性
是否易制毒/易制爆	否
燃烧及爆炸	不燃
危险反应及分解产物	与强氧化剂等禁配物接触，有发生火灾和爆炸的危险。与水剧烈反应，产生有毒气体
禁配物	易燃或可燃物、碱类、水、醇类
健康危害	吸入高浓度可引起呼吸系统损伤。误服大量时，可引起口腔糜烂、胃黏膜坏死。长期接触可引起头痛、头晕等症状
环境危害	危害水生生物

三、理化特性

外观与性状	白色颗粒或粉末，有强烈盐酸气味。工业品呈淡黄色		
熔点（凝固点）/℃	190～194	爆炸上限（体积分数）/%	无意义
沸点/℃	182.7（升华）	爆炸下限（体积分数）/%	无意义
闪点/℃	无意义	自燃温度/℃	无意义
溶解性	易溶于水、乙醇、氯仿、四氯化碳，微溶于苯		

四、个人防护

皮肤和身体	穿橡胶耐酸碱服，戴橡胶耐酸碱手套　　必须穿工作服　　必须戴防护手套
眼睛	戴化学安全防护眼镜　　必须戴防护眼镜

呼吸	可能接触其粉尘时，应佩戴过滤式防尘呼吸器。紧急事态抢救或撤离时，建议佩戴空气呼吸器
设施配备	提供安全的淋浴和洗眼设备

五、使用与储存

使用注意事项	密闭操作，局部排风。远离火源、易燃物、可燃物。避免产生粉尘。避免与碱类、醇类接触。尤其要注意避免与水接触
配制方法	配制浓度 0.1mol·L⁻¹ 溶液：溶解 13.33g 三氯化铝固体于适量 6mol·L⁻¹ 的盐酸溶液中，加水稀释至 1L
储存注意事项	1. 储存于阴凉、干燥、通风良好的专用库房。 2. 包装必须密封，切勿受潮。应与可（易）燃物、碱类、醇类等分开存放，切忌混储

六、急救措施

皮肤接触	立即脱去污染衣物，用大量流动清水彻底冲洗。就医
眼睛接触	立即分开眼睑，用流动清水或生理盐水彻底冲洗。就医
吸入	迅速脱离现场至空气新鲜处，保持呼吸道通畅。就医
食入	用水漱口，禁止催吐。给饮牛奶或蛋清。就医
对施救者的忠告	根据需要使用个人防护设备

七、消防措施

灭火剂	一般用干燥砂土灭火。实验室少量药品起火直接用灭火毯或砂土闷熄
灭火注意事项及防护	消防人员必须穿全身防火防毒服，佩戴空气呼吸器，在上风向灭火。禁止用水和泡沫灭火剂灭火
是否可用水灭火	否

八、泄漏应急处理

防护措施和装备	建议应急处理人员戴防尘口罩，穿防酸碱服，戴橡胶手套。确保安全的情况下，尽可能阻断泄漏源
处置材料和方法	用干燥的砂土或其他不燃材料覆盖泄漏物，用无静电工具收集，置于容器中
环保措施	防止泄漏物进入水体或下水道

九、废弃处置

处置方法	根据国家和地方有关法规的要求处置。或与制造商联系，确定处置方法
污染包装物	将容器返还生产商或交给有资质的专业处理公司处置
废弃注意事项	处置前应参阅国家和地方有关法规

三氯化锑

一、基本信息

化学品中文名称	三氯化锑	中文名称别名	氯化亚锑
化学品英文名称	antimony trichloride；antimonous chloride		
CAS No.	10025-91-9	UN No.	1733
分子式	SbCl₃	分子量	228.10

二、危险性概述

GHS危险性分类	皮肤腐蚀/刺激，类别1B；严重眼损伤/眼刺激，类别1；特异性靶器官毒性——次接触，类别3（呼吸道刺激）；危害水生环境-急性危害，类别2；危害水生环境-长期危害，类别2
GHS标签象形图	腐蚀性　　刺激性　　环境危害
是否易制毒/易制爆	否
燃烧及爆炸	不燃
危险反应及分解产物	与水接触产生反应，产生刺激性气体。分解产物：氯化物
禁配物	强还原剂、水、醇类、碱类
健康危害	高浓度对眼睛、皮肤、黏膜和呼吸道有强烈的刺激作用。可引起支气管炎、肺炎、肺水肿。眼和皮肤接触引起灼伤。皮肤接触可因锑吸收而引起锑中毒全身性症状，如肝肿大、肝功能异常
环境危害	危害水生生物且毒害影响长期持续

三、理化特性

外观与性状	白色、易潮解的透明斜方结晶体，在空气中发烟		
熔点（凝固点）/℃	73.4	爆炸上限（体积分数）/%	无意义
沸点/℃	223.5	爆炸下限（体积分数）/%	无意义
闪点/℃	无意义	自燃温度/℃	无意义
溶解性	溶于乙醇、丙酮、苯、乙醚、二硫化碳、四氯化碳等		

四、个人防护

皮肤和身体	穿橡胶耐酸碱服，戴橡胶耐酸碱手套　　必须穿工作服　　必须戴防护手套
眼睛	戴化学安全防护眼镜　　必须戴防护眼镜

呼吸	可能接触其粉尘时，应该佩戴过滤式防尘呼吸器。紧急事态抢救或撤离时，佩戴空气呼吸器
设施配备	提供安全的淋浴和洗眼设备

五、使用与储存

使用注意事项	密闭操作，局部排风。远离火源、易燃物、可燃物。避免产生粉尘。避免与还原剂、醇类、碱类接触。尤其要注意避免与水接触
配制方法	配制浓度 $0.1mol \cdot L^{-1}$ 溶液：溶解 22.81g $SbCl_3$ 固体于适量 $6mol \cdot L^{-1}$ HCl 溶液中，加水稀释至 1L
储存注意事项	1.储存于阴凉、干燥、通风良好的专用库房。远离火种、热源。 2.包装必须密封，切勿受潮。应与还原剂、醇类、碱类等分开存放，切忌混储

六、急救措施

皮肤接触	立即脱去污染衣物，用大量流动清水彻底冲洗。就医
眼睛接触	立即分开眼睑，用流动清水或生理盐水彻底冲洗。就医
吸入	迅速脱离现场至空气新鲜处，保持呼吸道通畅。就医
食入	用水漱口，禁止催吐。给饮牛奶或蛋清。就医
对施救者的忠告	根据需要使用个人防护设备

七、消防措施

灭火剂	本品不燃。根据着火原因选择适当灭火剂灭火
灭火注意事项及防护	受热或遇水分解放热，放出有毒的腐蚀性烟气。遇 H 发泡剂立即燃烧。实验室少量药品起火直接用灭火毯或砂子闷熄，禁止用水和泡沫灭火
是否可用水灭火	否

八、泄漏应急处理

防护措施和装备	建议应急处理人员戴防尘口罩，穿防酸碱服，戴橡胶耐酸碱手套。确保安全的情况下，尽可能阻断泄漏源
处置材料和方法	用干燥的砂土或其他不燃材料覆盖泄漏物，用合适的工具收集，置于容器中
环保措施	防止泄漏物进入水体或下水道

九、废弃处置

处置方法	根据国家和地方有关法规的要求处置。或与制造商联系，确定处置方法
污染包装物	将容器返还生产商或交给有资质的专业处理公司处置
废弃注意事项	处置前应参阅国家和地方有关法规

三氯化铁(无水)

一、基本信息

化学品中文名称	三氯化铁（无水）	中文名称别名		氯化铁
化学品英文名称	ferric trichloride（anhydrous）；ferric chloride			
CAS No.	7705-08-0	UN No.		1773
分子式	FeCl₃	分子量		162.20

二、危险性概述

GHS危险性分类	急性毒性-经口，类别 4；皮肤腐蚀/刺激，类别 1；严重眼损伤/眼刺激，类别 1；特异性靶器官毒性-一次接触，类别 2；特异性靶器官毒性-一次接触，类别 3（呼吸道刺激）；危害水生环境-急性危害，类别 3
GHS标签象形图	刺激性　　腐蚀性　　健康危害
是否易制毒/易制爆	否
燃烧及爆炸	不燃
危险反应及分解产物	与强氧化剂等禁配物发生反应。分解产物：氯化物
禁配物	强氧化剂、钾、钠
健康危害	吸入本品粉尘对呼吸道有强烈腐蚀作用，损害黏膜组织，引起化学性肺炎等。对眼有强烈腐蚀性，重者可导致失明。皮肤接触可致化学性灼伤
环境危害	危害水生生物

三、理化特性

外观与性状	黑棕色结晶，也有薄片化		
熔点（凝固点）/℃	306	爆炸上限（体积分数）/%	无意义
沸点/℃	319	爆炸下限（体积分数）/%	无意义
闪点/℃	无意义	自燃温度/℃	无意义
溶解性	易溶于水，溶于甘油，易溶于甲醇、乙醇、丙酮、乙醚		

四、个人防护

皮肤和身体	穿隔绝式防毒服，戴橡胶手套　　必须穿工作服　　必须戴防护手套
眼睛	戴化学安全防护眼镜　　必须戴防护眼镜

呼吸	可能接触其粉末时，必须佩戴过滤式防尘呼吸器。必要时佩戴空气呼吸器
设施配备	提供安全的淋浴和洗眼设备

五、使用与储存

使用注意事项	密闭操作，局部排风。远离火源、易燃物、可燃物。避免产生粉尘。避免与氧化剂、活性金属粉末接触
配制方法	配制浓度 $0.1mol \cdot L^{-1}$ 溶液：溶解 $16.22g$ $FeCl_3$ 固体于适量 $6mol \cdot L^{-1}$ 盐酸溶液中，加水稀释到 1L
储存注意事项	1.储存于阴凉、通风的专用库房。远离火种、热源。 2.包装密封。应与氧化剂、活性金属粉末等分开存放，切忌混储

六、急救措施

皮肤接触	立即脱去污染衣物，用大量流动清水彻底冲洗。就医
眼睛接触	立即分开眼睑，用流动清水或生理盐水彻底冲洗。就医
吸入	迅速脱离现场至空气新鲜处，保持呼吸道通畅。就医
食入	用水漱口，禁止催吐。给饮牛奶或蛋清。就医
对施救者的忠告	根据需要使用个人防护设备

七、消防措施

灭火剂	本品不燃。根据着火原因选择适当灭火剂灭火
灭火注意事项及防护	消防人员必须佩戴空气呼吸器，穿全身防火防毒服，在上风向灭火。尽可能将容器从火场移至空旷处。喷水保持火场容器冷却，直至灭火结束
是否可用水灭火	是

八、泄漏应急处理

防护措施和装备	建议应急处理人员戴防尘口罩，穿防酸碱服，戴橡胶手套，作业时使用的所有设备应接地
处置材料和方法	用干燥的砂土或其他不燃材料覆盖泄漏物，用合适的工具收集，置于容器中
环保措施	防止泄漏物进入水体或下水道

九、废弃处置

处置方法	根据国家和地方有关法规的要求处置。或与制造商联系，确定处置方法
污染包装物	将容器返还生产商或交给有资质的专业处理公司处置
废弃注意事项	把倒空的容器归还厂商或在规定场所掩埋

三氯甲烷

一、基本信息

化学品中文名称	三氯甲烷	中文名称别名	氯仿
化学品英文名称		trichloromethane；chloroform	
CAS No.	67-66-3	UN No.	1888
分子式	CHCl₃	分子量	119.38

二、危险性概述

GHS危险性分类	急性毒性-吸入，类别3；急性毒性-经口，类别4；皮肤腐蚀/刺激，类别2；严重眼损伤/眼刺激，类别2；致癌性，类别2；生殖毒性，类别2；特异性靶器官毒性-反复接触，类别1；危害水生环境-急性危害，类别3
GHS标签象形图	有毒物　　健康危害
是否易制毒/易制爆	本品是易制毒试剂，第二类
燃烧及爆炸	不燃
危险反应及分解产物	受热易产生剧毒光气；与碱类等禁配物发生反应。三氯甲烷室温下（约22℃）即可与发烟硫酸发生化学反应产生光气。分解产物：氯化氢
禁配物	碱类、铝
健康危害	具麻醉作用。对中枢神经系统有影响，损害心、肝、肾。液态可致皮炎、湿疹，甚至皮肤灼伤
环境危害	危害水生生物

三、理化特性

外观与性状	无色透明重质液体，有特殊气味，极易挥发。		
熔点（凝固点）/℃	−63.5	爆炸上限（体积分数）/%	无意义
沸点/℃	61.3	爆炸下限（体积分数）/%	无意义
闪点/℃	无意义	自燃温度/℃	无意义
溶解性	不溶于水，混溶于乙醇、乙醚、苯、丙酮、二硫化碳、四氯化碳		

四、个人防护

皮肤和身体	穿防毒物渗透工作服，戴防化学品手套　　必须穿工作服　必须戴防护手套
眼睛	戴化学安全防护眼镜　　必须戴防护眼镜

呼吸	空气中浓度超标时，应该佩戴过滤式防毒面具（半面罩）。紧急事态抢救或撤离时，佩戴空气呼吸器 必须戴防毒面具
设施配备	提供安全的淋浴和洗眼设备

五、使用与储存

使用注意事项	密闭操作，局部排风。远离火源、易燃物、可燃物。防止蒸气泄漏。避免与碱类、金属铝接触
配制方法	可直接使用
储存注意事项	1.本品属于易制毒试剂，实行"五双"管理。 2.储存于阴凉、通风的库房。远离火种、热源。 3.保持容器密封。应与碱类、铝、食用化学品分开存放，切忌混储

六、急救措施

皮肤接触	立即脱去污染的衣物，用肥皂水或流动的清水彻底冲洗。就医
眼睛接触	立即分开眼睑，用流动清水或生理盐水彻底冲洗。就医
吸入	迅速脱离现场至空气新鲜处，保持呼吸道通畅。就医
食入	漱口、饮水。就医
对施救者的忠告	根据需要使用个人防护设备

七、消防措施

灭火剂	一般用二氧化碳灭火器或砂土灭火。实验室少量药品起火直接用灭火毯或砂土闷熄
灭火注意事项及防护	消防人员必须佩戴过滤式防毒面具或空气呼吸器，穿全身防火防毒服，在上风向灭火
是否可用水灭火	否

八、泄漏应急处理

防护措施和装备	建议应急处理人员戴正压自给式呼吸器，穿防毒服，戴防化学品手套。确保安全的情况下，尽可能阻断泄漏源
处置材料和方法	用砂土或其他不燃材料覆盖和吸收泄漏物，用无静电工具收集、置于容器中
环保措施	防止泄漏物进入水体或下水道

九、废弃处置

处置方法	建议用焚烧法处置。与燃料混合后，再焚烧。焚烧炉排出的卤化氢通过酸洗涤器除去
污染包装物	将容器返还生产商或交给有资质的专业处理公司处置
废弃注意事项	把倒空的容器归还厂商或在规定场所掩埋

三氯乙酸

一、基本信息

化学品中文名称	三氯乙酸	中文名称别名	三氯醋酸
化学品英文名称	trichloroacetic acid；trichloroethanoic acid		
CAS No.	76-03-9	UN No.	1839
分子式	$C_2HCl_3O_2$	分子量	163.4

二、危险性概述

GHS危险性分类	皮肤腐蚀/刺激，类别1A；严重眼损伤/眼刺激，类别1；特异性靶器官毒性--一次接触，类别3（呼吸道刺激）；危害水生环境-急性危害，类别1；危害水生环境-长期危害，类别1
GHS标签象形图	腐蚀性　　刺激性　　环境危害
是否易制毒/易制爆	否
燃烧及爆炸	可燃，其粉体能与空气形成爆炸性混合物。遇高热或明火可产生膨胀或爆炸性分解
危险反应及分解产物	与强氧化剂等禁配物发生反应。受热分解生成有毒和腐蚀性烟雾。分解产物：氯化氢
禁配物	强氧化剂、强碱
健康危害	对眼、皮肤和呼吸道有腐蚀性。吸入蒸气可引起肺水肿
环境危害	严重危害水生生物且毒害影响长期持续

三、理化特性

外观与性状	无色结晶，有刺激性气味，易潮解		
熔点（凝固点）/℃	57.5	爆炸上限（体积分数）/%	无资料
沸点/℃	197.5	爆炸下限（体积分数）/%	无资料
闪点/℃	197	自燃温度/℃	无资料
溶解性	溶于水、乙醇、乙醚，微溶于四氯化碳		

四、个人防护

皮肤和身体	穿防酸碱工作服，戴橡胶耐酸碱手套　　必须穿工作服　　必须戴防护手套
眼睛	戴化学安全防护眼镜　　必须戴防护眼镜

呼吸	空气中浓度超标时，建议佩戴过滤式防毒面具（半面罩）
	 必须戴防毒面具
设施配备	加强通风，提供安全的淋浴和洗眼设备

五、使用与储存

使用注意事项	密闭操作，全面通风。远离火源、易燃物、可燃物。使用防爆型通风系统和设备。防止蒸气泄漏。避免与氧化剂、碱类接触
配制方法	可直接使用
储存注意事项	1.储存于阴凉、干燥、通风良好的专用库房。远离火种、热源。 2.包装密封。应与氧化剂，碱类分开存放，切忌混储

六、急救措施

皮肤接触	立即脱去污染衣物，用大量流动清水彻底冲洗。就医
眼睛接触	立即分开眼睑，用流动清水或生理盐水彻底冲洗。就医
吸入	迅速脱离现场至空气新鲜处，保持呼吸道通畅。就医
食入	用水漱口，禁止催吐。给饮牛奶或蛋清。就医
对施救者的忠告	根据需要使用个人防护设备

七、消防措施

灭火剂	一般用泡沫灭火器、二氧化碳灭火器灭火。实验室少量药品起火直接用灭火毯或砂土闷熄
灭火注意事项及防护	消防人员必须佩戴空气呼吸器，穿全身耐酸碱消防服，在安全距离以外的上风向灭火
是否可用水灭火	否

八、泄漏应急处理

防护措施和装备	建议应急处理人员戴防尘口罩，穿防酸碱服，戴橡胶手套。确保安全的情况下，尽可能阻断泄漏源
处置材料和方法	用洁净的工具收集泄漏物，置于容器中
环保措施	防止泄漏物进入水体或下水道

九、废弃处置

处置方法	建议用焚烧法处置。或用安全掩埋法处置
污染包装物	将容器返还生产商或交给有资质的专业处理公司处置
废弃注意事项	处置前参照国家和地方有关法律法规

三乙胺

一、基本信息

化学品中文名称	三乙胺	中文名称别名	N,N-二乙基乙胺
化学品英文名称	triethylamine；N,N-diethylethanamine		
CAS No.	121-44-8	UN No.	1296
分子式	$C_6H_{15}N$	分子量	101.22

二、危险性概述

GHS 危险性分类	易燃液体，类别 2；急性毒性-经口，类别 4；急性毒性-经皮，类别 4；急性毒性-吸入，类别 4；皮肤腐蚀/刺激，类别 1A；严重眼损伤/眼刺激，类别 1；特异性靶器官毒性——次接触，类别 3（呼吸道刺激）；危害水生环境-急性危害，类别 3
GHS 标签象形图	易燃物　刺激性　腐蚀性
是否易制毒/易制爆	否
燃烧及爆炸	高度易燃，其蒸气能空气混合形成爆炸性混合物
危险反应及分解产物	与禁配物接触有发生火灾和爆炸的危险。分解产物：氨
禁配物	强氧化剂、酸类
健康危害	对呼吸道有强烈的刺激性，吸入后可引起肺水肿甚至死亡。口服腐蚀口腔、食道及胃。直接接触可灼伤眼和皮肤
环境危害	危害水生生物

三、理化特性

外观与性状	无色油状液体，有强烈氨臭		
熔点（凝固点）/℃	−114.8	爆炸上限（体积分数）/%	8.0
沸点/℃	89.5	爆炸下限（体积分数）/%	1.2
闪点/℃	−7（OC）	自燃温度/℃	232～249
溶解性	微溶于水，溶于乙醇、乙醚、丙酮等多数有机溶剂		

四、个人防护

皮肤和身体	穿防毒物渗透工作服，戴橡胶耐油手套　必须穿工作服　必须戴防护手套
眼睛	呼吸系统防护中已做防护

呼吸	可能接触其蒸气时，佩戴过滤式防毒面具（全面罩）。紧急事态抢救或撤离时，佩戴空气呼吸器
设施配备	提供安全的淋浴和洗眼设备

五、使用与储存

使用注意事项	密闭操作，加强通风。远离火源、易燃物、可燃物。使用防爆型通风系统和设备。防止蒸气泄漏。避免与氧化剂、酸类接触
配制方法	可直接使用
储存注意事项	1.储存于阴凉、通风的专用库房。远离火种、热源。 2.包装密封，不可与空气接触。应与氧化剂、碱类等分开存放，切忌混储。 3.采用防爆型照明、通风设施。禁止使用易产生火花的机械设备和工具

六、急救措施

皮肤接触	立即脱去污染衣物，用大量流动清水彻底冲洗。就医
眼睛接触	立即分开眼睑，用流动清水或生理盐水彻底冲洗。就医
吸入	迅速脱离现场至空气新鲜处，保持呼吸道通畅。就医
食入	用水漱口，禁止催吐。给饮牛奶和蛋清。就医
对施救者的忠告	根据需要使用个人防护设备

七、消防措施

灭火剂	一般用泡沫灭火器、干粉灭火器、二氧化碳灭火器或砂土灭火。实验室少量药品起火直接用灭火毯或砂土闷熄
灭火注意事项及防护	消防人员必须佩带空气呼吸器，穿全身防火防毒服，在上风向灭火
是否可用水灭火	否

八、泄漏应急处理

防护措施和装备	建议应急处理人员戴正压式自给式呼吸器，穿防静电、防腐蚀、防毒服，戴橡胶耐油手套。确保安全的情况下，尽可能阻断泄漏源
处置材料和方法	用砂土或其他不燃材料吸收，用无静电工具收集，置于容器中
环保措施	防止泄漏物进入水体或下水道

九、废弃处置

处置方法	用控制焚烧法处置
污染包装物	将容器返还生产商或交给有资质的专业处理公司处置
废弃注意事项	处置前应参阅国家和地方有关法规

三(正)丁胺

一、基本信息

化学品中文名称	三（正）丁胺	中文名称别名	
化学品英文名称	tri-*n*-butylamine；*N*,*N*-dibutyl-l-butana-mine		
CAS No.	102-82-9	UN No.	2542
分子式	$C_{12}H_{27}N$	分子量	185.3

二、危险性概述

GHS危险性分类	易燃液体，类别4；急性毒性-经口，类别4；急性毒性-经皮，类别2；急性毒性-吸入，类别1；皮肤腐蚀/刺激，类别2；严重眼损伤/眼刺激，类别2；特异性靶器官毒性——次接触，类别3（呼吸道刺激）；特异性靶器官毒性-反复接触，类别2；危害水生环境-急性危害，类别2；危害水生环境-长期危害，类别2
GHS标签象形图	有毒物　　健康危害　　环境危害
是否易制毒/易制爆	否
燃烧及爆炸	可燃。其蒸气能与空气混合形成爆炸性混合物
危险反应及分解产物	与强氧化剂等禁配物接触，有发生火灾和爆炸的危险。分解产物：胺
禁配物	强氧化剂、酸类、酰基氯、酸酐
健康危害	其蒸气对呼吸道及中枢神经系统有刺激性。直接接触可灼伤眼和皮肤。对皮肤有致敏性
环境危害	危害水生生物且毒害影响长期持续

三、理化特性

外观与性状	无色至黄色吸湿性液体，有类似氨的气味		
熔点（凝固点）/℃	−70	爆炸上限（体积分数）/%	6.0
沸点/℃	216.5	爆炸下限（体积分数）/%	1.4
闪点/℃	86（OC）	自燃温度/℃	210
溶解性	不溶于水，溶于乙醇、乙醚等多数有机溶剂		

四、个人防护

皮肤和身体	穿防毒物渗透工作服，戴橡胶耐油手套　　必须穿工作服　　必须戴防护手套
眼睛	戴化学安全防护眼镜　　必须戴防护眼镜

呼吸	可能接触其蒸气时，应该佩戴过滤式防毒面具（半面罩）。紧急事态抢救或撤离时，建议佩戴空气呼吸器 必须戴防毒面具
设施配备	提供安全的淋浴和洗眼设备

五、使用与储存

使用注意事项	密闭操作，注意通风。远离火源、易燃物、可燃物。使用防爆型通风系统和设备。防止蒸气泄漏。避免与氧化剂、酸类接触
配制方法	可直接使用
储存注意事项	1.储存于阴凉、通风的专用库房，远离火种、热源。本品剧毒，实行"双人收发，双人保管"制度。 2.保持容器密封。应与氧化剂、酸类分开存放，切忌混储

六、急救措施

皮肤接触	立即脱去污染衣物，用大量流动清水彻底冲洗。就医
眼睛接触	立即分开眼睑，用流动清水或生理盐水彻底冲洗。就医
吸入	迅速脱离现场至空气新鲜处，保持呼吸道通畅。就医
食入	用水漱口，禁止催吐。给饮牛奶或蛋清。就医
对施救者的忠告	根据需要使用个人防护设备

七、消防措施

灭火剂	一般用干粉灭火器、泡沫灭火器、二氧化碳灭火器或砂土灭火。实验室少量药品起火直接用灭火毯或砂土闷熄
灭火注意事项及防护	消防人员须佩戴防毒面具，穿全身消防服，在上风向灭火
是否可用水灭火	否

八、泄漏应急处理

防护措施和装备	建议应急处理人员戴正压自给式呼吸器，穿防静电、防腐蚀服，戴橡胶手套。确保安全的情况下，尽可能阻断泄漏源
处置材料和方法	用干燥的砂土或其他不燃材料吸收或覆盖，用适当的工具收集，置于容器中
环保措施	防止泄漏物进入水体或下水道

九、废弃处置

处置方法	建议用焚烧法处置
污染包装物	将容器返还生产商或交给有资质的专业处理公司处置
废弃注意事项	处置前应参阅国家和地方有关法规

石油醚

一、基本信息

化学品中文名称	石油醚	中文名称别名	石油精
化学品英文名称	petroleum ether；petroleum spirits		
CAS No.	8032-32-4	UN No.	1268
分子式		分子量	

二、危险性概述

GHS危险性分类	易燃液体，类别2；吸入危害，类别1；生殖细胞致突变性，类别1B；危害水生环境-急性危害，类别2；危害水生环境-长期危害，类别2
GHS标签象形图	易燃物　　健康危害　　环境危害
是否易制毒/易制爆	否
燃烧及爆炸	高度易燃，其蒸气能与空气形成爆炸性混合物。遇高热、明火可引起燃烧爆炸
危险反应及分解产物	与禁配物接触有发生燃烧爆炸的危险
禁配物	强氧化剂
健康危害	蒸气或雾对眼、黏膜和呼吸道有刺激性。在人体内有蓄积性，为神经性毒剂
环境危害	危害水生生物且毒害影响长期持续

三、理化特性

外观与性状	无色透明液体，具有特殊臭味，易挥发		
熔点（凝固点）/℃	<−73	爆炸上限（体积分数）/%	8.7
沸点/℃	30~130	爆炸下限（体积分数）/%	1.1
闪点/℃	<−20	自燃温度/℃	232~280
溶解性	不溶于水，溶于乙醇、苯、氯仿、油类、乙醚等多数有机溶剂		

四、个人防护

皮肤和身体	穿防静电工作服，戴橡胶耐油手套　　必须穿工作服　必须戴防护手套
眼睛	戴化学安全防护眼镜　　必须戴防护眼镜

呼吸	可能接触其蒸气时，应该佩戴过滤式防毒面具（半面罩）。紧急事态抢救或撤离时，佩戴空气呼吸器 必须戴防毒面具
设施配备	提供安全的淋浴和洗眼设备

五、使用与储存

使用注意事项	密闭操作，全面通风。远离火源、易燃物、可燃物。使用防爆型通风系统和设备。防止蒸气泄漏。避免与氧化剂接触
配制方法	可直接使用
储存注意事项	1.储存于阴凉、通风的专用库房。远离火种、热源。 2.保持容器密封。应与氧化剂分开存放，切忌混储。 3.采用防爆型照明、通风设施。禁止使用易产生火花的机械设备和工具

六、急救措施

皮肤接触	立即脱去污染的衣物，用肥皂水或流动的清水彻底冲洗。就医
眼睛接触	立即分开眼睑，用流动清水或生理盐水彻底冲洗。就医
吸入	迅速脱离现场至空气新鲜处，保持呼吸道通畅。就医
食入	漱口、饮水。禁止催吐。就医
对施救者的忠告	根据需要使用个人防护设备

七、消防措施

灭火剂	用二氧化碳灭火器、干粉灭火器灭火。实验室少量药品起火直接用灭火毯或砂土闷熄
灭火注意事项及防护	消防人员必须佩戴过滤式防毒面具或空气呼吸器、穿全身防火防毒服，在上风向灭火。用水灭火无效
是否可用水灭火	否

八、泄漏应急处理

防护措施和装备	建议应急处理人员戴正压自给式呼吸器，穿防静电服，戴橡胶耐油手套，作业时使用的所有设备应接地。确保安全的情况下，尽可能阻断泄漏源
处置材料和方法	用砂土或其他不燃材料吸收泄漏物，用无静电工具收集，置于容器中
环保措施	防止泄漏物进入水体或下水道

九、废弃处置

处置方法	建议用焚烧法处置
污染包装物	将容器返还生产商或交给有资质的专业处理公司处置
废弃注意事项	把倒空的容器归还厂商或在规定场所掩埋

水杨醛

一、基本信息

化学品中文名称	水杨醛	中文名称别名	2-羟基苯甲醛；邻羟基苯甲醛
化学品英文名称	salicylaldehyde；*o*-hydroxybenzaldehyde		
CAS No.	90-02-8	UN No.	2810
分子式	$C_7H_6O_2$	分子量	122.13

二、危险性概述

GHS危险性分类	易燃液体，类别4；急性毒性-经口，类别4；急性毒性-经皮，类别3；生殖毒性，类别2；特异性靶器官毒性-反复接触，类别2；危害水生环境-急性危害，类别2；危害水生环境-长期危害，类别3
GHS标签象形图	有毒物　　健康危害
是否易制毒/易制爆	否
燃烧及爆炸	可燃，其蒸气能与空气形成爆炸性混合物
危险反应及分解产物	与禁配物发生反应
禁配物	强氧化剂、强酸、强碱
健康危害	直接接触对眼、皮肤和呼吸道有刺激性。长时间或反复接触可能对器官造成损伤
环境危害	危害水生生物且毒害影响长期持续

三、理化特性

外观与性状	无色透明至淡黄色油状液体，有焦灼味及杏仁气味		
熔点（凝固点）/℃	−7	爆炸上限（体积分数）/%	无资料
沸点/℃	197	爆炸下限（体积分数）/%	无资料
闪点/℃	77.8（CC）	自燃温度/℃	249
溶解性	微溶于水，溶于乙醇、乙醚		

四、个人防护

皮肤和身体	穿透气型防毒服，戴防化学品手套　　必须穿工作服　必须戴防护手套
眼睛	戴化学安全防护眼镜　　必须戴防护眼镜

呼吸	可能接触其蒸气时，必须佩戴过滤式防毒面具（半面罩）。紧急事态抢救或撤离时，建议佩戴空气呼吸器 必须戴防毒面具
设施配备	加强通风，提供安全的淋浴和洗眼设备

五、使用与储存

使用注意事项	密闭操作，提供充分的局部排风。远离火源、易燃物、可燃物。使用防爆型通风系统和设备。防止蒸气泄漏。避免与氧化剂、酸类、碱类接触
配制方法	肼、羟胺检出试剂的配制：将5g水杨醛与600mL水及20mL 50%的醋酸混匀后煮沸直至油状物消失为止，待冷却后，过滤除去未溶解的水杨醛
储存注意事项	1.储存于阴凉、通风良好的专用库房。避光保存。远离火种、热源。 2.保持容器密封。应与强氧化剂、碱类、酸类、食用化学品等分开存放，切忌混储。 3.采用防爆型照明、通风设施。禁止使用易产生火花的机械设备和工具

六、急救措施

皮肤接触	立即脱去污染衣物，用大量流动清水彻底冲洗。就医
眼睛接触	立即分开眼睑，用流动清水或生理盐水彻底冲洗。就医
吸入	迅速脱离现场至空气新鲜处，保持呼吸道通畅。就医
食入	漱口，饮水。就医
对施救者的忠告	根据需要使用个人防护设备

七、消防措施

灭火剂	一般用泡沫灭火器、干粉灭火器、二氧化碳灭火器或砂土灭火。实验室少量药品起火直接用灭火毯或砂土闷熄
灭火注意事项及防护	消防人员必须佩戴空气呼吸器，穿全身防火消防服，在上风向灭火
是否可用水灭火	否

八、泄漏应急处理

防护措施和装备	建议应急处理人员戴正压自给式呼吸器，穿防毒服，戴橡胶耐油手套。确保安全的情况下，尽可能阻断泄漏源
处置材料和方法	用干燥的砂土或其他不燃材料吸收或覆盖，用适当工具收集，置于容器中
环保措施	防止泄漏物进入水体或下水道

九、废弃处置

处置方法	建议用焚烧法处置
污染包装物	将容器返还生产商或交给有资质的专业处理公司处置
废弃注意事项	处置前参阅国家和地方有关法律法规

四氯化钛

一、基本信息

化学品中文名称	四氯化钛	中文名称别名	氯化钛
化学品英文名称	titanium tetrachloride；titanic chloride		
CAS No.	7550-45-0	UN No.	1838
分子式	TiCl₄	分子量	189.70

分子式：$TiCl_4$

二、危险性概述

GHS危险性分类	皮肤腐蚀/刺激，类别1B；严重眼损伤/眼刺激，类别1
GHS标签象形图	腐蚀性
是否易制毒/易制爆	否
燃烧及爆炸	不燃
危险反应及分解产物	与禁配物接触发生反应。遇水产生刺激性气体。分解产物：氯化物
禁配物	强氧化剂、强碱、水
健康危害	吸入本品烟雾刺激上呼吸道黏膜。直接接触其液体可严重灼伤眼和皮肤
环境危害	可能危害环境

三、理化特性

外观与性状	无色或微黄色液体，有刺激性酸味。在空气中发烟		
熔点（凝固点）/℃	−25	爆炸上限（体积分数）/%	无意义
沸点/℃	136.4	爆炸下限（体积分数）/%	无意义
闪点/℃	无意义	自燃温度/℃	无意义
溶解性	溶于冷水、乙醇、稀盐酸		

四、个人防护

皮肤和身体	穿橡胶耐酸碱服，戴橡胶耐酸碱手套　　必须穿工作服　必须戴防护手套
眼睛	呼吸系统防护中已作防护
呼吸	可能接触其蒸气时，应佩戴过滤式防毒面具（全面罩）。必要时佩戴空气呼吸器
设施配备	提供安全的淋浴和洗眼设备

五、使用与储存

使用注意事项	密闭操作，局部排风。避免产生烟雾。防止烟雾和蒸气泄漏。避免与碱类、氧化剂接触。尤其要注意避免与水接触
配制方法	可直接使用
储存注意事项	1.储存于阴凉、干燥、通风良好的专用库房。 2.包装必须密封，切勿受潮。应与氧化剂、碱类、食用化学品等分开存放，切忌混储

六、急救措施

皮肤接触	立即脱去污染的衣物，用清洁棉花或布等吸去液体。用大量流动的清水彻底冲洗。就医
眼睛接触	立即分开眼睑，用流动清水或生理盐水彻底冲洗。就医
吸入	迅速脱离现场至空气新鲜处，保持呼吸道通畅。就医
食入	用水漱口，禁止催吐。给饮牛奶或蛋清。就医
对施救者的忠告	根据需要使用个人防护设备

七、消防措施

灭火剂	本品不燃
灭火注意事项及防护	
是否可用水灭火	

八、泄漏应急处理

防护措施和装备	建议应急处理人员戴正压自给式呼吸器，穿防酸碱服，戴橡胶耐酸碱手套。确保安全的情况下，尽可能阻断泄漏源
处置材料和方法	用干燥的砂土或其他不燃材料覆盖泄漏物，用无静电工具收集，置于容器中
环保措施	防止泄漏物进入水体或下水道

九、废弃处置

处置方法	中和、稀释后，排入废水系统
污染包装物	将容器返还生产商或交给有资质的专业处理公司处置
废弃注意事项	处置前应参阅国家和地方有关法规

四氯化碳

一、基本信息

化学品中文名称	四氯化碳	中文名称别名	四氯甲烷
化学品英文名称	carbon tetrachloride; tetrachloromethane		
CAS No.	56-23-5	UN No.	1846
分子式	CCl_4	分子量	153.81

二、危险性概述

GHS危险性分类	急性毒性-经口，类别3；急性毒性-经皮，类别3；急性毒性-吸入，类别3；致癌性，类别2；特异性靶器官毒性-反复接触，类别1；危害水生环境-急性危害，类别3；危害水生环境-长期危害，类别3；危害臭氧层，类别1
GHS标签象形图	有毒物　　健康危害
是否易制毒/易制爆	否
燃烧及爆炸	不燃
危险反应及分解产物	遇高热或明火分解生成有毒和腐蚀性烟雾氯化氢，与活性金属粉末发生反应，有燃烧爆炸的危险
禁配物	活性金属粉末、强氧化剂
健康危害	刺激眼和黏膜。对肝、肾和中枢神经系统有影响。反复长期接触可能致癌
环境危害	危害水生生物且毒害影响长期持续。破坏臭氧层，危害环境

三、理化特性

外观与性状	无色有特臭的透明液体，极易挥发		
熔点（凝固点）/℃	−23	爆炸上限（体积分数）/%	无意义
沸点/℃	76.8	爆炸下限（体积分数）/%	无意义
闪点/℃	无意义	自燃温度/℃	无意义
溶解性	微溶于水，易溶于多数有机溶剂		

四、个人防护

皮肤和身体	穿防毒物渗透工作服，戴防化学品手套　　必须穿工作服　　必须戴防护手套
眼睛	戴安全护目镜　　必须戴防护眼镜

呼吸	空气中浓度超标时，佩戴过滤式防毒面具（半面罩）。紧急事态抢救或撤离时，建议佩戴空气呼吸器　　　　必须戴防毒面具
设施配备	提供安全的淋浴和洗眼设备

五、使用与储存

使用注意事项	密闭操作，加强通风。远离火源、易燃物、可燃物。防止蒸气泄漏。避免与氧化剂、活性金属粉末接触
配制方法	可直接使用
储存注意事项	1.储存于阴凉、通风的专用库房。远离火种、热源。 2.保持容器密封。应与氧化剂、活性金属粉末、食用化学品分开存放，切忌混储

六、急救措施

皮肤接触	立即脱去污染衣物，用大量流动清水彻底冲洗。就医
眼睛接触	立即分开眼睑，用流动清水或生理盐水彻底冲洗。就医
吸入	迅速脱离现场至空气新鲜处，保持呼吸道通畅。就医
食入	漱口，饮水。就医
对施救者的忠告	根据需要使用个人防护设备

七、消防措施

灭火剂	一般用二氧化碳灭火器或砂土灭火。实验室少量药品起火直接用灭火毯或砂土闷熄
灭火注意事项及防护	消防人员必须佩戴空气呼吸器，穿全身防火消防服，在上风向灭火
是否可用水灭火	是

八、泄漏应急处理

防护措施和装备	建议应急处理人员戴正压自给式呼吸器，穿防毒服，戴防化学品手套。确保安全的情况下，尽可能阻断泄漏源
处置材料和方法	用干燥的砂土或其他不燃材料吸收或覆盖，收集于容器中
环保措施	防止泄漏物进入水体或下水道

九、废弃处置

处置方法	建议用焚烧法处置
污染包装物	将容器返还生产商或交给有资质的专业处理公司处置
废弃注意事项	处置前应参阅国家和地方有关法规

四氯化锡〔无水〕

一、基本信息

化学品中文名称	四氯化锡〔无水〕	中文名称别名	氯化锡
化学品英文名称	tin tetrachloride; stannic chloride		
CAS No.	7646-78-8	UN No.	1827
分子式	SnCl$_4$	分子量	260.49

二、危险性概述

GHS危险性分类	皮肤腐蚀/刺激，类别1B；严重眼损伤/眼刺激，类别1；特异性靶器官毒性-一次接触，类别3（呼吸道刺激）；危害水生环境-急性危害，类别3；危害水生环境-长期危害，类别3
GHS标签象形图	腐蚀性　　刺激性
是否易制毒/易制爆	否
燃烧及爆炸	不燃
危险反应及分解产物	遇高热分解产生有毒的腐蚀性气体。遇氰化物能产生剧毒的氰化氢气体。分解产物：氯化物
禁配物	强碱、易燃或可燃物、水、醇类
健康危害	对眼、皮肤、黏膜和呼吸道有强烈的刺激性。吸入可能引起化学性肺炎
环境危害	危害水生生物且毒害影响长期持续

三、理化特性

外观与性状	无色发烟液体，固体时为立方结晶		
熔点（凝固点）/℃	−33	爆炸上限（体积分数）/％	无意义
沸点/℃	114	爆炸下限（体积分数）/％	无意义
闪点/℃	无意义	自燃温度/℃	无意义
溶解性	溶于水、乙醇、苯、四氯化碳、汽油、二硫化碳等多数有机溶剂		

四、个人防护

皮肤和身体	穿橡胶耐酸碱服，戴橡胶耐酸碱手套　　必须穿工作服　　必须戴防护手套
眼睛	呼吸系统防护中已作防护　　必须戴防护眼镜

呼吸	可能接触其蒸气时，必须佩戴过滤式防毒面具（全面罩）。必要时佩戴空气呼吸器
设施配备	提供安全的淋浴和洗眼设备

五、使用与储存

使用注意事项	密闭操作，局部排风。避免产生烟雾或粉尘。远离易燃物、可燃物。避免与碱类、醇类接触
配制方法	配制浓度 $0.1mol \cdot L^{-1}$ 溶液：溶解 $26.05g$ $SnCl_4$ 固体于适量 $6mol \cdot L^{-1} HCl$ 溶液中，加水稀释至 1L
储存注意事项	1.储存于阴凉、干燥、通风的专用库房。远离火种、热源。 2.包装必须密封，切勿受潮。应与易（可）燃物、碱类、醇类等分开存放，切忌混储

六、急救措施

皮肤接触	立即脱去污染衣物，用大量流动清水彻底冲洗。就医
眼睛接触	立即分开眼睑，用流动清水或生理盐水彻底冲洗。就医
吸入	迅速脱离现场至空气新鲜处，保持呼吸道通畅。就医
食入	用水漱口，禁止催吐。给饮牛奶或蛋清。就医
对施救者的忠告	根据需要使用个人防护设备

七、消防措施

灭火剂	一般用干粉、二氧化碳灭火器灭火。实验室少量药品起火直接用灭火毯或砂土闷熄
灭火注意事项及防护	消防人员必须佩戴防毒面具，穿全身防火防毒服，在上风向灭火。禁止用水和泡沫灭火器灭火
是否可用水灭火	否

八、泄漏应急处理

防护措施和装备	建议应急处理人员戴防尘口罩，穿防酸碱服，戴橡胶耐酸碱手套。确保安全的情况下，尽可能阻断泄漏源
处置材料和方法	用干燥的砂土或其他不燃材料覆盖泄漏物，用洁净的无火花工具收集泄漏物于容器中
环保措施	防止泄漏物进入水体或下水道

九、废弃处置

处置方法	建议缓慢倒入碳酸氢钠溶液中，用氨水喷洒，同时加碎冰，反应停止后，用水冲入废水系统
污染包装物	将容器返还生产商或交给有资质的专业处理公司处置
废弃注意事项	处置前应参阅国家和地方有关法规

四氢呋喃

一、基本信息

化学品中文名称	四氢呋喃	中文名称别名	氧杂环戊烷
化学品英文名称	tetrahydrofuran；tetramethylene oxide		
CAS No.	109-99-9	UN No.	2056
分子式	C_4H_8O	分子量	72.12

二、危险性概述

GHS 危险性分类	易燃液体，类别 2；严重眼损伤/眼刺激，类别 2；致癌性，类别 2；特异性靶器官毒性——次接触，类别 3（呼吸道刺激）
GHS 标签象形图	易燃物　　刺激性　　健康危害
是否易制毒/易制爆	否
燃烧及爆炸	高度易燃，其蒸气能与空气形成爆炸性混合物
危险反应及分解产物	与强氧化剂、强碱及有些金属氯化物激烈反应，有发生燃烧爆炸的危险
禁配物	酸类、碱、强氧化剂、氧
健康危害	该物质或蒸气对眼、皮肤和呼吸道有刺激性。具有麻醉作用，吸入对中枢神经系统有抑制作用
环境危害	可能危害环境

三、理化特性

外观与性状	无色易挥发液体，有类似乙醚的气味		
熔点（凝固点）/℃	−108.5	爆炸上限（体积分数）/%	11.8
沸点/℃	66	爆炸下限（体积分数）/%	1.8
闪点/℃	−14（CC）；−20（OC）	自燃温度/℃	321
溶解性	溶于水、乙醇、乙醚、丙酮、苯等多数有机溶剂		

四、个人防护

皮肤和身体	穿防静电工作服，戴橡胶耐油手套　　　必须穿工作服　　必须戴防护手套
眼睛	一般不需特殊防护，高浓度接触时可戴安全防护眼镜

呼吸	可能接触其蒸气时，应佩戴过滤式防毒面具（半面罩）。必要时佩戴空气呼吸器 必须戴防毒面具
设施配备	提供安全的淋浴和洗眼设备

五、使用与储存

使用注意事项	密闭操作，全面通风。远离火源、易燃物、可燃物。使用防爆型通风系统和设备。防止蒸气泄漏。避免与氧化剂、酸类、碱类接触
配制方法	可直接使用
储存注意事项	1.通常商品加有稳定剂。储存于阴凉、通风的专用库房。远离火种、热源。 2.包装要求密封，不可与空气接触。应与氧化剂、酸类、碱类、食用化学品分开放，切忌混储。 3.采用防爆型照明、通风设施。禁止使用易产生火花的机械设备和工具

六、急救措施

皮肤接触	立即脱去污染衣物，用大量流动清水彻底冲洗。就医
眼睛接触	立即分开眼睑，用流动清水或生理盐水彻底冲洗。就医
吸入	迅速脱离现场至空气新鲜处，保持呼吸道通畅。就医
食入	漱口，饮水。就医
对施救者的忠告	根据需要使用个人防护设备

七、消防措施

灭火剂	用抗溶性泡沫灭火器、二氧化碳灭火器、干粉灭火器或砂土灭火。实验室少量药品起火直接用灭火毯或砂土闷熄
灭火注意事项及防护	消防人员必须佩戴空气呼吸器，穿全身防火防毒服，在上风向灭火。用水灭火无效
是否可用水灭火	否

八、泄漏应急处理

防护措施和装备	建议应急处理人员戴正压式自给式呼吸器，穿防静电服，作业时使用的所有设备应接地。确保安全的情况下，尽可能阻断泄漏源
处置材料和方法	用砂土或其他不燃材料吸收，使用洁净的无火花工具收集于容器中
环保措施	防止泄漏物进入水体或下水道

九、废弃处置

处置方法	把废液浓缩，再在一定的安全距离之外敞口燃烧
污染包装物	将容器返还生产商或交给有资质的专业处理公司处置
废弃注意事项	把倒空的容器归还厂商或在规定场所掩埋

四氧化(三)铅

一、基本信息

化学品中文名称	四氧化（三）铅	中文名称别名	红丹；铅丹；四氧化铅
化学品英文名称	lead tetroxide；lead oxide（red）		
CAS No.	1314-41-6	UN No.	3077
分子式	Pb_3O_4	分子量	685.57

二、危险性概述

GHS危险性分类	致癌性，类别1B；生殖毒性，类别1A；特异性靶器官毒性--一次接触，类别1；特异性靶器官毒性-反复接触，类别1；危害水生环境-急性危害，类别1；危害水生环境-长期危害，类别1
GHS标签象形图	健康危害　　环境危害
是否易制毒/易制爆	否
燃烧及爆炸	不燃
危险反应及分解产物	与禁配物发生反应。分解产物：氧化铅
禁配物	强还原剂
健康危害	铅及其化合物损害造血、神经、消化系统及肾脏。短时大量接触可发生急性或亚急性中毒，表现类似重症慢性铅中毒
环境危害	严重危害水生生物且毒害影响长期持续

三、理化特性

外观与性状	鲜橘红色粉末或块状固体		
熔点（凝固点）/℃	500～830（分解）	爆炸上限（体积分数）/%	无意义
沸点/℃	1472	爆炸下限（体积分数）/%	无意义
闪点/℃	无意义	自燃温度/℃	无意义
溶解性	不溶于水、乙醇，溶于热碱液、稀硝酸、乙酸、盐酸		

四、个人防护

皮肤和身体	穿透气型防毒服，戴防化学品手套　必须穿工作服　必须戴防护手套
眼睛	一般不需特殊防护。必要时佩戴安全防护眼镜

呼吸	空气中粉尘浓度超标时，应佩戴过滤式防尘呼吸器。必要时佩戴空气呼吸器或长管面具
设施配备	提供安全的淋浴和洗眼设备

五、使用与储存

使用注意事项	密闭操作，局部排风。避免产生粉尘。避免与还原剂接触
配制方法	可直接使用
储存注意事项	1.储存于阴凉、通风的库房。远离火种、热源。 2.应与还原剂、食用化学品分开放，切忌混储

六、急救措施

皮肤接触	立即脱去污染衣物，用大量流动清水彻底冲洗。就医
眼睛接触	立即分开眼睑，用流动清水或生理盐水彻底冲洗。就医
吸入	迅速脱离现场至空气新鲜处，保持呼吸道通畅。就医
食入	漱口，饮水。就医
对施救者的忠告	根据需要使用个人防护设备

七、消防措施

灭火剂	本品不燃
灭火注意事项及防护	
是否可用水灭火	

八、泄漏应急处理

防护措施和装备	建议应急处理人员戴防尘口罩，穿防毒服，戴防化学品手套。确保安全的情况下，尽可能阻断泄漏源
处置材料和方法	用洁净的工具收集泄漏物，置于容器中
环保措施	防止泄漏物进入水体或下水道

九、废弃处置

处置方法	用安全掩埋法处置
污染包装物	将容器返还生产商或交给有资质的专业处理公司处置
废弃注意事项	处置前应参阅国家和地方有关法规

松节油

一、基本信息

化学品中文名称	松节油	中文名称别名	
化学品英文名称	turpentine oil；turpentine		
CAS No.	8006-64-2	UN No.	1299
分子式	$C_{10}H_{16}$（主要）	分子量	136.23

二、危险性概述

GHS危险性分类	易燃液体，类别3；急性毒性-经口，类别4；急性毒性-经皮，类别4；急性毒性-吸入，类别4；皮肤腐蚀/刺激，类别2；严重眼损伤/眼刺激，类别2；皮肤致敏物，类别1；吸入危害，类别1；危害水生环境-急性危害，类别2；危害水生环境-长期危害，类别2
GHS标签象形图	易燃物　刺激性　健康危害　环境危害
是否易制毒/易制爆	否
燃烧及爆炸	易燃，其蒸气与空气混合，能形成爆炸性混合物。受热或接触火焰可能会产生膨胀或爆炸性分解
危险反应及分解产物	与强氧化剂、卤素、可燃物、无机酸激烈反应。燃烧时生成有毒烟雾。与禁配物接触，有发生火灾和爆炸的危险
禁配物	强氧化剂、硝酸
健康危害	蒸气对眼、皮肤和呼吸道有刺激作用。误服或吸入可能引起化学性肺炎，严重可能致命。高浓度蒸气可具麻醉作用，影响中枢神经系统、膀胱和肾。
环境危害	危害水生生物且毒害影响长期持续

三、理化特性

外观与性状	无色至淡黄色油状液体，有松香气味		
熔点（凝固点）/℃	−50～−60	爆炸上限（体积分数）/％	6.0
沸点/℃	149～180	爆炸下限（体积分数）/％	0.8
闪点/℃	32～46（CC）	自燃温度/℃	220～255
溶解性	不溶于水，溶于乙醇，混溶于苯、氯仿、乙醚等多数有机溶剂		

四、个人防护

皮肤和身体	穿化学防护服，戴橡胶耐油手套　必须穿工作服　必须戴防护手套
眼睛	必要时，戴化学安全防护眼镜　必须戴防护眼镜

呼吸	高浓度环境中，应该佩戴过滤式防毒面具（半面罩） 必须戴防毒面具
设施配备	加强通风，提供安全淋浴和洗眼设备。

五、使用与储存

使用注意事项	密闭操作，全面通风。远离火源、易燃物、可燃物。使用防爆型通风系统和设备。防止蒸气泄漏。避免与氧化剂、酸类接触
配制方法	可直接使用
储存注意事项	1.储存于阴凉、通风的专用库房。远离火种、热源。 2.保持容器密封。应与氧化剂、酸类等分开存放，切忌混储。 3.采用防爆型照明、通风设施。禁止使用易产生火花的机械设备和工具

六、急救措施

皮肤接触	立即脱去污染衣物，用大量流动清水彻底冲洗。就医
眼睛接触	立即分开眼睑，用流动清水或生理盐水彻底冲洗。就医
吸入	迅速脱离现场至空气新鲜处，保持呼吸道通畅。就医
食入	漱口，饮水。禁止催吐。就医
对施救者的忠告	根据需要使用个人防护设备

七、消防措施

灭火剂	一般用泡沫灭火器、干粉灭火器、二氧化碳灭火器或砂土灭火。实验室少量药品起火直接用灭火毯或砂土闷熄
灭火注意事项及防护	消防人员必须佩戴空气呼吸器，穿全身防火消防服，在上风向灭火
是否可用水灭火	否

八、泄漏应急处理

防护措施和装备	建议应急处理人员戴正压自给式呼吸器，穿防静电服，戴橡胶耐油手套，作业时使用的所有设备应接地。确保安全的情况下，尽可能阻断泄漏源
处置材料和方法	用砂土或其他不燃材料吸收，使用洁净无火花工具收集于容器中
环保措施	防止泄漏物进入水体或下水道

九、废弃处置

处置方法	建议用焚烧法处置
污染包装物	将容器返还生产商或交给有资质的专业处理公司处置
废弃注意事项	处置前参照国家和地方有关法律法规

硝基苯

一、基本信息

化学品中文名称	硝基苯	中文名称别名	密斑油；米耳班油
化学品英文名称	nitrobenzene；oil of myrbane		
CAS No.	98-95-3	UN No.	1662
分子式	$C_6H_5NO_2$	分子量	123.10

二、危险性概述

GHS 危险性分类	急性毒性-经口，类别 3；急性毒性-经皮，类别 3；急性毒性-吸入，类别 3；致癌性，类别 2；生殖毒性，类别 1B；特异性靶器官毒性-反复接触，类别 1；危害水生环境-急性危害，类别 2；危害水生环境-长期危害，类别 2
GHS 标签象形图	有毒物　　健康危害　　环境危害
是否易制毒/易制爆	否
燃烧及爆炸	可燃
危险反应及分解产物	遇高热、明火燃烧生成刺激性有毒烟雾。与氨、无机强碱、活泼金属、碱金属碳酸盐、金属氧化物、金属烷氧化物等接触发生爆炸。分解产物：氮氧化物
禁配物	强氧化剂、氨、胺类等
健康危害	主要引起高铁血红蛋白血症，可引起溶血及肝损害。长期接触可有神经衰弱综合征。可能致癌
环境危害	危害水生生物且毒害影响长期持续

三、理化特性

外观与性状	淡黄色透明油状液体，有苦杏仁味		
熔点（凝固点）/℃	5.7	爆炸上限（体积分数）/%	40
沸点/℃	210.8	爆炸下限（体积分数）/%	1.8（93℃）
闪点/℃	88（CC）	自燃温度/℃	482
溶解性	不溶于水，溶于乙醇、乙醚、苯、丙酮等多数有机溶剂		

四、个人防护

皮肤和身体	穿透气型防毒服，戴橡胶耐油手套　　必须穿工作服　　必须戴防护手套
眼睛	戴化学安全防护眼镜　　必须戴防护眼镜

呼吸	可能接触其蒸气时，应该佩戴过滤式防毒面具（半面罩）。紧急事态抢救或撤离时，佩戴空气呼吸器 必须戴防毒面具
设施配备	提供安全的淋浴和洗眼设备

五、使用与储存

使用注意事项	密闭操作，提供充分的局部排风。远离火源、易燃物、可燃物。使用防爆型通风系统和设备。防止蒸气泄漏。避免与氧化剂、还原剂、碱类接触
配制方法	可直接使用
储存注意事项	1.储存于阴凉、通风的专用库房。远离火种、热源。 2.保持容器密封。应与氧化剂、还原剂、碱类、食用化学品分开存放，切忌混储

六、急救措施

皮肤接触	立即脱去污染的衣物，用肥皂水或流动的清水彻底冲洗。就医
眼睛接触	立即分开眼睑，用流动清水或生理盐水彻底冲洗。就医
吸入	迅速脱离现场至空气新鲜处，保持呼吸道通畅。就医
食入	漱口、饮水。就医
对施救者的忠告	根据需要使用个人防护设备

七、消防措施

灭火剂	一般用泡沫灭火器、二氧化碳灭火器、干粉灭火器或砂土灭火。实验室少量药品起火直接用灭火毯或砂土闷熄
灭火注意事项及防护	消防人员必须佩戴过滤式防毒面具或空气呼吸器，穿全身防火防毒服，在上风向灭火
是否可用水灭火	否

八、泄漏应急处理

防护措施和装备	建议应急处理人员戴正压自给式呼吸器，穿防静电服，戴橡胶耐油手套，作业时使用的所有设备应接地。确保安全的情况下，尽可能阻断泄漏源
处置材料和方法	用砂土或其他不燃材料吸收泄漏物，使用洁净的无火花工具收集于容器中
环保措施	防止泄漏物进入水体或下水道

九、废弃处置

处置方法	建议用焚烧法处置
污染包装物	将容器返还生产商或交给有资质的专业处理公司处置
废弃注意事项	把倒空的容器归还厂商或在规定场所掩埋。处置前参阅国家和地方有关法律法规

硝 酸

一、基本信息

化学品中文名称	硝酸	中文名称别名	
化学品英文名称		nitric acid；azotic acid	
CAS No.	7697-37-2	UN No.	2031
分子式	HNO$_3$	分子量	63.02

二、危险性概述

GHS危险性分类	氧化性液体，类别3；皮肤腐蚀/刺激，类别1A；严重眼损伤/眼刺激，类别1；危害水生环境-急性危害，类别3
GHS标签象形图	氧化性　腐蚀性
是否易制毒/易制爆	本品是易制爆试剂。氧化性液体，类别3
燃烧及爆炸	助燃。与可燃物混合会发生爆炸
危险反应及分解产物	与还原剂、可燃物激烈反应，与碱激烈反应并腐蚀金属。与禁配物接触，有发生火灾和爆炸的危险。分解产物：氮氧化物
禁配物	还原剂、碱类、醇类、碱金属、铜、胺类、金属粉末、电石、硫化氢、松节油、可燃物（如糖、纤维素、木屑、棉花、稻草或废纱头等）
健康危害	对眼、皮肤和呼吸道有腐蚀作用，吸入可引起急性肺水肿。长期反复接触其蒸气损伤肺、侵蚀牙齿
环境危害	危害水生生物

三、理化特性

外观与性状	纯品为无色透明发烟液体，有酸味		
熔点（凝固点）/℃	−42（无水）	爆炸上限（体积分数）/％	无意义
沸点/℃	83（无水）	爆炸下限（体积分数）/％	无意义
闪点/℃	无意义	自燃温度/℃	无意义
溶解性	与水混溶，溶于乙醚		

四、个人防护

皮肤和身体	穿橡胶耐酸碱服，戴橡胶耐酸碱手套　必须穿工作服　必须戴防护手套
眼睛	呼吸系统防护中已作防护

呼吸	可能接触其烟雾时，佩戴过滤式防毒面具（全面罩）或空气呼吸器。紧急事态抢救或撤离时，建议佩戴空气呼吸器
设施配备	提供安全的淋浴和洗眼设备

五、使用与储存

使用注意事项	密闭操作，注意通风。远离火源、易燃物、可燃物。防止蒸气泄漏。避免与还原剂、碱类、醇类、碱金属接触。稀释或制备溶液时，应把酸加入水中，避免沸腾和飞溅
配制方法	配制浓度 $6mol \cdot L^{-1}$ 溶液：量取 375mL 浓度为 $16mol \cdot L^{-1}$ HNO_3 加水稀释至 1L
储存注意事项	1.本品为易制爆试剂，实行"五双"管理。 2.储存于阴凉、通风的专用库房。远离火种、热源。 3.保持容器密封。应与还原剂、碱类、醇类、碱金属分开存放，切忌混储

六、急救措施

皮肤接触	立即脱去污染衣物，用大量流动清水彻底冲洗。就医
眼睛接触	立即分开眼睑，用流动清水或生理盐水彻底冲洗。就医
吸入	迅速脱离现场至空气新鲜处，保持呼吸道通畅。就医
食入	用水漱口，禁止催吐。给饮牛奶或蛋清。就医
对施救者的忠告	根据需要使用个人防护设备

七、消防措施

灭火剂	本品不燃。根据着火原因选择适当灭火剂灭火
灭火注意事项及防护	实验室少量药品起火直接用灭火毯或砂土闷熄
是否可用水灭火	是

八、泄漏应急处理

防护措施和装备	建议应急处理人员穿上适当防酸碱防护服，戴防毒面具及橡胶耐酸碱手套。确保安全的情况下，尽可能阻断泄漏源
处置材料和方法	用干燥的砂土或其他不燃材料覆盖泄漏物，收集到容器中
环保措施	防止泄漏物进入水体或下水道

九、废弃处置

处置方法	加入纯碱（消石灰）溶液中，生成中性的硝酸盐溶液，用水稀释后排入废水系统
污染包装物	将容器返还生产商或交给有资质的专业处理公司处置
废弃注意事项	处置前应参阅国家和地方有关法规

硝酸铋

一、基本信息

化学品中文名称	硝酸铋	中文名称别名	
化学品英文名称	bismuth nitrate; nitric acid bismuth salt		
CAS No.	10361-44-1	UN No.	1477
分子式	Bi（NO$_3$）$_3$	分子量	394.98

二、危险性概述

GHS 危险性分类	氧化性固体，类别 2；特异性靶器官毒性--一次接触，类别 1；特异性靶器官毒性-反复接触，类别 1
GHS 标签象形图	氧化性　　健康危害
是否易制毒/易制爆	否
燃烧及爆炸	助燃。与可燃物混合能形成爆炸性混合物
危险反应及分解产物	与禁配物接触有发生燃烧爆炸的危险。分解产物：氮氧化物
禁配物	还原剂、易燃或可燃物、活性金属粉末、硫、磷
健康危害	对眼睛、皮肤、黏膜和上呼吸道有刺激性。非职业性中毒可发生肝、肾、中枢神经系统损害及药疹等
环境危害	可能危害环境

三、理化特性

外观与性状	无色透明有光泽结晶，有吸湿性。		
熔点（凝固点）/℃	75～80（分解）	爆炸上限（体积分数）/%	无意义
沸点/℃	分解	爆炸下限（体积分数）/%	无意义
闪点/℃	无意义	自燃温度/℃	无意义
溶解性	溶于稀硝酸、乙酸、丙酮		

四、个人防护

皮肤和身体	穿隔绝式防毒服，戴橡胶手套　　必须穿工作服　必须戴防护手套
眼睛	带化学安全防护眼镜　　必须戴防护眼镜
呼吸	空气中浓度较高时，应该佩戴过滤式防尘呼吸器
设施配备	提供安全的淋浴和洗眼设备

五、使用与储存

使用注意事项	密闭操作，加强通风。避免产生粉尘。远离火源、易燃物、可燃物。避免与还原剂、酸类接触
配制方法	配制浓度 0.1mol·L^{-1} 溶液：溶解 39.50g Bi（NO$_3$）$_3$ 固体于适量 6mol·L^{-1} HNO$_3$ 溶液中，加水稀释至 1L
储存注意事项	1.储存于阴凉、通风的专用库房。远离火种、热源。 2.包装密封。应与易（可）燃物、还原剂等分开存放，切忌混储

六、急救措施

皮肤接触	立即脱去污染衣物，用大量流动清水彻底冲洗。就医
眼睛接触	立即分开眼睑，用流动清水或生理盐水彻底冲洗。就医
吸入	迅速脱离现场至空气新鲜处，保持呼吸道通畅。就医
食入	漱口，饮水。就医
对施救者的忠告	根据需要使用个人防护设备

七、消防措施

灭火剂	本品不燃。根据着火原因选择适当灭火剂灭火
灭火注意事项及防护	实验室少量药品起火直接用灭火毯或砂子闷熄。切勿将水流直接射至熔融物，以免引起严重的流淌火灾或引起剧烈的沸溅
是否可用水灭火	否

八、泄漏应急处理

防护措施和装备	建议应急处理人员戴防尘口罩，穿防毒服，戴橡胶手套。确保安全的情况下，尽可能阻断泄漏源
处置材料和方法	用洁净的工具收集泄漏物，置于容器中
环保措施	防止泄漏物进入水体或下水道

九、废弃处置

处置方法	建议用安全掩埋法处置
污染包装物	将容器返还生产商或交给有资质的专业处理公司处置
废弃注意事项	处置前参照国家和地方有关法律法规

硝酸钙

一、基本信息

化学品中文名称	硝酸钙	中文名称别名	钙硝石
化学品英文名称	calcium nitrate；lime nitrate		
CAS No.	10124-37-5	UN No.	1454
分子式	Ca（NO$_3$）$_2$·4H$_2$O	分子量-	236.15

二、危险性概述

GHS危险性分类	氧化物固体，类别3；特异性靶器官毒性-—次接触，类别1；特异性靶器官毒性-反复接触，类别1
GHS标签象形图	氧化性　　健康危害
是否易制毒/易制爆	本品是易制爆试剂。氧化物固体，类别3
燃烧及爆炸	助燃。与可燃物混合可形成爆炸性混合物
危险反应及分解产物	与禁配物接触有发生燃烧爆炸的危险。分解产物：氮氧化物
禁配物	强还原剂、强酸、磷、铝、硫
健康危害	吸入本品粉尘，对呼吸道有刺激性，引起咳嗽及胸部不适。对眼有刺激性。长期反复接触粉尘对皮肤有刺激性
环境危害	可能危害环境

三、理化特性

外观与性状	无色透明单斜结晶或粉末		
熔点（凝固点）/℃	561	爆炸上限（体积分数）/%	无意义
沸点/℃	无资料	爆炸下限（体积分数）/%	无意义
闪点/℃	无意义	自燃温度/℃	无意义
溶解性	易溶于水、液氨、丙酮、甲醇、乙醇，不溶于浓硝酸		

四、个人防护

皮肤和身体	穿隔绝式防毒服，戴橡胶手套　　必须穿工作服　必须戴防护手套
眼睛	戴化学安全防护眼镜　　必须戴防护眼镜
呼吸	可能接触其粉末时，建议佩戴过滤式防尘呼吸器
设施配备	提供安全的淋浴和洗眼设备

五、使用与储存

使用注意事项	密闭操作，加强通风。避免产生粉尘。远离火源、易燃物、可燃物。避免与还原剂、酸类接触
配制方法	配制浓度 $0.1mol \cdot L^{-1}$ 溶液：溶解 $23.62g$ $Ca(NO_3)_2 \cdot 4H_2O$ 固体于水中，加水稀释至 1L
储存注意事项	1.本品为易制爆试剂，实行"五双"管理。 2.储存于阴凉、通风的专用库房。远离火种、热源。 3.应与还原剂、酸类等分开存放，切忌混储

六、急救措施

皮肤接触	立即脱去污染衣物，用大量流动清水彻底冲洗。就医
眼睛接触	立即分开眼睑，用流动清水或生理盐水彻底冲洗。就医
吸入	迅速脱离现场至空气新鲜处，保持呼吸道通畅。就医
食入	漱口，饮水。就医
对施救者的忠告	根据需要使用个人防护设备

七、消防措施

灭火剂	本品不燃。一般用水雾、干粉、泡沫或二氧化碳灭火剂灭火
灭火注意事项及防护	实验室少量药品起火直接用灭火毯或砂土闷熄。避免使用直流水灭火，直流水可能导致可燃性液体的飞溅，使火势扩散
是否可用水灭火	是

八、泄漏应急处理

防护措施和装备	建议应急处理人员戴防尘口罩，穿防毒服，戴氯丁橡胶手套。确保安全的情况下，尽可能阻断泄漏源
处置材料和方法	用洁净的工具收集泄漏物，置于容器中
环保措施	防止泄漏物进入水体或下水道

九、废弃处置

处置方法	根据国家和地方有关法规的要求处置。或与制造商联系，确定处置方法
污染包装物	将容器返还生产商或交给有资质的专业处理公司处置
废弃注意事项	处置前应参阅国家和地方有关法规

硝酸汞

一、基本信息

化学品中文名称	硝酸汞	中文名称别名	硝酸高汞
化学品英文名称	mercuric nitrate; mercury pernitrate		
CAS No.	10045-94-0	UN No.	1625
分子式	Hg（NO$_3$）$_2$	分子量	324.61

二、危险性概述

GHS危险性分类	急性毒性-经皮，类别 2；急性毒性-经口，类别 2；皮肤腐蚀/刺激，类别 1；严重眼损伤/眼刺激，类别 1；皮肤致敏物，类别 1；生殖细胞致突变性，类别 2；生殖毒性，类别 2；特异性靶器官毒性——次接触，类别 1；特异性靶器官毒性-反复接触，类别 1；危害水生环境-急性危害，类别 1；危害水生环境-长期危害，类别 1
GHS标签象形图	有毒物　　腐蚀性　　健康危害　　环境危害
是否易制毒/易制爆	否
燃烧及爆炸	助燃。与可燃物混合能形成爆炸性混合物
危险反应及分解产物	与禁配物接触有发生燃烧爆炸的危险。分解产物：氮氧化物、氧化汞
禁配物	易燃或可燃物、强还原剂、无机物、磷、活性金属粉末等
健康危害	对眼、皮肤和呼吸道有腐蚀性。反复或长期接触可能对中枢神经系统、肾有影响
环境危害	严重危害水生生物且毒害影响长期持续

三、理化特性

外观与性状	无色或白色透明结晶，有潮解性		
熔点（凝固点）/℃	79	爆炸上限（体积分数）/%	无意义
沸点/℃	180（分解）	爆炸下限（体积分数）/%	无意义
闪点/℃	无意义	自燃温度/℃	无意义
溶解性	易溶于水，不溶于乙醇，溶于硝酸		

四、个人防护

皮肤和身体	穿连衣式防毒服，戴橡胶手套　　必须穿工作服　　必须戴防护手套
眼睛	戴化学安全防护眼镜　　必须戴防护眼镜

呼吸	作业人员应该佩戴过滤式防尘呼吸器
设施配备	提供安全的淋浴和洗眼设备

五、使用与储存

使用注意事项	密闭操作，局部排风。避免产生粉尘。远离火源、易燃物、可燃物。避免与还原剂、活性金属粉末接触
配制方法	配制浓度 0.1mol·L⁻¹ 溶液：溶解 32.46g Hg（NO₃）₂ 固体于水中，加水稀释至 1L
储存注意事项	1.储存于阴凉、通风良好的专用库房。远离火种、热源。 2.包装密封。应与还原剂、易（可）燃物、活性金属粉末、食用化学品等分开存放，切忌混储

六、急救措施

皮肤接触	立即脱去污染衣物，用大量流动清水彻底冲洗。就医
眼睛接触	立即分开眼睑，用流动清水或生理盐水彻底冲洗。就医
吸入	迅速脱离现场至空气新鲜处，保持呼吸道通畅。就医
食入	口服蛋清、牛奶或豆浆。解毒剂：二巯基丙磺酸钠、二巯基丁二酸钠、青霉胺。就医
对施救者的忠告	根据需要使用个人防护设备

七、消防措施

灭火剂	本品不燃。一般用用水雾、抗乙醇泡沫、干粉或二氧化碳灭火
灭火注意事项及防护	实验室少量药品起火直接用灭火毯或砂土闷熄。如必要的话，戴自给式呼吸器去救火
是否可用水灭火	是

八、泄漏应急处理

防护措施和装备	建议应急处理人员戴防尘口罩，穿防毒服，戴橡胶手套。确保安全的情况下，尽可能阻断泄漏源
处置材料和方法	用洁净的工具收集泄漏物，置于容器中
环保措施	防止泄漏物进入水体或下水道

九、废弃处置

处置方法	根据国家和地方有关法规的要求处置。或与制造商联系，确定处置方法
污染包装物	将容器返还生产商或交给有资质的专业处理公司处置
废弃注意事项	把空容器归还厂商

硝酸钾

一、基本信息

化学品中文名称	硝酸钾	中文名称别名	火硝；硝石
化学品英文名称	potassium nitrate；saltpeter		
CAS No.	7757-79-1	UN No.	1486
分子式	KNO₃	分子量	140.21

二、危险性概述

GHS危险性分类	氧化性固体，类别3；生殖毒性，类别2；特异性靶器官毒性——次接触，类别1；特异性靶器官毒性-反复接触，类别1
GHS标签象形图	氧化性　　　健康危害
是否易制毒/易制爆	本品是易制爆试剂。氧化性固体，类别3
燃烧及爆炸	助燃。与可燃物混合能形成爆炸性混合物
危险反应及分解产物	与禁配物接触有发生燃烧爆炸的危险。分解产物：氮氧化物、氧气
禁配物	强还原剂、强酸、易燃或可燃物、活性金属粉末
健康危害	对眼、皮肤和呼吸道有强烈刺激性。高浓度吸入可引起肺水肿。大量接触可引起高铁血红蛋白血症。误服可致剧烈腹痛、呕吐、血便、休克、全身抽搐、昏迷，甚至死亡
环境危害	可能危害环境

三、理化特性

外观与性状	无色透明斜方或三方晶系颗粒或白色粉末		
熔点（凝固点）/℃	334	爆炸上限（体积分数）/%	无意义
沸点/℃	400（分解）	爆炸下限（体积分数）/%	无意义
闪点/℃	无意义	自燃温度/℃	无意义
溶解性	易溶于水，溶于甘油，不溶于无水乙醇、乙醚		

四、个人防护

皮肤和身体	穿隔绝式防毒服，戴橡胶手套　　必须穿工作服　必须戴防护手套
眼睛	戴化学安全防护眼镜　　必须戴防护眼镜

呼吸	可能接触其粉末时，建议佩戴过滤式防尘呼吸器
设施配备	提供安全的淋浴和洗眼设备

五、使用与储存

使用注意事项	密闭操作，加强通风。远离火源、易燃物、可燃物。避免产生粉尘。避免与还原剂、酸类、活性金属粉末接触
配制方法	配制浓度 $0.2mol \cdot L^{-1}$ 溶液：溶解 $28.04g$ KNO_3 固体于水中，加水稀释至 1L
储存注意事项	1.本品为易制爆试剂，实行"五双"管理。 2.储存于阴凉、干燥、通风良好的专用库房。远离火种、热源。 3.应与还原剂、酸类、易（可）燃物、活性金属粉末等分开存放，切忌混储

六、急救措施

皮肤接触	立即脱去污染衣物，用大量流动清水彻底冲洗。就医
眼睛接触	立即分开眼睑，用流动清水或生理盐水彻底冲洗。就医
吸入	迅速脱离现场至空气新鲜处，保持呼吸道通畅。就医
食入	漱口，饮水。就医
对施救者的忠告	根据需要使用个人防护设备

七、消防措施

灭火剂	本品不燃。根据着火原因选择适当灭火剂灭火
灭火注意事项及防护	实验室少量药品起火直接用灭火毯或砂子闷熄。切勿将水流直接射至熔融物，以免引起严重的流淌火灾或引起剧烈的沸溅
是否可用水灭火	否

八、泄漏应急处理

防护措施和装备	建议应急处理人员戴防尘口罩，穿防毒服，戴氯丁橡胶手套。确保安全的情况下，尽可能阻断泄漏源
处置材料和方法	用洁净的工具收集泄漏物，置于容器中
环保措施	防止泄漏物进入水体或下水道

九、废弃处置

处置方法	根据国家和地方有关法规的要求处置。或与制造商联系，确定处置方法
污染包装物	将容器返还生产商或交给有资质的专业处理公司处置
废弃注意事项	在规定场所掩埋空容器

硝酸镁

一、基本信息

化学品中文名称	硝酸镁	中文名称别名	
化学品英文名称	magnesium nitrate；magnesium dinitrate hexahydrate		
CAS No.	13446-18-9	UN No.	1474
分子式	Mg（NO₃）₂·6H₂O	分子量	256.43

分子式：$Mg(NO_3)_2 \cdot 6H_2O$

二、危险性概述

GHS 危险性分类	氧化性固体，类别 3；严重眼损伤/眼刺激，类别 2；特异性靶器官毒性——次接触，类别 1；特异性靶器官毒性-反复接触，类别 1
GHS 标签象形图	氧化性　　刺激性　　健康危害
是否易制毒/易制爆	本品是易制爆试剂。氧化性固体，类别 3
燃烧及爆炸	助燃，与可燃物混合能形成爆炸性混合物
危险反应及分解产物	与禁配物接触有发生燃烧爆炸的危险。受热分解生成刺激性烟雾。分解产物：氮氧化物
禁配物	强还原剂、易燃或可燃物、活性金属粉末、硫、磷
健康危害	对眼、皮肤和呼吸道有刺激性。长期或反复接触粉尘时可能对肺有损伤
环境危害	可能危害环境

三、理化特性

外观与性状	白色、易潮解的单斜晶体，有苦味		
熔点（凝固点）/℃	89	爆炸上限（体积分数）/%	无意义
沸点/℃	330（分解）	爆炸下限（体积分数）/%	无意义
闪点/℃	无意义	自燃温度/℃	无意义
溶解性	易溶于水，溶于乙醇、乙醚、液氨		

四、个人防护

皮肤和身体	穿隔绝式防毒服，戴橡胶手套　　　　必须穿工作服　　必须戴防护手套
眼睛	戴化学安全防护眼镜　　必须戴防护眼镜

呼吸	可能接触其粉末时，应该佩戴过滤式防尘呼吸器
设施配备	提供安全的淋浴和洗眼设备

五、使用与储存

使用注意事项	密闭操作，加强通风。避免产生粉尘。远离火源、易燃物、可燃物。避免与还原剂、酸类接触
配制方法	配制浓度 $0.1mol \cdot L^{-1}$ 溶液：溶解 $25.64g$ $Mg(NO_3)_2 \cdot 6H_2O$ 固体于水中，加水稀释至 1L
储存注意事项	1.本品为易制爆试剂，实行"五双"管理。 2.储存于阴凉、干燥、通风良好的专用库房。远离火种、热源。 3.包装必须密封，切勿受潮。应与易（可）燃物、还原剂等分开存放，切忌混储

六、急救措施

皮肤接触	立即脱去污染的衣物，用肥皂水或清水彻底冲洗。就医
眼睛接触	立即分开眼睑，用流动清水或生理盐水彻底冲洗。就医
吸入	迅速脱离现场至空气新鲜处，保持呼吸道通畅。就医
食入	漱口，饮水。就医
对施救者的忠告	根据需要使用个人防护设备

七、消防措施

灭火剂	本品不燃
灭火注意事项及防护	
是否可用水灭火	

八、泄漏应急处理

防护措施和装备	建议应急处理人员戴防尘口罩，穿防毒服，戴橡胶手套。确保安全的情况下，尽可能阻断泄漏源
处置材料和方法	用洁净的工具收集泄漏物，置于容器中
环保措施	防止泄漏物进入水体或下水道

九、废弃处置

处置方法	根据国家和地方有关法规的要求处置。或与制造商联系，确定处置方法
污染包装物	将容器返还生产商或交给有资质的专业处理公司处置
废弃注意事项	用水清洗倒空的容器

硝酸钠

一、基本信息

化学品中文名称	硝酸钠	中文名称别名	智利钠
化学品英文名称	sodium nitrate；sodium saltpeter		
CAS No.	7631-99-4	UN No.	1498
分子式	NaNO₃	分子量	85.00

二、危险性概述

GHS危险性分类	氧化物固体，类别3；严重眼损伤/眼刺激，类别2B；生殖细胞致突变性，类别2；特异性靶器官毒性——次接触，类别1；特异性靶器官毒性-反复接触，类别1
GHS标签象形图	氧化性　　健康危害
是否易制毒/易制爆	本品是易制爆试剂。氧化物固体，类别3
燃烧及爆炸	助燃。与可燃物混合能形成爆炸性混合物
危险反应及分解产物	与禁配物接触有发生燃烧爆炸的危险。受热分解生成氮氧化物和氧，增加着火危险
禁配物	强还原剂、活性金属粉末、强酸、易燃或可燃物、铝
健康危害	对眼、皮肤、黏膜和呼吸道有刺激性。误服大量该品可致剧烈腹痛、呕吐、血便、休克、全身抽搐、昏迷，甚至死亡
环境危害	可能危害环境

三、理化特性

外观与性状	无色透明或白微带黄色的菱形结晶，味微苦，易潮解		
熔点（凝固点）/℃	306.8	爆炸上限（体积分数）/%	无意义
沸点/℃	380（分解）	爆炸下限（体积分数）/%	无意义
闪点/℃	无意义	自燃温度/℃	无意义
溶解性	易溶于水、甘油、液氨，微溶于乙醇，不溶于丙酮		

四、个人防护

皮肤和身体	穿隔绝式防毒服，戴橡胶手套　必须穿工作服　必须戴防护手套
眼睛	戴化学安全防护眼镜　必须戴防护眼镜

呼吸	可能接触其粉末时，建议佩戴过滤式防尘呼吸器
设施配备	提供安全的淋浴和洗眼设备

五、使用与储存

使用注意事项	密闭操作，加强通风。远离火源、易燃物、可燃物。避免产生粉尘。避免与还原剂、活性金属粉末、酸类接触
配制方法	配制浓度 $0.1mol \cdot L^{-1}$ 溶液：溶解 8.5g $NaNO_3$ 固体于水中，加水稀释至 1L
储存注意事项	1.本品为易制爆试剂，实行"五双"管理。 2.储存于阴凉、通风的专用库房。远离火种、热源。 3.应与还原剂、酸类、易（可）燃物、活性金属粉末等分开存放，切忌混储

六、急救措施

皮肤接触	立即脱去污染衣物，用大量流动清水彻底冲洗。就医
眼睛接触	立即分开眼睑，用流动清水或生理盐水彻底冲洗。就医
吸入	迅速脱离现场至空气新鲜处，保持呼吸道通畅。就医
食入	漱口，饮水。就医
对施救者的忠告	根据需要使用个人防护设备

七、消防措施

灭火剂	本品不燃。根据着火原因选择适当灭火剂灭火
灭火注意事项及防护	实验室少量药品起火直接用灭火毯或砂土闷熄。切勿将水流直接射至熔融物，以免引起严重的流淌火灾或引起剧烈的沸溅
是否可用水灭火	否

八、泄漏应急处理

防护措施和装备	建议应急处理人员戴防尘口罩，穿防毒服，戴氯丁橡胶手套。确保安全的情况下，尽可能阻断泄漏源
处置材料和方法	用洁净的工具收集泄漏物，置于容器中
环保措施	防止泄漏物进入水体或下水道

九、废弃处置

处置方法	根据国家和地方有关法规的要求处置。或与制造商联系，确定处置方法
污染包装物	将容器返还生产商或交给有资质的专业处理公司处置
废弃注意事项	在规定场所掩埋空容器

硝酸镍

一、基本信息

化学品中文名称	硝酸镍	中文名称别名	硝酸亚镍
化学品英文名称	nickel nitrate；nickelous nitrate		
CAS No.	13478-00-7	UN No.	2725
分子式	$Ni(NO_3)_2 \cdot 6H_2O$	分子量	290.85

二、危险性概述

GHS危险性分类	氧化性固体，类别2；急性毒性-经口，类别4；急性毒性-吸入，类别4；皮肤腐蚀/刺激，类别2；严重眼损伤/眼刺激，类别1；皮肤致敏物，类别1；生殖细胞致突变性，类别2；致癌性，类别1A；生殖毒性，类别1B；特异性靶器官毒性-反复接触，类别1；危害水生环境-急性危害，类别1；危害水生环境-长期危害，类别1
GHS标签象形图	氧化性　刺激性　腐蚀性　健康危害　环境危害
是否易制毒/易制爆	本品是易制爆试剂。氧化性固体，类别2
燃烧及爆炸	助燃。与可燃物混合形成爆炸性混合物
危险反应及分解产物	与禁配物接触有发生燃烧爆炸的危险。分解产物：氮氧化物
禁配物	强还原剂、强酸
健康危害	吸入对呼吸道有刺激性。大量口服刺激胃肠道。粉尘对眼有刺激，水溶液可引起灼伤。皮肤接触会引起皮炎
环境危害	严重危害水生生物且毒害影响长期持续

三、理化特性

外观与性状	青绿色单斜结晶，易潮解		
熔点（凝固点）/℃	56.7	爆炸上限（体积分数）/%	无意义
沸点/℃	136.7	爆炸下限（体积分数）/%	无意义
闪点/℃	无意义	自燃温度/℃	无意义
溶解性	易溶于水，溶于乙醇、氨水		

四、个人防护

皮肤和身体	穿隔绝式防毒服，戴橡胶手套　　必须穿工作服　必须戴防护手套
眼睛	戴化学安全防护眼镜　　必须戴防护眼镜

呼吸	可能接触其粉尘时，应佩戴过滤式防尘呼吸器
设施配备	提供安全的淋浴和洗眼设备

五、使用与储存

使用注意事项	密闭操作，加强通风。远离火源、易燃物、可燃物。避免产生粉尘。避免与还原剂、酸类接触
配制方法	配制浓度 $0.1mol \cdot L^{-1}$ 溶液：溶解 29.09g 硝酸镍固体于水中，加水稀释至 1L
储存注意事项	1.本品属于易制爆试剂，实行"五双"管理。 2.储存于阴凉、通风的库房。远离火种、热源。 3.包装必须密封，切勿受潮。应与还原剂、酸类分开存放，切忌混储

六、急救措施

皮肤接触	立即脱去污染衣物，用大量流动清水彻底冲洗。就医
眼睛接触	立即分开眼睑，用流动清水或生理盐水彻底冲洗。就医
吸入	迅速脱离现场至空气新鲜处，保持呼吸道通畅。就医
食入	漱口、饮水。就医
对施救者的忠告	根据需要使用个人防护设备

七、消防措施

灭火剂	本品不燃。根据着火原因选择适当灭火剂灭火
灭火注意事项及防护	消防人员必须佩戴空气呼吸器、穿全身防火防毒服，在上风向灭火。尽可能将容器从火场移至空旷处。喷水保持火场容器冷却，直至灭火结束
是否可用水灭火	是

八、泄漏应急处理

防护措施和装备	建议应急处理人员戴防尘口罩，穿防毒服，戴橡胶手套。确保安全的情况下，尽可能阻断泄漏源
处置材料和方法	用洁净的工具收集泄漏物，置于容器中
环保措施	防止泄漏物进入水体或下水道

九、废弃处置

处置方法	根据国家和地方有关法规的要求处置。或与制造商联系，确定处置方法
污染包装物	将容器返还生产商或交给有资质的专业处理公司处置
废弃注意事项	在规定场所掩埋空容器

硝酸铅

一、基本信息

化学品中文名称	硝酸铅	中文名称别名	
化学品英文名称	lead nitrate；plumbous nitrate		
CAS No.	10099-74-8	UN No.	1469
分子式	Pb（NO$_3$）$_2$	分子量	331.21

二、危险性概述

GHS危险性分类	氧化性固体，类别2；皮肤腐蚀/刺激，类别2；严重眼损伤/眼刺激，类别2；生殖细胞致突变性，类别2；致癌性，类别1B；生殖毒性，类别1A；特异性靶器官毒性——次接触，类别1；特异性靶器官毒性-反复接触，类别1；危害水生环境-急性危害，类别1；危害水生环境-长期危害，类别1
GHS标签象形图	氧化性　　刺激性　　健康危害　　环境危害
是否易制毒/易制爆	本品是易制爆试剂。氧化性固体，类别2
燃烧及爆炸	助燃。与可燃物混合能形成爆炸性混合物
危险反应及分解产物	与禁配物接触有发生燃烧爆炸的危险。分解产物：氮氧化物
禁配物	强还原剂、活性金属粉末、易燃或可燃物
健康危害	铅及其化合物损害造血、神经、消化系统及肾脏
环境危害	严重危害水生生物且毒害影响长期持续

三、理化特性

外观与性状	白色立方或单斜晶体，硬而发亮		
熔点（凝固点）/℃	470（分解）	爆炸上限（体积分数）/%	无意义
沸点/℃	无资料	爆炸下限（体积分数）/%	无意义
闪点/℃	无意义	自燃温度/℃	无意义
溶解性	易溶于水、液氨，溶于乙醇		

四、个人防护

皮肤和身体	穿隔绝式防毒服，戴橡胶手套 必须穿工作服　　必须戴防护手套
眼睛	戴化学安全防护眼镜 必须戴防护眼镜

呼吸	可能接触其粉末时，建议佩戴过滤式防尘呼吸器
设施配备	提供安全的淋浴和洗眼设备

五、使用与储存

使用注意事项	密闭操作，加强通风。远离火源、易燃物、可燃物。避免产生粉尘。避免与还原剂接触
配制方法	配制浓度 $0.1mol \cdot L^{-1}$ 溶液：溶解 33.12g $Pb(NO_3)_2$ 固体于水中，加水稀释至 1L
储存注意事项	1.本品为易制爆试剂，实行"五双"管理。 2.储存于阴凉、通风的专用库房。远离火种、热源。 3.包装必须密封。应与易（可）燃物、还原剂、食用化学品分开存放，切忌混储

六、急救措施

皮肤接触	立即脱去污染的衣物，用肥皂水或清水彻底冲洗。就医
眼睛接触	立即分开眼睑，用流动清水或生理盐水彻底冲洗。就医
吸入	迅速脱离现场至空气新鲜处，保持呼吸道通畅。就医
食入	漱口，饮水。就医
对施救者的忠告	根据需要使用个人防护设备

七、消防措施

灭火剂	本品不燃。根据着火原因选择适当灭火剂灭火
灭火注意事项及防护	实验室少量药品起火直接用灭火毯或砂土闷熄。切勿将水流直接射至熔融物，以免引起严重的流淌火灾或引起剧烈的沸溅
是否可用水灭火	是

八、泄漏应急处理

防护措施和装备	建议应急处理人员戴防尘口罩，穿防毒服，戴氯丁橡胶手套。确保安全的情况下，尽可能阻断泄漏源
处置材料和方法	用洁净的工具收集泄漏物，置于容器中
环保措施	防止泄漏物进入水体或下水道

九、废弃处置

处置方法	根据国家和地方有关法规的要求处置。或与制造商联系，确定处置方法
污染包装物	将容器返还生产商或交给有资质的专业处理公司处置
废弃注意事项	在规定场所掩埋空容器

硝酸铈

一、基本信息

化学品中文名称	硝酸铈	中文名称别名	
化学品英文名称	cerium nitrate; cerous nitrate		
CAS No.	10294-41-4	UN No.	1477
分子式	$Ce(NO_3)_3 \cdot 6H_2O$	分子量	434.27

二、危险性概述

GHS危险性分类	氧化性固体，类别2；急性毒性-经口，类别5
GHS标签象形图	氧化性
是否易制毒/易制爆	否
燃烧及爆炸	助燃，与可燃物混合能形成爆炸性混合物
危险反应及分解产物	与禁配物接触有发生燃烧爆炸的危险。分解产物：氮氧化物
禁配物	还原剂、易燃或可燃物、活性金属粉末、硫、磷
健康危害	未见铈及其化合物职业性中毒的报告。高浓度对肝脏有毒性
环境危害	可能危害环境

三、理化特性

外观与性状	白色结晶，工业品呈微红色，有潮解性		
熔点（凝固点）/℃	150	爆炸上限（体积分数）/%	无意义
沸点/℃	200（分解）	爆炸下限（体积分数）/%	无意义
闪点/℃	无意义	自燃温度/℃	无意义
溶解性	易溶于水，溶于乙醇、丙酮		

四、个人防护

皮肤和身体	穿隔绝式防毒服，戴橡胶手套 必须穿工作服 必须戴防护手套
眼睛	戴化学安全防护眼镜 必须戴防护眼镜
呼吸	可能接触其粉尘时，应佩戴过滤式防尘呼吸器
设施配备	提供安全的淋浴和洗眼设备

五、使用与储存

使用注意事项	密闭操作，局部排风。远离火源、易燃物、可燃物。避免产生粉尘。避免与还原剂接触
配制方法	配制浓度 0.1mol·L^{-1} 溶液：溶解 43.43g 硝酸铈固体于水中，加水稀释至 1L
储存注意事项	1.储存于阴凉、通风的专用库房。远离火种、热源。 2.包装必须密封，切勿受潮。应与还原剂、酸类分开存放，切忌混储

六、急救措施

皮肤接触	立即脱去污染衣物，用大量流动清水彻底冲洗。就医
眼睛接触	立即分开眼睑，用流动清水或生理盐水彻底冲洗。就医
吸入	迅速脱离现场至空气新鲜处，保持呼吸道通畅。就医
食入	漱口、饮水。就医
对施救者的忠告	根据需要使用个人防护设备

七、消防措施

灭火剂	本品不燃。根据着火原因选择适当灭火剂灭火
灭火注意事项及防护	消防人员必须佩戴空气呼吸器、穿全身防火防毒服，在上风向灭火。尽可能将容器从火场移至空旷处。喷水保持火场容器冷却，直至灭火结束
是否可用水灭火	是

八、泄漏应急处理

防护措施和装备	建议应急处理人员戴防尘口罩，穿防毒服，戴橡胶手套。确保安全的情况下，尽可能阻断泄漏源
处置材料和方法	用洁净的工具收集泄漏物，置于容器中
环保措施	防止泄漏物进入水体或下水道

九、废弃处置

处置方法	根据国家和地方有关法规的要求处置。或与制造商联系，确定处置方法
污染包装物	将容器返还生产商或交给有资质的专业处理公司处置
废弃注意事项	在规定场所掩埋空容器

硝酸铁

一、基本信息

化学品中文名称	硝酸铁	中文名称别名	硝酸高铁
化学品英文名称		ferric nitrate	
CAS No.	10421-48-4	UN No.	1466
分子式	Fe (NO$_3$)$_3$·9H$_2$O	分子量	403.98

二、危险性概述

GHS危险性分类	氧化性固体，类别3
GHS标签象形图	<div align="center">氧化性</div>
是否易制毒/易制爆	否
燃烧及爆炸	助燃，与可燃物混合能形成爆炸性混合物
危险反应及分解产物	与禁配物接触有发生燃烧爆炸的危险。分解产物：氮氧化物
禁配物	易燃或可燃物、强还原剂、活性金属粉末、硫、磷
健康危害	吸入本品粉末对呼吸道有刺激性。粉尘对眼有强烈刺激和腐蚀作用。皮肤接触其浓水溶液或粉尘可造成灼伤。可引起高铁血红蛋白血症
环境危害	危害环境及水体

三、理化特性

外观与性状	无色或淡紫色的单斜结晶，易潮解		
熔点（凝固点）/℃	47.2	爆炸上限（体积分数）/%	无意义
沸点/℃	125（分解）	爆炸下限（体积分数）/%	无意义
闪点/℃	无意义	自燃温度/℃	无意义
溶解性	易溶于水、乙醇、丙酮		

四、个人防护

皮肤和身体	穿隔绝式防护服，戴橡胶手套 必须穿工作服　必须戴防护手套
眼睛	戴化学安全防护眼镜 必须戴防护眼镜
呼吸	可能接触其粉末时，应该佩戴过滤式防尘呼吸器
设施配备	提供安全的淋浴和洗眼设备

五、使用与储存

使用注意事项	密闭操作，加强通风。远离火源、易燃物、可燃物。避免产生粉尘。避免与还原剂、活性金属粉末接触
配制方法	配制浓度 $0.1mol \cdot L^{-1}$ 溶液：溶解 $56.6g\ Fe(NO_3)_3 \cdot 9H_2O$ 固体于水中，加水稀释至 1L
储存注意事项	1.储存于阴凉、干燥、通风良好的专用库房。远离火种、热源。 2.包装密封，应与易（可）燃物、还原剂、活性金属粉末等分开存放，切忌混储

六、急救措施

皮肤接触	立即脱去污染衣物，用大量流动清水彻底冲洗。就医
眼睛接触	立即分开眼睑，用流动清水或生理盐水彻底冲洗。就医
吸入	迅速脱离现场至空气新鲜处，保持呼吸道通畅。就医
食入	用水漱口，禁止催吐。给饮牛奶或蛋清。就医
对施救者的忠告	根据需要使用个人防护设备

七、消防措施

灭火剂	本品不燃。一般用雾状水和砂土灭火
灭火注意事项及防护	实验室少量药品起火直接用灭火毯或砂土闷熄。与酸发生中和反应并放热；遇潮时对铝、锌和锡有腐蚀性，并放出易燃易爆的氢气；遇水和蒸汽大量放热，形成腐蚀性溶液
是否可用水灭火	是

八、泄漏应急处理

防护措施和装备	建议应急处理人员戴防尘口罩，穿防毒服，戴橡胶手套。确保安全的情况下，尽可能阻断泄漏源
处置材料和方法	用洁净的工具收集泄漏物，置于容器中
环保措施	防止泄漏物进入水体或下水道

九、废弃处置

处置方法	根据国家和地方有关法规的要求处置。或与制造商联系，确定处置方法
污染包装物	将容器返还生产商或交给有资质的专业处理公司处置
废弃注意事项	处置前应参阅国家和地方有关法规

硝酸铜

一、基本信息

化学品中文名称	硝酸铜	中文名称别名	三水硝酸铜
化学品英文名称	copper（Ⅱ）nitrate trihydrate；cupric nitrate		
CAS No.	10031-43-3	UN No.	1477
分子式	$Cu(NO_3)_2 \cdot 3(H_2O)$	分子量	241.60

二、危险性概述

GHS危险性分类	氧化性固体，类别2；急性毒性-经口，类别4；皮肤腐蚀/刺激，类别2；严重眼损伤/眼刺激，类别1；危害水生环境-急性危害，类别1；危害水生环境-慢性毒性，类别1
GHS标签象形图	氧化性　　刺激性　　环境危害
是否易制毒/易制爆	否
燃烧及爆炸	助燃，与可燃物混合能形成爆炸性混合物
危险反应及分解产物	与可燃物等禁配物接触能引起自燃或剧烈分解；受热或接触火焰可能会产生膨胀或爆炸性分解。分解产物：氮氧化物
禁配物	强还原剂，易燃或可燃物如硫、磷等，浓氯水
健康危害	对眼、皮肤和呼吸道有刺激性；通过割伤、擦伤或病变处进入血液，可能产生全身损伤的有害作用
环境危害	严重危害水生生物且毒害影响长期持续

三、理化特性

外观与性状	深蓝色粒状结晶，具吸湿性		
熔点（凝固点）/℃	114.5	爆炸上限（体积分数）/%	无意义
沸点/℃	170（分解）	爆炸下限（体积分数）/%	无意义
闪点/℃	无意义	自燃温度/℃	无意义
溶解性	易溶于水和乙醇		

四、个人防护

皮肤和身体	穿连体式防毒衣，戴橡胶手套　　必须穿工作服　　必须戴防护手套
眼睛	戴化学安全防护眼镜　　必须戴防护眼镜

呼吸	如果蒸气浓度超过职业接触限值或发生刺激等症状时，请使用全面罩式多功能防毒面具
设施配备	提供安全的淋浴和洗眼设备

五、使用与储存

使用注意事项	密闭操作，注意通风。远离火源、易燃物、可燃物。避免产生粉尘。避免与酸类、活性金属粉末接触
配制方法	配制浓度 $0.1mol \cdot L^{-1}$ 溶液：溶解 24.16g $Cu(NO_3)_2 \cdot 3H_2O$ 固体于水中，加水稀释至 1L
储存注意事项	1.储存于阴凉、通风处的专用库房。远离火种、热源。 2.避免阳光直射。应与还原剂、易（可）燃物分开存放，切忌混储

六、急救措施

皮肤接触	立即脱去污染的衣物，用肥皂和大量的水冲洗。就医
眼睛接触	立即分开眼睑，用流动清水或生理盐水彻底冲洗。就医
吸入	迅速脱离现场至空气新鲜处，保持呼吸道通畅。就医
食入	用水漱口，禁止催吐。就医
对施救者的忠告	根据需要使用个人防护设备

七、消防措施

灭火剂	一般用雾状水或砂土灭火；不能用干粉灭火器、二氧化碳灭火器或泡沫灭火器灭火。实验室少量药品起火直接用灭火毯或砂土闷熄
灭火注意事项及防护	消防人员必须佩戴防毒面具、穿全身消防服，在上风向灭火
是否可用水灭火	是

八、泄漏应急处理

防护措施和装备	建议应急处理人员戴防尘口罩，穿防毒服，戴橡胶手套。确保安全的情况下，尽可能阻断泄漏源
处置材料和方法	用洁净的工具收集泄漏物，置于容器中
环保措施	防止泄漏物进入水体或下水道

九、废弃处置

处置方法	建议用控制焚烧法或安全掩埋法处置
污染包装物	将容器返还生产商或交给有资质的专业处理公司处置
废弃注意事项	处置前参照国家和地方有关法律法规

硝酸锌

一、基本信息

化学品中文名称	硝酸锌	中文名称别名	
化学品英文名称	zinc nitrate；nitric acid zinc salt；hexahydrate		
CAS No.	10196-18-6	UN No.	1514
分子式	Zn（NO₃）₂·6H₂O	分子量	297.51

分子式：$Zn(NO_3)_2 \cdot 6H_2O$

二、危险性概述

GHS危险性分类	氧化性固体，类别2；急性毒性-经口，类别4；皮肤腐蚀/刺激，类别2；严重眼损伤/眼刺激，类别2B；特异性靶器官毒性——次接触，类别3（呼吸道刺激）；危害水生环境-急性危害，类别1；危害水生环境-长期危害，类别1
GHS标签象形图	 氧化性　　刺激性　　环境危害
是否易制毒/易制爆	本品是易制爆试剂。氧化性固体，类别2
燃烧及爆炸	助燃，与可燃物混合能形成爆炸性混合物
危险反应及分解产物	与禁配物接触有发生燃烧爆炸的危险。分解产物：氮氧化物、氧化锌
禁配物	还原剂、易燃或可燃物、活性金属粉末、硫、磷
健康危害	本品具腐蚀性，对眼和皮肤有刺激性。在高温下分解产生有刺激和有毒的氮氧化物气体，吸入引起中毒
环境危害	严重危害水生生物且毒害影响长期持续

三、理化特性

外观与性状	无色无味结晶或白色粉末，易潮解		
熔点（凝固点）/℃	36～37	爆炸上限（体积分数）/％	无意义
沸点/℃	105（分解）	爆炸下限（体积分数）/％	无意义
闪点/℃	无意义	自燃温度/℃	无意义
溶解性	易溶于水，易溶于乙醇		

四、个人防护

皮肤和身体	穿隔绝式防毒服，戴橡胶手套　　必须穿工作服　　必须戴防护手套
眼睛	戴安全护目镜　　必须戴防护眼镜

呼吸	可能接触其粉末时，建议佩戴过滤式防尘呼吸器
设施配备	提供安全的淋浴和洗眼设备

五、使用与储存

使用注意事项	密闭操作，局部通风。远离火源、易燃物、可燃物。避免产生粉尘。避免与还原剂、活性金属粉末接触
配制方法	配制浓度 $0.1mol \cdot L^{-1}$ 溶液：溶解 29.75g $Zn(NO_3)_2 \cdot 6H_2O$ 固体于水中，加水稀释至 1L
储存注意事项	1.本品为易制爆试剂，实行"五双"管理。 2.储存于阴凉、通风良好的专用库房。远离火种、热源。 3.包装必须完整密封，防止吸潮。应与易（可）燃物、还原剂、活性金属粉末分开存放，切忌混储

六、急救措施

皮肤接触	立即脱去污染衣物，用肥皂水或清水彻底冲洗。就医
眼睛接触	立即分开眼睑，用流动清水或生理盐水彻底冲洗。就医
吸入	迅速脱离现场至空气新鲜处，保持呼吸道通畅。就医
食入	漱口，饮水。就医
对施救者的忠告	根据需要使用个人防护设备

七、消防措施

灭火剂	本品不燃。根据着火原因选择适当灭火剂灭火
灭火注意事项及防护	实验室少量药品起火直接用灭火毯或砂土闷熄
是否可用水灭火	是

八、泄漏应急处理

防护措施和装备	建议应急处理人员戴防尘口罩，穿防毒服，戴橡胶手套。确保安全的情况下，尽可能阻断泄漏源
处置材料和方法	用洁净的工具收集泄漏物，置于容器中
环保措施	防止泄漏物进入水体或下水道

九、废弃处置

处置方法	根据国家和地方有关法规的要求处置。或与制造商联系，确定处置方法
污染包装物	将容器返还生产商或交给有资质的专业处理公司处置
废弃注意事项	在规定场所掩埋空容器

硝酸银

一、基本信息

化学品中文名称	硝酸银	中文名称别名	
化学品英文名称		silver nitrate；lunar caustic	
CAS No.	7761-88-8	UN No.	1493
分子式	AgNO₃	分子量	169.88

二、危险性概述

GHS 危险性分类	氧化性固体，类别 2；皮肤腐蚀/刺激，类别 1B；严重眼损伤/眼刺激，类别 1；危害水生环境-急性危害，类别 1；危害水生环境-长期危害，类别 1
GHS 标签象形图	氧化性　　腐蚀性　　环境危害
是否易制毒/易制爆	本品是易制爆试剂。氧化性固体，类别 2
燃烧及爆炸	助燃。与可燃物混合能形成爆炸性混合物
危险反应及分解产物	与禁配物接触有发生燃烧爆炸的危险。受热分解生成有毒烟雾。分解产物：氮氧化物
禁配物	强还原剂、强碱、氨、醇类、镁、易燃或可燃物
健康危害	对眼、皮肤和呼吸道有腐蚀性。误服可引起剧烈腹痛、呕吐、血便，甚至胃肠道穿孔。长期接触会出现全身性银质沉着症
环境危害	严重危害水生生物且毒害影响长期持续

三、理化特性

外观与性状	无色透明的斜方结晶或白色的结晶，有苦味		
熔点（凝固点）/℃	212	爆炸上限（体积分数）/％	无意义
沸点/℃	444（分解）	爆炸下限（体积分数）/％	无意义
闪点/℃	无意义	自燃温度/℃	无意义
溶解性	易溶于水、氨水、甘油，微溶于乙醚		

四、个人防护

皮肤和身体	穿隔绝式防毒服，戴橡胶手套　　必须穿工作服　　必须戴防护手套
眼睛	戴化学安全防护眼镜　　必须戴防护眼镜

呼吸	可能接触其粉末时，建议佩戴过滤式防尘呼吸器
设施配备	提供安全的淋浴和洗眼设备

五、使用与储存

使用注意事项	密闭操作，加强通风。远离火源、易燃物、可燃物。避免产生粉尘。避免与还原剂、醇类、碱类接触
配制方法	配制浓度 $0.1mol \cdot L^{-1}$ 溶液：溶解 16.98g $AgNO_3$ 固体于水中，加水稀释至 1L
储存注意事项	1.本品为易制爆试剂，实行"五双"管理。 2.储存于阴凉、通风的专用库房。远离火种、热源。 3.包装必须密封，切勿受潮。避免光照。应与易（可）燃物、还原剂、碱类、醇类、食用化学品等分开存放，切忌混储

六、急救措施

皮肤接触	立即脱去污染衣物，用大量流动清水彻底冲洗。就医
眼睛接触	立即分开眼睑，用流动清水或生理盐水彻底冲洗。就医
吸入	迅速脱离现场至空气新鲜处，保持呼吸道通畅。就医
食入	用水漱口，禁止催吐。给饮牛奶或蛋清。就医
对施救者的忠告	根据需要使用个人防护设备

七、消防措施

灭火剂	本品不燃。根据着火原因选择适当灭火剂灭火
灭火注意事项及防护	实验室少量药品起火直接用灭火毯或砂子闷熄。切勿将水流直接射至熔融物，以免引起严重的流淌火灾或引起剧烈的沸溅
是否可用水灭火	否

八、泄漏应急处理

防护措施和装备	建议应急处理人员戴防尘口罩，穿防毒服，戴氯丁橡胶手套。确保安全的情况下，尽可能阻断泄漏源
处置材料和方法	用洁净的工具收集泄漏物，置于容器中
环保措施	防止泄漏物进入水体或下水道

九、废弃处置

处置方法	根据国家和地方有关法规的要求处置。或与制造商联系，确定处置方法
污染包装物	将容器返还生产商或交给有资质的专业处理公司处置
废弃注意事项	处置前应参阅国家和地方有关法规

锌　粉

一、基本信息

化学品中文名称	锌粉	中文名称别名	锌灰；锌粉尘
化学品英文名称	zinc powder；zinc dust		
CAS No.	7440-66-6	UN No.	1436
分子式	Zn	分子量	65.38

二、危险性概述

GHS危险性分类	自燃固体，类别1；遇水放出易燃气体的物质和混合物，类别1；危害水生环境-急性危害，类别1；危害水生环境-长期危害，类别1
GHS标签象形图	氧化性　　健康危害　　环境危害
是否易制毒/易制爆	本品是易制爆试剂
燃烧及爆炸	高度易燃。许多反应能引起燃烧爆炸
危险反应及分解产物	受热生成有毒烟雾。与禁配物接触有发生燃烧爆炸的危险
禁配物	胺类、硫、氯代烃、强酸、强碱、氧化物、强氧化剂、水、碱金属氢氧化物
健康危害	吸入锌在高温下形成的氧化锌烟雾可致金属烟雾热。粉尘对眼有刺激性。长期反复接触对皮肤有刺激性
环境危害	严重危害水生生物且毒害影响长期持续

三、理化特性

外观与性状	浅灰色的细小粉末		
熔点（凝固点）/℃	419.6	爆炸上限/mg·m⁻³	无资料
沸点/℃	907	爆炸下限/mg·m⁻³	212~284
闪点/℃	无意义	自燃温度/℃	500
溶解性	不溶于水，溶于酸、碱		

四、个人防护

皮肤和身体	穿防静电工作服，戴一般作业防护手套　　必须穿工作服　　必须戴防护手套
眼睛	戴化学安全防护眼镜　　必须戴防护眼镜

呼吸	作业时，应该佩戴过滤式防尘呼吸器。必要时佩戴空气呼吸器
设施配备	提供安全的淋浴和洗眼设备

五、使用与储存

使用注意事项	密闭操作，注意排风。避免产生粉尘。远离火源、易燃物、可燃物。避免与氧化剂、酸类、碱类、胺类、氯代烃接触。尤其要注意避免与水接触
配制方法	可直接使用
储存注意事项	1.本品为易制爆试剂，实行"五双"管理。 2.储存于阴凉、干燥、通风的专用库房。远离火种、热源。 3.包装密封。应与氧化剂、酸类、碱类、胺类、氯代烃分开存放，切忌混储。 4.采用防爆型照明、通风设施。禁止使用易产生火花的机械设备和工具

六、急救措施

皮肤接触	立即脱去污染衣物，用大量流动清水彻底冲洗。就医
眼睛接触	立即分开眼睑，用流动清水或生理盐水彻底冲洗。就医
吸入	迅速脱离现场至空气新鲜处，保持呼吸道通畅。就医
食入	漱口，饮水。就医
对施救者的忠告	根据需要使用个人防护设备

七、消防措施

灭火剂	一般用干粉灭火器或砂土灭火。实验室少量药品起火直接用灭火毯或砂土闷熄。禁止用水和泡沫灭火
灭火注意事项及防护	消防人员必须佩戴空气呼吸器、穿全身防火消防服，在上风向灭火
是否可用水灭火	否

八、泄漏应急处理

防护措施和装备	建议应急处理人员戴防尘口罩，穿防静电服，戴防护手套
处置材料和方法	用干燥的砂土或其他不燃材料覆盖泄漏物，减少飞散，保持干燥。再用洁净的工具收集泄漏物，置于容器中
环保措施	防止泄漏物进入水体或下水道

九、废弃处置

处置方法	恢复材料的原状态，以便重新使用
污染包装物	将容器返还生产商或交给有资质的专业处理公司处置
废弃注意事项	处置前应参阅国家和地方有关法规

溴

一、基本信息

化学品中文名称	溴	中文名称别名	溴素
化学品英文名称	bromine		
CAS No.	7726-95-6	UN No.	1744
分子式	Br₂	分子量	159.82

二、危险性概述

GHS危险性分类	急性毒性-吸入，类别2；皮肤腐蚀/刺激，类别1A；严重眼损伤/眼刺激，类别1；危害水生环境-急性危害，类别1
GHS标签象形图	有毒物　　腐蚀性　　环境危害
是否易制毒/易制爆	本品是易制毒试剂，第二类
燃烧及爆炸	助燃。与可燃物接触易着火燃烧
危险反应及分解产物	受热生成有毒烟雾。与禁配物发生剧烈反应，有发生火灾和爆炸的危险。
禁配物	强还原剂、碱金属、铝、铜、易燃或可燃物
健康危害	对眼、皮肤、黏膜和呼吸道有强烈刺激作用和腐蚀作用。直接接触高浓度溴蒸气或液体溴可严重灼伤皮肤。吸入可能引起肺炎、肺水肿
环境危害	严重危害水生生物

三、理化特性

外观与性状	暗红褐色发烟液体，有刺鼻气味		
熔点（凝固点）/℃	−7.25	爆炸上限（体积分数）/%	无意义
沸点/℃	58.8	爆炸下限（体积分数）/%	无意义
闪点/℃	无意义	自燃温度/℃	无意义
溶解性	微溶于水，易溶于乙醇、乙醚、苯、氯仿、二硫化碳、盐酸		

四、个人防护

皮肤和身体	穿橡胶耐酸碱服，戴橡胶耐酸碱手套　　必须穿工作服　必须戴防护手套
眼睛	呼吸系统防护中已作防护
呼吸	可能接触其烟雾时，佩戴过滤式防毒面具（全面罩）或空气呼吸器。紧急事态抢救或撤离时，建议佩戴空气呼吸器
设施配备	提供安全的淋浴和洗眼设备

五、使用与储存

使用注意事项	密闭操作，注意通风。远离火源、易燃物、可燃物。避免与还原剂、活性金属粉末接触
配制方法	可直接使用
储存注意事项	1.本品为易制毒试剂，实行"五双"管理。 2.储存于阴凉、通风的专用库房。远离火种、热源。 3.保持容器密封。应与还原剂、碱金属、易（可）燃物、金属粉末等分开存放，切忌混储

六、急救措施

皮肤接触	立即脱去污染衣物，用大量流动清水彻底冲洗。就医
眼睛接触	立即分开眼睑，用流动清水或生理盐水彻底冲洗。就医
吸入	迅速脱离现场至空气新鲜处，保持呼吸道通畅。就医
食入	用水漱口，禁止催吐。给饮牛奶或蛋清。就医
对施救者的忠告	根据需要使用个人防护设备

七、消防措施

灭火剂	本品不燃。根据着火原因选择适当灭火剂灭火
灭火注意事项及防护	喷水保持火场容器冷却，直至灭火结束。用雾状水赶走泄露的液体。用氨水从远处喷射，驱赶蒸气，并使之中和。但对泄露出来的溴液不可用氨水喷射，以免引起强烈反应放热而产生大量有毒的溴蒸气
是否可用水灭火	是

八、泄漏应急处理

防护措施和装备	建议应急处理人员戴正压自给式呼吸器，穿防腐蚀、防毒服，戴橡胶耐酸碱手套。确保安全的情况下，尽可能阻断泄漏源
处置材料和方法	用干燥的砂土或其他不燃材料覆盖泄漏物，收集于容器中
环保措施	防止泄漏物进入水体或下水道

九、废弃处置

处置方法	建议中和、稀释后，排入废水系统
污染包装物	将容器返还生产商或交给有资质的专业处理公司处置
废弃注意事项	处置前应参阅国家和地方有关法规

溴酸钾

一、基本信息

化学品中文名称	溴酸钾	中文名称别名	
化学品英文名称	potassium bromate；bromic acid potassium salt		
CAS No.	7758-01-2	UN No.	1484
分子式	KBrO₃	分子量	167.01

二、危险性概述

GHS危险性分类	氧化性固体，类别1；急性毒性-经口，类别3；致癌性，类别2
GHS标签象形图	氧化性　　有毒物　健康危害
是否易制毒/易制爆	否
燃烧及爆炸	易燃。与可燃物混合能形成爆炸性混合物
危险反应及分解产物	与禁配物接触有发生燃烧爆炸的危险。分解产物：溴化物、氧化钾
禁配物	还原剂、易燃或可燃物、活性金属粉末、硫、磷等
健康危害	本品对眼睛、皮肤、黏膜有刺激性。大量接触可致血压下降
环境危害	可能危害环境

三、理化特性

外观与性状	无色三角晶体或白色晶状粉末		
熔点（凝固点）/℃	350	爆炸上限（体积分数）/%	无意义
沸点/℃	370（分解）	爆炸下限（体积分数）/%	无意义
闪点/℃	无意义	自燃温度/℃	无意义
溶解性	溶于水，不溶于丙酮，微溶于乙醇		

四、个人防护

皮肤和身体	穿隔绝式防毒服，戴橡胶手套　　必须穿工作服　必须戴防护手套
眼睛	戴化学安全防护眼镜　　必须戴防护眼镜
呼吸	空气中粉尘浓度超标时，作业人员应该佩戴过滤式防尘呼吸器。紧急事态抢救或撤离时，佩戴空气呼吸器
设施配备	提供安全的淋浴和洗眼设备

五、使用与储存

使用注意事项	密闭操作，局部排风。远离火源、易燃物、可燃物。避免产生粉尘。避免与还原剂接触
配制方法	配制浓度 $0.1mol \cdot L^{-1}$ 溶液：溶解 16.70g 溴酸钾固体于水中，加水稀释至 1L
储存注意事项	1.储存于阴凉、通风的专用库房。远离火种、热源。 2.包装必须密封。应与易（可）燃物、还原剂等分开存放，切忌混储

六、急救措施

皮肤接触	立即脱去污染的衣物，用肥皂水或流动的清水彻底冲洗。就医
眼睛接触	立即分开眼睑，用流动清水或生理盐水彻底冲洗。就医
吸入	迅速脱离现场至空气新鲜处，保持呼吸道通畅。就医
食入	漱口，饮水。就医
对施救者的忠告	根据需要使用个人防护设备

七、消防措施

灭火剂	本品不燃。根据着火原因选择适当灭火剂灭火
灭火注意事项及防护	消防人员必须佩戴空气呼吸器，穿全身防火防毒服，在上风向灭火。尽可能将容器从火场移至空旷处。喷水保持火场容器冷却，直至灭火结束
是否可用水灭火	是

八、泄漏应急处理

防护措施和装备	建议应急处理人员戴防尘口罩，穿防毒服，戴橡胶手套。
处置材料和方法	用洁净的工具收集泄漏物，置于容器中
环保措施	防止泄漏物进入水体或下水道

九、废弃处置

处置方法	建议用安全掩埋法处置
污染包装物	将容器返还生产商或交给有资质的专业处理公司处置
废弃注意事项	处置前应参阅国家和地方有关法规

亚硫酸氢钠

一、基本信息

化学品中文名称	亚硫酸氢钠	中文名称别名	酸式亚硫酸钠；重亚硫酸钠
化学品英文名称	hydrogen sulfite sodium；sodium bisulfite		
CAS No.	7631-90-5	UN No.	2693
分子式	NaHSO₃	分子量	104.062

二、危险性概述

GHS危险性分类	急性毒性-经口，类别4；严重眼损伤/眼刺激，类别1；急性水生毒性，类别3
GHS标签象形图	腐蚀性　　刺激性
是否易制毒/易制爆	否
燃烧及爆炸	不燃
危险反应及分解产物	与禁配物发生反应。接触酸或酸气能产生有毒气体。分解产物：氧化硫、氧化钠
禁配物	强氧化剂、强酸、强碱
健康危害	吞咽有害。皮肤接触可能有害。可造成严重眼损伤
环境危害	危害水生生物

三、理化特性

外观与性状	白色结晶粉末，有二氧化硫的气味，对空气敏感		
熔点（凝固点）/℃	150℃（分解）	爆炸上限（体积分数）/%	无意义
沸点/℃	无资料	爆炸下限（体积分数）/%	无意义
闪点/℃	无意义	自燃温度/℃	无意义
溶解性	易溶于水、微溶于醇、乙醚		

四、个人防护

皮肤和身体	穿橡胶耐酸碱服，戴橡胶耐酸碱手套　　必须穿工作服　必须戴防护手套
眼睛	戴化学安全防护眼镜　　必须戴防护眼镜

呼吸	空气中粉尘浓度超标时,必须佩戴过滤式防尘呼吸器。紧急事态抢救或撤离时,应该佩戴空气呼吸器
设施配备	提供安全的淋浴和洗眼设备

五、使用与储存

使用注意事项	密闭操作,局部排风。远离火源、易燃物、可燃物。避免产生粉尘。避免与氧化剂、酸类、碱类接触
配制方法	配制浓度 $0.1mol \cdot L^{-1}$ 溶液:溶解 10.41g $NaHSO_3$ 固体于水中,加水稀释至 1L
储存注意事项	1. 储存于阴凉、干燥、通风的专用库房。远离火种、热源。 2. 包装要求密封。应与氧化剂、食用化学品等分开存放,切忌混储

六、急救措施

皮肤接触	立即脱去污染的衣物,用肥皂水和流动清水彻底冲洗。就医
眼睛接触	立即分开眼睑,用流动清水或生理盐水彻底冲洗。就医
吸入	脱离现场至空气新鲜处。如呼吸困难,给输氧。就医
食入	禁止催吐、用水漱口。就医
对施救者的忠告	根据需要使用个人防护设备

七、消防措施

灭火剂	本品不燃。一般用水雾,耐醇泡沫,干粉或二氧化碳灭火
灭火注意事项及防护	实验室少量药品起火直接用灭火毯或砂子闷熄。切勿将水流直接射至熔融物,以免引起严重的流淌火灾或引起剧烈的沸溅,如有必要,佩戴自给式呼吸器进行消防作业
是否可用水灭火	是

八、泄漏应急处理

防护措施和装备	建议应急处理人员戴防尘口罩,穿防酸碱服,戴橡胶手套,避免吸入粉尘,且保证通风。确保安全的情况下,尽可能阻断泄漏源
处置材料和方法	用防静电工具收集泄漏物,置于容器中
环保措施	避免泄漏物排放到周围环境中

九、废弃处置

处置方法	加入水中,加纯碱,再用盐酸中和,然后用大量水冲入下水道。若可能,重复使用容器或在规定场所掩埋
污染包装物	将容器返还生产商或按照国家和地方法规处置
废弃注意事项	处置前参照国家和地方有关法律法规

亚硝酸钠

一、基本信息

化学品中文名称	亚硝酸钠	中文名称别名	
化学品英文名称		sodium nitrite	
CAS No.	7632-00-0	UN No.	1500
分子式	NaNO$_2$	分子量	69.00

二、危险性概述

GHS危险性分类	氧化性固体，类别3；急性毒性-经口，类别3；危害水生环境-急性危害，类别1
GHS标签象形图	氧化性　有毒物　环境危害
是否易制毒/易制爆	否
燃烧及爆炸	助燃。与可燃物混合能形成爆炸性混合物
危险反应及分解产物	与禁配物接触有发生燃烧爆炸的危险。受热或遇酸能产生剧毒的气体。分解产物：氮氧化物
禁配物	强还原剂、活性金属粉末、强酸、铵盐、可燃物粉末或氰化物
健康危害	对眼和皮肤有刺激性。误服可引起亚硝酸盐中毒，表现有紫绀、呼吸困难、昏迷甚至死亡
环境危害	严重危害水生生物

三、理化特性

外观与性状	白色或淡黄色细结晶，无臭，略有咸味，易潮解		
熔点（凝固点）/℃	271	爆炸上限（体积分数）/%	无意义
沸点/℃	320（分解）	爆炸下限（体积分数）/%	无意义
闪点/℃	无意义	自燃温度/℃	无意义
溶解性	易溶于水，微溶于乙醇、甲醇、乙醚		

四、个人防护

皮肤和身体	穿隔绝式防毒服，戴橡胶手套　必须穿工作服　必须戴防护手套
眼睛	戴化学安全防护眼镜　必须戴防护眼镜

呼吸	空气中浓度较高时，应该佩戴过滤式防尘呼吸器
设施配备	提供安全的淋浴和洗眼设备

五、使用与储存

使用注意事项	密闭操作，加强通风。远离火源、易燃物、可燃物。避免产生粉尘。避免与还原剂、活性金属粉末、酸类接触
配制方法	配制浓度 $0.1mol \cdot L^{-1}$ 溶液：溶解 $6.9g$ $NaNO_2$ 固体于水中，加水稀释至 $1L$
储存注意事项	1.储存于阴凉、干燥、通风良好的专用库房。远离火种、热源。 2.包装要求密封，不可与空气接触。应与还原剂、活性金属粉末、酸类、食用化学品分开存放，切忌混储

六、急救措施

皮肤接触	立即脱去污染衣物，用肥皂水或清水彻底冲洗。就医
眼睛接触	立即分开眼睑，用流动清水或生理盐水彻底冲洗。就医
吸入	迅速脱离现场至空气新鲜处，保持呼吸道通畅。就医
食入	漱口，饮水。就医
对施救者的忠告	根据需要使用个人防护设备

七、消防措施

灭火剂	本品不燃。根据着火原因选择适当灭火剂灭火
灭火注意事项及防护	实验室少量药品起火直接用灭火毯或砂子闷熄。切忌而将水流直接射至熔融物，以免引起严重的流淌火灾或引起剧烈的沸溅
是否可用水灭火	否

八、泄漏应急处理

防护措施和装备	建议应急处理人员戴防尘口罩，穿防毒服，戴橡胶手套。确保安全的情况下，尽可能阻断泄漏源
处置材料和方法	用洁净的工具收集泄漏物，置于容器中
环保措施	防止泄漏物进入水体或下水道

九、废弃处置

处置方法	根据国家和地方有关法规的要求处置。或与制造商联系，确定处置方法
污染包装物	将容器返还生产商或交给有资质的专业处理公司处置
废弃注意事项	把倒空的容器归还厂商或在规定场所掩埋

氩

一、基本信息

化学品中文名称	氩	中文名称别名	氩气
化学品英文名称	argon		
CAS No.	7440-37-1	UN No.	1006（压缩）；1951（液化）
分子式	Ar	分子量	39.95

二、危险性概述

GHS危险性分类	加压气体
GHS标签象形图	 高压物
是否易制毒/易制爆	否
燃烧及爆炸	不燃
危险反应及分解产物	无资料
禁配物	无资料
健康危害	常压下无毒。高浓度时可致窒息。液态氩可致皮肤冻伤
环境危害	无

三、理化特性

外观与性状	无色无味的惰性气体		
熔点（凝固点）/℃	−189.2	爆炸上限（体积分数）/%	无意义
沸点/℃	−185.9	爆炸下限（体积分数）/%	无意义
闪点/℃	无意义	自燃温度/℃	无意义
溶解性	微溶于水		

四、个人防护

皮肤和身体	穿一般作业工作服，戴一般作业防护手套 必须穿工作服 必须戴防护手套
眼睛	一般不需特殊防护
呼吸	一般不需特殊防护。当作业场所空气中氧浓度低于18%时，必须佩戴空气呼吸器或长管面具
设施配备	提供安全的淋浴和洗眼设备

五、使用与储存

使用注意事项	密闭操作，提供良好的自然通风条件。防止气体泄漏。远离火源、易燃物、可燃物
配制方法	无
储存注意事项	1.储存于阴凉、通风的不燃气体专用库房。远离火种、热源。 2.应与易（可）燃物分开存放，切忌混储

六、急救措施

皮肤接触	如发生冻伤，用温水（38～42℃）复温，忌用热水或辐射热，不要搓揉。就医
眼睛接触	立即分开眼睑，用流动清水或生理盐水彻底冲洗。就医
吸入	迅速脱离现场至空气新鲜处，保持呼吸道通畅。就医
对施救者的忠告	根据需要使用个人防护设备

七、消防措施

灭火剂	本品不燃。根据着火原因选择合适的灭火剂灭火
灭火注意事项及防护	消防人员须佩戴防毒面具、穿全身消防服，在上风向灭火。切断气源。喷水冷却容器，尽可能将容器从火场移至空旷处
是否可用水灭火	是

八、泄漏应急处理

防护措施和装备	建议应急处理人员戴正压式自给式呼吸器，穿一般作业工作服。确保安全的情况下，尽可能阻断泄漏源
处置材料和方法	泄漏场所保持通风
环保措施	无

九、废弃处置

处置方法	废气直接排入大气
污染包装物	将容器返还生产商或交给有资质的专业处理公司处置
废弃注意事项	处置前应参阅国家和地方有关法规。把空容器归还厂商

盐 酸

一、基本信息

化学品中文名称	盐酸	中文名称别名	氢氯酸
化学品英文名称	hydrochloric acid；chlorohydric acid；muriatic acid		
CAS No.	7647-01-0	UN No.	1789
分子式	HCl	分子量	36.46

二、危险性概述

GHS危险性分类	皮肤腐蚀/刺激，类别1B；严重眼损伤/眼刺激，类别1；特异性靶器官毒性——次接触，类别3（呼吸道刺激）；危害水生环境-急性危害，类别2
GHS标签象形图	腐蚀性　　刺激性
是否易制毒/易制爆	本品是易制毒试剂，第三类
燃烧及爆炸	不燃
危险反应及分解产物	与强碱等禁配物发生反应。与活性金属粉末反应放出易燃气体。分解产物：氯化氢
禁配物	碱类、胺类、碱金属
健康危害	其蒸气或雾可致急性中毒。误服可致消化道灼伤、溃疡形成，有可能引起胃穿孔、腹膜炎等。直接接触灼伤眼和皮肤
环境危害	毒害水生生物

三、理化特性

外观与性状	无色或微黄色发烟液体，有刺鼻的酸味		
熔点（凝固点）/℃	−114.8（纯）	爆炸上限（体积分数）/%	无意义
沸点/℃	108.6（20%）	爆炸下限（体积分数）/%	无意义
闪点/℃	无意义	自燃温度/℃	无意义
溶解性	与水混溶，溶于甲醇、乙醇、乙醚、苯，不溶于烃类		

四、个人防护

皮肤和身体	穿橡胶耐酸碱服，戴橡胶耐酸碱手套　　必须穿工作服　　必须戴防护手套
眼睛	呼吸系统防护中已作防护

呼吸	可能接触其烟雾时，佩戴过滤式防毒面具（全面罩）或空气呼吸器。紧急事态抢救或撤离时，建议佩戴空气呼吸器
设施配备	提供安全的淋浴和洗眼设备

五、使用与储存

使用注意事项	密闭操作，注意通风。远离火源、易燃物、可燃物。防止蒸气泄漏。避免与碱类、胺类、碱金属接触
配制方法	配制浓度 $6\text{mol} \cdot \text{L}^{-1}$ 溶液：量取 500mL 浓度为 $12\text{mol} \cdot \text{L}^{-1}$ HCl 加水稀释至 1L
储存注意事项	1.本品为易制毒试剂，实行"五双"管理。 2.储存于阴凉、通风的专用库房。远离火种、热源。 3.保持容器密封。应与碱类、胺类、碱金属、易（可）燃物分开存放，切忌混储

六、急救措施

皮肤接触	立即脱去污染衣物，用大量流动清水彻底冲洗。就医
眼睛接触	立即分开眼睑，用流动清水或生理盐水彻底冲洗。就医
吸入	迅速脱离现场至空气新鲜处，保持呼吸道通畅。就医
食入	用水漱口，禁止催吐。给饮牛奶或蛋清。就医
对施救者的忠告	根据需要使用个人防护设备

七、消防措施

灭火剂	本品不燃。一般用水雾、抗乙醇泡沫、干粉或二氧化碳灭火
灭火注意事项及防护	实验室少量药品起火直接用灭火毯或砂土闷熄。如必要的话，戴自给式呼吸器去救火
是否可用水灭火	是

八、泄漏应急处理

防护措施和装备	建议应急处理人员戴正压自给式呼吸器，穿防酸碱服，戴耐酸碱手套。确保安全的情况下，尽可能阻断泄漏源
处置材料和方法	用干燥的砂土或其他不燃材料覆盖泄漏物，或用大量水冲洗，稀释后排入废水系统
环保措施	防止泄漏物进入水体或下水道

九、废弃处置

处置方法	用碱液（石灰水）中和，生成氯化钠和氯化钙，用水稀释后排入废水系统
污染包装物	将容器返还生产商或交给有资质的专业处理公司处置
废弃注意事项	处置前应参阅国家和地方有关法规

氧

一、基本信息

化学品中文名称	氧	中文名称别名	氧气
化学品英文名称	oxygen		
CAS No.	7782-44-7	UN No.	1072（压缩）；1073（液化）
分子式	O₂	分子量	32.00

二、危险性概述

GHS危险性分类	氧化性气体，类别1；加压气体
GHS标签象形图	氧化性　　高压物
是否易制毒/易制爆	否
燃烧及爆炸	助燃
危险反应及分解产物	与禁配物接触有发生燃烧爆炸的危险
禁配物	还原剂、易燃或可燃物、活性金属粉末、碱金属、碱土金属等
健康危害	极高浓度时刺激呼吸道。吸入高浓度，肺可能受损伤
环境危害	无

三、理化特性

外观与性状	无色无味气体		
熔点（凝固点）/℃	−218.8	爆炸上限（体积分数）/%	无意义
沸点/℃	−183.1	爆炸下限（体积分数）/%	无意义
闪点/℃	无意义	自燃温度/℃	无意义
溶解性	溶于水、乙醇		

四、个人防护

皮肤和身体	穿一般作业工作服，戴一般作业防护手套　　必须穿工作服　必须戴防护手套
眼睛	一般不需特殊防护
呼吸	一般不需要特殊防护
设施配备	提供安全的淋浴和洗眼设备

五、使用与储存

使用注意事项	密闭操作，提供良好的自然通风条件。远离火源、易燃物、可燃物。防止气体泄漏到工作场所的空气中。避免与活性金属粉末接触
配制方法	无
储存注意事项	1. 储存于阴凉、通风的不燃气体专用库房。远离火种、热源。 2. 应与易（可）燃物、活性金属粉末等分开存放，切忌混储

六、急救措施

皮肤接触	如发生冻伤，用温水（38～42℃）复温，忌用热水或辐射热，不要搓揉。就医
吸入	迅速脱离现场至空气新鲜处，保持呼吸道通畅。就医
对施救者的忠告	根据需要使用个人防护设备

七、消防措施

灭火剂	本品不燃。根据着火原因选择适当灭火剂灭火
灭火注意事项及防护	切断气源。尽可能将容器从火场移至空旷处
是否可用水灭火	是

八、泄漏应急处理

防护措施和装备	建议应急处理人员戴正压自给式呼吸器，穿一般作业工作服。确保安全的情况下，尽可能阻断泄漏源
处置材料和方法	隔离泄漏区，避免火花及热源
环保措施	无

九、废弃处置

处置方法	废气直接排入大气
污染包装物	将容器返还生产商或交给有资质的专业处理公司处置
废弃注意事项	处置前应参阅国家和地方有关法规

一氯乙酸

一、基本信息

化学品中文名称	一氯乙酸	中文名称别名	氯乙酸；氯醋酸
化学品英文名称	chloroacetic acid；monochloroacetic acid		
CAS No.	79-11-8	UN No.	1751（固态）；3250（熔融）
分子式	$C_2H_3ClO_2$	分子量	94.50

二、危险性概述

GHS危险性分类	急性毒性-经口，类别3；急性毒性-吸入，类别2；急性毒性-经皮，类别3；皮肤腐蚀/刺激，类别1B；严重眼损伤/眼刺激，类别1；特异性靶器官毒性——次接触，类别3（呼吸道刺激）；危害水生环境-急性危害，类别1
GHS标签象形图	 有毒物　　腐蚀性　　环境危害
是否易制毒/易制爆	否
燃烧及爆炸	可燃。其粉体能与空气形成爆炸性混合物
危险反应及分解产物	与强氧化剂等禁配物发生反应。分解产物：氯化氢、光气
禁配物	强氧化剂、强还原剂、强碱
健康危害	氯乙酸经皮吸收后引起中毒，甚至导致死亡。接触烟雾可导致眼部及上呼吸道的刺激和损伤
环境危害	严重危害水生生物

三、理化特性

外观与性状	无色结晶，有潮解性		
熔点（凝固点)/℃	50～63	爆炸上限（体积分数)/%	无资料
沸点/℃	189	爆炸下限（体积分数)/%	8.0
闪点/℃	126（CC）	自燃温度/℃	＞500
溶解性	溶于水、乙醇、乙醚、氯仿、二硫化碳		

四、个人防护

皮肤和身体	穿橡胶耐酸碱服，戴橡胶耐酸碱手套 必须穿工作服　　必须戴防护手套
眼睛	呼吸系统防护中已作防护

呼吸	可能接触其蒸气或烟雾时，建议佩戴过滤式防毒面具（全面罩）。必要时佩戴空气呼吸器 必须用呼吸器
设施配备	提供安全的淋浴和洗眼设备

五、使用与储存

使用注意事项	密闭操作，局部排风。远离火源、易燃物、可燃物。使用防爆型通风系统和设备。避免产生粉尘。避免与氧化剂、碱类、还原剂接触
配制方法	可直接使用
储存注意事项	1.储存于阴凉、干燥、通风良好的专用库房。远离火种、热源。 2.包装密封。应与氧化剂、碱类、还原剂、食用化学品分开存放，切忌混储

六、急救措施

皮肤接触	立即脱去污染衣物，用大量流动清水彻底冲洗。就医
眼睛接触	立即分开眼睑，用流动清水或生理盐水彻底冲洗。就医
吸入	迅速脱离现场至空气新鲜处，保持呼吸道通畅。就医
食入	用水漱口，禁止催吐。给饮牛奶或蛋清。就医
对施救者的忠告	根据需要使用个人防护设备

七、消防措施

灭火剂	一般用泡沫灭火器、二氧化碳灭火器或雾状水灭火
灭火注意事项及防护	消防人员必须佩戴空气呼吸器、穿全身耐酸碱防护服，在上风向灭火。确保安全的情况下，尽可能阻断泄漏源
是否可用水灭火	是

八、泄漏应急处理

防护措施和装备	建议应急处理人员戴防毒面具，穿防酸碱防护服，戴橡胶耐酸碱手套。确保安全的情况下，尽可能阻断泄漏源
处置材料和方法	用洁净的工具收集泄漏物，置于容器中
环保措施	防止泄漏物进入水体或下水道

九、废弃处置

处置方法	建议用焚烧法安全掩埋法处置。
污染包装物	将容器返还生产商或交给有资质的专业处理公司处置
废弃注意事项	处置前应参阅国家和地方有关法规

一氧化铅

一、基本信息

化学品中文名称	一氧化铅	中文名称别名	黄丹；密陀僧；氧化铅
化学品英文名称		lead oxide；lead monoxide	
CAS No.	1317-36-8	UN No.	无
分子式	PbO	分子量	223.19

二、危险性概述

GHS危险性分类	皮肤腐蚀/刺激，类别 3；生殖细胞致突变性，类别 2；致癌性，类别 1B；生殖毒性，类别 1A；特异性靶器官毒性-反复接触，类别 2；危害水生环境-长期危害，类别 4
GHS标签象形图	<div align="center">健康危害</div>
是否易制毒/易制爆	否
燃烧及爆炸	不燃
危险反应及分解产物	与禁配物发生反应
禁配物	强酸、强碱
健康危害	铅及其化合物损害造血、神经、消化系统及肾脏。短时大量接触可发生急性或亚急性中毒，表现类似重症慢性铅中毒
环境危害	危害水生生物且毒害影响长期持续

三、理化特性

外观与性状	黄色或略带红色的黄色粉末或细小片状结晶，遇光易变色		
熔点（凝固点）/℃	888～890	爆炸上限（体积分数）/%	无意义
沸点/℃	1472（分解）	爆炸下限（体积分数）/%	无意义
闪点/℃	无意义	自燃温度/℃	无意义
溶解性	不溶于水、乙醇，溶于硝酸、乙酸、热碱液		

四、个人防护

皮肤和身体	穿透气型防毒服，戴防化学品手套	必须穿工作服　必须戴防护手套
眼睛	一般不需特殊防护。必要时佩戴安全防护眼镜	必须戴防护眼镜

呼吸	可能接触其粉尘时,作业人员应佩戴过滤式防尘呼吸器。必要时,佩戴空气呼吸器或长管面具
设施配备	提供安全的淋浴和洗眼设备

五、使用与储存

使用注意事项	密闭操作,加强通风。避免产生粉尘。避免与酸类、碱类接触
配制方法	可直接使用
储存注意事项	1.储存于阴凉、通风的专用库房。 2.包装密封。避光保存。应与酸类、碱类、食用化学品分开放,切忌混储

六、急救措施

皮肤接触	立即脱去污染衣物,用大量流动清水彻底冲洗。就医
眼睛接触	立即分开眼睑,用流动清水或生理盐水彻底冲洗。就医
吸入	迅速脱离现场至空气新鲜处,保持呼吸道通畅。就医
食入	漱口,饮水。就医
对施救者的忠告	根据需要使用个人防护设备

七、消防措施

灭火剂	本品不燃。根据着火原因选择适当灭火剂灭火
灭火注意事项及防护	消防人员必须佩戴空气呼吸器,穿全身防火防毒服,在上风向灭火。尽可能将容器从火场移至空旷处。喷水保持火场容器冷却,直至灭火结束
是否可用水灭火	是

八、泄漏应急处理

防护措施和装备	建议应急处理人员戴防尘口罩,穿防毒服,戴橡胶手套。确保安全的情况下,尽可能阻断泄漏源
处置材料和方法	用洁净的工具收集泄漏物,置于容器中
环保措施	防止泄漏物进入水体或下水道

九、废弃处置

处置方法	建议用安全掩埋法处置
污染包装物	将容器返还生产商或交给有资质的专业处理公司处置
废弃注意事项	处置前应参阅国家和地方有关法规

一氧化碳

一、基本信息

化学品中文名称	一氧化碳	中文名称别名	无
化学品英文名称		carbon monoxide；flue gas	
CAS No.	630-08-0	UN No.	1016
分子式	CO	分子量	28.01

二、危险性概述

GHS危险性分类	易燃气体，类别1；加压气体；急性毒性-吸入，类别3；生殖毒性，类别1A；特异性靶器官毒性-反复接触，类别1
GHS标签象形图	易燃物　　高压物　　有毒物　　健康危害
是否易制毒/易制爆	否
燃烧及爆炸	极易燃，与空气混合形成爆炸性混合物。
危险反应及分解产物	与强氧化剂等禁配物接触，有发生火灾和爆炸物的危险
禁配物	强氧化剂
健康危害	一氧化碳在血中与血红蛋白结合而造成组织缺氧
环境危害	对环境可能有害

三、理化特性

外观与性状	无色无味气体		
熔点（凝固点）/℃	−205	爆炸上限（体积分数）/%	74.2
沸点/℃	−191.5	爆炸下限（体积分数）/%	12.5
闪点/℃	<−50	自燃温度/℃	610
溶解性	微溶于水，溶于乙醇、苯、氯仿等多数有机溶剂		

四、个人防护

皮肤和身体	穿防静电工作服，戴一般作业防护手套　　必须穿工作服　　必须戴防护手套
眼睛	一般不需特殊防护　　必须戴防护眼镜

呼吸	空气中浓度超标时，佩戴过滤式防毒面具（半面罩）。紧急事态抢救或撤离时，建议佩戴空气呼吸器或一氧化碳过滤式自救器　 必须戴防毒面具
设施配备	提供安全的淋浴和洗眼设备

五、使用与储存

使用注意事项	严加密闭，提供充分的局部排风和全面通风。远离火源、易燃物、可燃物。使用防爆型通风系统和设备。防止气体泄漏。避免与氧化剂、碱类接触
配制方法	无
储存注意事项	1. 储存于阴凉、通风的易燃气体专用库房。远离火种、热源。 2. 采用防爆型照明、通风设施。禁止使用易产生火花的机械设备和工具。 3. 应与氧化剂、碱类、食用化学品分开放，切忌混储

六、急救措施

吸入	迅速脱离现场至空气新鲜处，保持呼吸道通畅。就医
对施救者的忠告	根据需要使用个人防护设备

七、消防措施

灭火剂	一般用泡沫灭火器、干粉灭火器、二氧化碳灭火器或雾状水灭火
灭火注意事项及防护	消防人员必须佩戴空气呼吸器，穿全身防火防毒服，在上风向灭火
是否可用水灭火	是

八、泄漏应急处理

防护措施和装备	建议应急处理人员戴正压式自给式呼吸器，穿防静电服，作业时使用的设备应接地。确保安全的情况下，尽可能阻断泄漏源
处置材料和方法	隔离泄漏区
环保措施	防止气体扩散

九、废弃处置

处置方法	建议用焚烧法处置。如与国家和地方有关法规矛盾，请参照国家和地方有关法规执行
污染包装物	将容器返还生产商或按照国家和地方法规处置（一般统一交给有资质的专业处理公司处理）
废弃注意事项	处置前应参阅国家和地方有关法规

乙 苯

一、基本信息

化学品中文名称	乙苯	中文名称别名	乙基苯
化学品英文名称	ethylbenzene；phenylethane		
CAS No.	100-41-4	UN No.	1175
分子式	C_8H_{10}	分子量	106.18

二、危险性概述

GHS危险性分类	易燃液体，类别2；急性毒性-吸入，类别4；致癌性，类别2；特异性靶器官毒性-反复接触，类别2；吸入危害，类别1；危害水生环境-急性危害，类别2
GHS标签象形图	易燃物　　刺激性　　健康危害
是否易制毒/易制爆	否
燃烧及爆炸	高度易燃，其蒸气能与空气形成爆炸性混合物
危险反应及分解产物	与禁配物接触有发生燃烧爆炸的危险
禁配物	强氧化剂、酸类、卤素等
健康危害	对皮肤、黏膜有较强刺激性，高浓度有麻醉作用。对肝、肺有损害。长期接触刺激眼及上呼吸道，出现神经衰弱综合征
环境危害	危害水生生物

三、理化特性

外观与性状	无色透明液体，有芳香气味		
熔点（凝固点）/℃	−94.9	爆炸上限（体积分数）/%	6.7
沸点/℃	136.2	爆炸下限（体积分数）/%	1.0
闪点/℃	12.8（CC）	自燃温度/℃	432
溶解性	不溶于水，可混溶于乙醇、乙醚、苯等多数有机溶剂		

四、个人防护

皮肤和身体	穿防毒物渗透工作服，戴橡胶耐油手套	必须穿工作服　必须戴防护手套
眼睛	戴化学安全防护眼镜	必须戴防护眼镜

呼吸	可能接触其蒸气时，应该佩戴过滤式防毒面具（半面罩）。紧急事态抢救或撤离时，佩戴空气呼吸器 必须戴防毒面具
设施配备	提供安全的淋浴和洗眼设备

五、使用与储存

使用注意事项	密闭操作，提供充分的局部排风。远离火源、易燃物、可燃物。使用防爆型通风系统和设备。防止蒸气泄漏。避免与氧化剂、还原剂、碱类接触
配制方法	可直接使用
储存注意事项	1.储存于阴凉、通风的专用库房。远离火种、热源。 2.保持容器密封。应与氧化剂分开存放，切忌混储。 3.采用防爆型照明、通风设施。禁止使用易产生火花的机械设备和工具

六、急救措施

皮肤接触	立即脱去污染的衣物，用肥皂水或流动的清水彻底冲洗。就医
眼睛接触	立即分开眼睑，用流动的清水或生理盐水彻底冲洗。就医
吸入	迅速脱离现场至空气新鲜处，保持呼吸道通畅。就医
食入	漱口、饮水。就医
对施救者的忠告	根据需要使用个人防护设备

七、消防措施

灭火剂	一般用泡沫灭火器、二氧化碳灭火器、干粉灭火器或砂土灭火。实验室少量药品起火直接用灭火毯或砂土闷熄
灭火注意事项及防护	消防人员必须佩戴过滤式防毒面具或空气呼吸器、穿全身防火防毒服，在上风向灭火
是否可用水灭火	否

八、泄漏应急处理

防护措施和装备	建议应急处理人员戴正压自给式呼吸器，穿防静电服，戴橡胶耐油手套，作业时使用的所有设备应接地。确保安全的情况下，尽可能阻断泄漏源
处置材料和方法	用砂土或其他不燃材料吸收泄漏物，使用无静电工具收集，置于容器中
环保措施	防止泄漏物进入水体或下水道

九、废弃处置

处置方法	建议用焚烧法处置
污染包装物	将容器返还生产商或交给有资质的专业处理公司处置
废弃注意事项	把倒空的容器归还厂商或在规定场所掩埋。处置前参阅国家和地方有关法律法规

乙 醇

一、基本信息

化学品中文名称	乙醇	中文名称别名	酒精
化学品英文名称	ethyl alcohol；ethanol		
CAS No.	64-17-5	UN No.	1170
分子式	C_2H_6O	分子量	46.07

二、危险性概述

GHS危险性分类	易燃液体，类别2
GHS标签象形图	易燃物
是否易制毒/易制爆	否
燃烧及爆炸	高度易燃，其蒸气能与空气形成爆炸性混合物
危险反应及分解产物	与强氧化剂等禁配物接触，有发生火灾和爆炸的危险
禁配物	强氧化剂、酸类，酸酐，碱金属，胺类
健康危害	本品为中枢神经系统抑制剂，吸入高浓度乙醇蒸气可出现酒醉感、头昏、乏力、兴奋和轻度的眼、上呼吸道黏膜刺激等症状，但一般不引起严重中毒
环境危害	可能危害环境

三、理化特性

外观与性状	无色液体，有酒香		
熔点（凝固点）/℃	−114.1	爆炸上限（体积分数）/%	19.0
沸点/℃	78.3	爆炸下限（体积分数）/%	3.3
闪点/℃	13（CC）；17（OC）	自燃温度/℃	363
溶解性	与水混溶，可混溶于乙醚、氯仿、甘油、甲醇等多种有机溶剂		

四、个人防护

皮肤和身体	穿防静电工作服，戴一般作业防护手套　　必须穿工作服　必须戴防护手套
眼睛	一般不需要特殊防护　　必须戴防护眼镜

呼吸	一般不需要特殊防护，高浓度接触时可佩戴过滤式防毒面具（半面罩） 必须戴防毒面具
设施配备	提供安全的淋浴和洗眼设备

五、使用与储存

使用注意事项	密闭操作，全面通风。远离火源、易燃物、可燃物。使用防爆型通风系统和设备。防止蒸气泄漏。避免与氧化剂、酸类、碱金属、胺类接触
配制方法	可直接使用
储存注意事项	1.储存于阴凉、通风的专用库房。远离火种、热源。 2.保持容器密封。应与氧化剂、酸类、碱金属、胺类等分开存放，切忌混储。 3.采用防爆型照明、通风设施。禁止使用易产生火花的机械设备和工具

六、急救措施

皮肤接触	立即脱去污染衣物，用大量流动清水彻底冲洗。就医
眼睛接触	立即分开眼睑，用流动清水或生理盐水彻底冲洗。就医
吸入	迅速脱离现场至空气新鲜处，保持呼吸道通畅。就医
食入	饮适量温水，催吐（仅限于清醒状态）。就医
对施救者的忠告	根据需要使用个人防护设备

七、消防措施

灭火剂	一般用泡沫灭火器、干粉灭火器、二氧化碳灭火器或砂土灭火。实验室少量药品起火直接用灭火毯或砂土闷熄
灭火注意事项及防护	消防人员须佩戴防毒面具，穿全身消防服，在上风向灭火
是否可用水灭火	否

八、泄漏应急处理

防护措施和装备	建议应急处理人员戴正压自给式呼吸器，穿防静电服，作业时使用的所有设备应接地。确保安全的情况下，尽可能阻断泄漏源
处置材料和方法	用干燥的砂土或其他不燃材料覆盖泄漏物，用无静电工具收集，置于容器中
环保措施	防止泄漏物进入水体或下水道

九、废弃处置

处置方法	建议用焚烧法处置
污染包装物	将容器返还生产商或交给有资质的专业处理公司处置
废弃注意事项	处置前应参阅国家和地方有关法规

乙二胺

一、基本信息

化学品中文名称	乙二胺	中文名称别名	1,2-乙二胺；1,2-二氨基乙烷
化学品英文名称		1,2-ethylenediamine；1,2-diaminoethane	
CAS No.	107-15-3	UN No.	1604
分子式	$C_2H_8N_2$	分子量	60.12

二、危险性概述

GHS危险性分类	易燃液体，类别3；急性毒性-经口，类别4；急性毒性-经皮，类别4；皮肤腐蚀/刺激，类别1B；严重眼损伤/眼刺激，类别1；呼吸道致敏物，类别1；皮肤致敏物，类别1；危害水生环境-急性危害，类别2；危害水生环境-长期危害，类别3
GHS标签象形图	易燃物　　刺激性　　腐蚀性　　健康危害
是否易制毒/易制爆	本品是易制爆试剂。易燃液体，第三类
燃烧及爆炸	易燃，其蒸气能与空气形成爆炸性混合物
危险反应及分解产物	与强氧化剂等禁配物接触，有发生火灾和爆炸的危险。与乙酸、乙酸酐、二硫化碳、氯磺酸等剧烈反应。分解产物：氨
禁配物	酸类、酰基氯、酸酐、强氧化剂
健康危害	对眼、皮肤和呼吸道有腐蚀作用。反复或长期接触可能引起皮肤过敏、哮喘
环境危害	危害水生生物且毒害影响长期持续

三、理化特性

外观与性状	无色或微黄色黏稠液体或固体，有类似氨的气味		
熔点（凝固点）/℃	8.5	爆炸上限（体积分数）/%	16.6
沸点/℃	116～117.2	爆炸下限（体积分数）/%	2.7
闪点/℃	33.9（OC）；43.3（CC）	自燃温度/℃	385
溶解性	溶于水、乙醇，微溶于乙醚，不溶于苯		

四、个人防护

皮肤和身体	穿防腐蚀工作服，戴橡胶耐油手套　　必须穿工作服　　必须戴防护手套
眼睛	呼吸系统中已做防护　　必须戴防毒面具

呼吸	空气中浓度超标时，应佩戴过滤式防毒面具（全面罩）
设施配备	加强通风，提供安全的淋浴和洗眼设备

五、使用与储存

使用注意事项	密闭操作，注意通风。远离火源、易燃物、可燃物。使用防爆型通风系统和设备。防止蒸气泄漏。避免与氧化剂、酸类接触
配制方法	可直接使用
储存注意事项	1.本品为易制爆试剂，实行"五双"管理。 2.储存于阴凉、干燥、通风良好的专用库房。远离火种、热源。 3.包装要求密封。应与酸类、氧化剂等分开存放，切忌混储。 4.采用防爆型照明、通风设施。禁止使用易产生火花的机械设备和工具

六、急救措施

皮肤接触	立即脱去污染衣物，用大量流动清水彻底冲洗。就医
眼睛接触	立即分开眼睑，用流动清水或生理盐水彻底冲洗。就医
吸入	迅速脱离现场至空气新鲜处，保持呼吸道通畅。就医
食入	用水漱口，禁止催吐。给饮牛奶或蛋清。就医
对施救者的忠告	根据需要使用个人防护设备

七、消防措施

灭火剂	一般用泡沫灭火器、干粉灭火器、二氧化碳灭火器或砂土灭火。实验室少量药品起火直接用灭火毯或砂土闷熄
灭火注意事项及防护	消防人员必须佩戴防毒面具、穿全身消防服，在上风向灭火。
是否可用水灭火	否

八、泄漏应急处理

防护措施和装备	建议应急处理人员戴正压自给式呼吸器，穿防静电、防腐蚀、防毒服，戴橡胶手套，作业时使用的所有设备应接地。确保安全的情况下，尽可能阻断泄漏源
处置材料和方法	用砂土或其他不燃材料吸收，使用无静电工具收集，置于容器中
环保措施	防止泄漏物进入水体或下水道

九、废弃处置

处置方法	建议用控制焚烧法处置
污染包装物	将容器返还生产商或交给有资质的专业处理公司处置
废弃注意事项	把倒空的容器归还厂商或在规定场所掩埋

乙 腈

一、基本信息

化学品中文名称	乙腈	中文名称别名	甲基氰；氰甲烷；ACN
化学品英文名称		acetonitrile; methyl cyanide	
CAS No.	75-05-8	UN No.	1648
分子式	C_2H_3N	分子量	41.06

二、危险性概述

GHS危险性分类	易燃液体，类别2；急性毒性-经口，类别4；急性毒性-经皮，类别4；急性毒性-吸入，类别4；严重眼损伤/眼刺激，类别2
GHS标签象形图	易燃物　　刺激性
是否易制毒/易制爆	否
燃烧及爆炸	高度易燃，其蒸气能与空气形成爆炸性混合物。遇高热或明火可能会产生膨胀或爆炸性分解
危险反应及分解产物	与强氧化剂等禁配物接触有发生燃烧爆炸的危险。分解产物：氰化氢
禁配物	强氧化剂、强还原剂、酸类、碱类、碱金属、氯磺酸、过氯酸盐
健康危害	直接接触对皮肤和眼严重刺激性。吞咽有害，吸入有害
环境危害	可能危害环境

三、理化特性

外观与性状	无色液体，有刺激性气味		
熔点（凝固点）/℃	−45	爆炸上限（体积分数）/%	16
沸点/℃	81.6	爆炸下限（体积分数）/%	3
闪点/℃	12.8（OC）	自燃温度/℃	524
溶解性	能与水混溶，溶于乙醇、乙醚、丙酮、氯仿等多数有机溶剂		

四、个人防护

皮肤和身体	穿隔绝式防毒服，戴橡胶耐油手套　必须穿工作服　必须戴防护手套
眼睛	呼吸系统防护中已做防护
呼吸	可能接触毒物时，必须佩戴过滤式防毒面具（全面罩）或空气呼吸器。紧急事态抢救或撤离时，佩戴空气呼吸器
设施配备	提供安全的淋浴和洗眼设备

五、使用与储存

使用注意事项	严加密闭，提供充分的局部排风和全面通风。远离火源、易燃物、可燃物。使用防爆型通风系统和设备。防止蒸气泄漏。避免与氧化剂、还原剂、酸类、碱类接触
配制方法	可直接使用
储存注意事项	1.储存于阴凉、通风的专用库房。远离火种、热源。 2.保持容器密封。应与氧化剂、还原剂、酸类、碱类、易（可）燃物、食用化学品分开存放，切忌混储。 3.采用防爆型照明、通风设施。禁止使用易产生火花的机械设备和工具

六、急救措施

皮肤接触	立即脱去污染的衣物，用肥皂水或流动的清水彻底冲洗。就医
眼睛接触	立即分开眼睑，用流动清水或生理盐水彻底冲洗。就医
吸入	迅速脱离现场至空气新鲜处，保持呼吸道通畅。就医
食入	催吐（仅限清醒者），给服活性炭悬液。就医
对施救者的忠告	根据需要使用个人防护设备

七、消防措施

灭火剂	一般用泡沫灭火器、二氧化碳灭火器、干粉灭火器或砂土灭火。实验室少量药品起火直接用灭火毯或砂土闷熄
灭火注意事项及防护	消防人员必须佩戴过滤式防毒面具或空气呼吸器，穿全身防火防毒服，在上风向灭火
是否可用水灭火	否

八、泄漏应急处理

防护措施和装备	建议应急处理人员戴正压自给式呼吸器，穿防毒、防静电服，戴橡胶耐油手套，作业时使用的所有设备应接地。确保安全的情况下，尽可能阻断泄漏源
处置材料和方法	用砂土或其他不燃材料吸收，使用无静电工具收集，置于容器中
环保措施	防止泄漏物进入水体或下水道

九、废弃处置

处置方法	建议用焚烧法处置
污染包装物	将容器返还生产商或交给有资质的专业处理公司处置
废弃注意事项	把倒空的容器归还厂商或在规定场所掩埋

乙 醚

一、基本信息

化学品中文名称	乙醚	中文名称别名	二乙（基）醚
化学品英文名称		ethyl ether；diethyl ether	
CAS No.	60-29-7	UN No.	1155
分子式	$C_4H_{10}O$	分子量	74.14

二、危险性概述

GHS危险性分类	易燃液体，类别1；急性毒性-经口，类别4；特异性靶器官毒性-一次接触，类别3（麻醉效应）
GHS标签象形图	易燃物 刺激性
是否易制毒/易制爆	本品是易制毒试剂，第二类
燃烧及爆炸	极易燃，其蒸气与空气混合，能形成爆炸性混合物
危险反应及分解产物	与强氧化剂等禁配物接触，有发生火灾和爆炸的危险
禁配物	强氧化剂、氧、氯、过氯酸
健康危害	本品的主要作用为全身麻醉。液体或高浓度蒸气对眼有刺激性。长期皮肤接触，可发生皮肤干燥、皲裂
环境危害	可能危害环境

三、理化特性

外观与性状	无色透明液体，有芳香气体，极易挥发		
熔点（凝固点）/℃	−116.2	爆炸上限（体积分数）/%	49.0
沸点/℃	34.6	爆炸下限（体积分数）/%	1.7
闪点/℃	−45（OC）	自燃温度/℃	160～180
溶解性	微溶于水，溶于乙醇、苯、氯仿、石脑油等多数有机溶剂		

四、个人防护

皮肤和身体	穿防静电工作服，戴橡胶耐油手套　　必须穿工作服　必须戴防护手套
眼睛	必要时，戴化学安全防护眼镜　　必须戴防护眼镜

呼吸	空气中浓度超标时，佩戴过滤式防毒面具（半面具）
设施配备	提供安全的淋浴和洗眼设备

必须戴防毒面具

五、使用与储存

使用注意事项	密闭操作，全面通风。远离火源、易燃物、可燃物。使用防爆型的通风系统和设备。防止蒸气泄漏。避免与氧化剂接触
配制方法	可直接使用
储存注意事项	1.本品为易制毒试剂，实行"五双"管理。 2.储存于阴凉、通风的专用库房。远离火种、热源。 3.包装要求密封，不可与空气接触。应与氧化剂等分开存放，切忌混储。 4.采用防爆型照明、通风设施。禁止使用易产生火花的机械设备和工具

六、急救措施

皮肤接触	立即脱去污染衣物，用大量流动清水彻底冲洗。就医
眼睛接触	立即分开眼睑，用流动清水或生理盐水彻底冲洗。就医
吸入	迅速脱离现场至空气新鲜处，保持呼吸道通畅。就医
食入	漱口，饮水。就医
对施救者的忠告	根据需要使用个人防护设备

七、消防措施

灭火剂	一般用泡沫灭火器、二氧化碳灭火器、干粉灭火器或砂土灭火。实验室少量药品起火直接用灭火毯或砂土闷熄
灭火注意事项及防护	消防人员必须佩戴防毒面具、穿全身消防服，在上风向灭火。
是否可用水灭火	否

八、泄漏应急处理

防护措施和装备	建议应急处理人员戴正压自给式呼吸器，穿防静电服，戴橡胶耐油手套，作业时使用的所有设备应接地。确保安全的情况下，尽可能阻断泄漏源
处置材料和方法	用砂土或其他不燃材料吸收，使用无静电工具收集，置于容器中
环保措施	防止泄漏物进入水体或下水道

九、废弃处置

处置方法	建议加入碳酸氢钠溶液，中和稀释后，排入废水系统
污染包装物	将容器返还生产商或交给有资质的专业处理公司处置
废弃注意事项	把倒空的容器归还厂商或在规定场所掩埋

乙　酸

一、基本信息

化学品中文名称	乙酸	中文名称别名	醋酸；冰醋酸
化学品英文名称	acetic acid；glacial acetic acid；vinegar acid		
CAS No.	64-19-7	UN No.	2789
分子式	$C_2H_4O_2$	分子量	60.06

二、危险性概述

GHS危险性分类	易燃液体，类别3；皮肤腐蚀/刺激，类别1A；严重眼损伤/眼刺激，类别1
GHS标签象形图	易燃物　　腐蚀性
是否易制毒/易制爆	否
燃烧及爆炸	易燃，其蒸气能与空气形成爆炸性混合物
危险反应及分解产物	与禁配物接触有发生燃烧爆炸的危险
禁配物	碱类，强氧化剂
健康危害	对眼、皮肤和呼吸道有腐蚀性。吸入可能引起肺水肿。误服浓乙酸，口腔和消化道可产生糜烂，重者可因休克而致死
环境危害	可能危害环境

三、理化特性

外观与性状	无色透明液体，有刺激性酸臭		
熔点（凝固点）/℃	16.6	爆炸上限（体积分数）/%	16.0
沸点/℃	118.1（101.7kPa）	爆炸下限（体积分数）/%	5.4
闪点/℃	39（CC）；43（OC）	自燃温度/℃	426
溶解性	溶于水、乙醇、乙醚、甘油，不溶于二硫化碳		

四、个人防护

皮肤和身体	穿橡胶耐酸碱服，戴橡胶耐酸碱手套　必须穿工作服　必须戴防护手套
眼睛	戴化学安全防护眼镜　必须戴防护眼镜

呼吸	空气中浓度超标时，佩戴过滤式防毒面具（半面罩）。紧急事态抢救或撤离时，佩戴空气呼吸器 必须戴防毒面具
设施配备	提供安全的淋浴和洗眼设备

五、使用与储存

使用注意事项	密闭操作，加强通风。远离火源、易燃物、可燃物。使用防爆型的通风系统和设备。防止蒸气泄漏。避免与氧化剂、碱类接触
配制方法	配制浓度 6mol·L^{-1} 溶液：量取 343mL 浓度为 17.5mol·L^{-1} 的乙酸，加水稀释至 1L
储存注意事项	1. 储存于阴凉、通风的专用库房。远离火种、热源。冬季应保持库温高于 16℃，以防凝固。 2. 保持容器密封。应与氧化剂、碱类分开存放，切忌混储。 3. 采用防爆型照明、通风设施。禁止使用易产生火花的机械设备和工具

六、急救措施

皮肤接触	立即脱去污染衣物，用大量流动清水彻底冲洗。就医
眼睛接触	立即分开眼睑，用流动清水或生理盐水彻底冲洗。就医
吸入	迅速脱离现场至空气新鲜处，保持呼吸道通畅。就医
食入	用水漱口，禁止催吐。给饮牛奶或蛋清。就医
对施救者的忠告	根据需要使用个人防护设备

七、消防措施

灭火剂	一般用泡沫灭火器、干粉灭火器、二氧化碳灭火器灭火。实验室少量药品起火直接用灭火毯或砂土闷熄。
灭火注意事项及防护	消防人员须佩戴防毒面具，穿全身耐酸碱消防服，在上风向灭火。
是否可用水灭火	否

八、泄漏应急处理

防护措施和装备	建议应急处理人员戴正压自给式呼吸器，穿防静电、防腐蚀、防毒服，戴橡胶手套。确保安全的情况下，尽可能阻断泄漏源
处置材料和方法	用干燥的砂土或其他不燃材料吸收，使用无静电工具收集，置于容器中
环保措施	防止泄漏物进入水体或下水道

九、废弃处置

处置方法	建议用焚烧法处置
污染包装物	将容器返还生产商或交给有资质的专业处理公司处置
废弃注意事项	处置前应参阅国家和地方有关法规

乙酸酐

一、基本信息

化学品中文名称	乙酸酐	中文名称别名	醋酸酐
化学品英文名称	acetic anhydride；ethanoic anhydride		
CAS No.	108-24-7	UN No.	1715
分子式	$C_4H_6O_3$	分子量	102.1

二、危险性概述

GHS危险性分类	易燃液体，类别3；急性毒性-经口，类别4；急性毒性-吸入，类别4；皮肤腐蚀/刺激，类别1B；严重眼损伤/眼刺激，类别1；特异性靶器官毒性——次接触，类别3（呼吸道刺激）；危害水生环境-急性危害，类别3
GHS标签象形图	易燃物　　腐蚀性　　刺激性
是否易制毒/易制爆	本品属于易制毒试剂。属于易制毒第二类
燃烧及爆炸	易燃，其蒸气能与空气形成爆炸性混合物。遇高热或明火可能会产生膨胀或爆炸性分解
危险反应及分解产物	与禁配物接触有发生燃烧爆炸的危险
禁配物	水、醇类、活性金属粉末、强氧化剂、强还原剂、酸类、碱类
健康危害	使人流泪对眼、皮肤和呼吸道有腐蚀作用。吸入可引起哮喘
环境危害	危害水生生物

三、理化特性

外观与性状	无色透明液体，有刺激气味，其蒸气为催泪毒气		
熔点（凝固点）/℃	−73.1	爆炸上限（体积分数）/％	10.3
沸点/℃	139～140	爆炸下限（体积分数）/％	2.7
闪点/℃	49（CC）	自燃温度/℃	316
溶解性	溶于冷水，溶于乙醚、苯		

四、个人防护

皮肤和身体	穿橡胶耐酸碱服，戴橡胶耐酸碱手套	必须穿工作服　　必须戴防护手套
眼睛	呼吸系统防护中已做防护	

呼吸	可能接触其蒸气时，必须佩戴过滤式防毒面具（全面罩）。紧急事态抢救或撤离时，佩戴空气呼吸器
设施配备	提供安全的淋浴和洗眼设备

五、使用与储存

使用注意事项	密闭操作，加强通风。远离火源、易燃物、可燃物。使用防爆型通风系统和设备。防止蒸气泄漏。避免与氧化剂、还原剂、酸类、碱类、活性金属粉末、醇类接触
配制方法	可直接使用
储存注意事项	1.储存于阴凉、干燥、通风良好的专用库房。远离火种、热源。 2.保持容器密封。应与氧化剂、还原剂、酸类、碱类、活性金属粉末、醇类分开存放，切忌混储。 3.采用防爆型照明、通风设施。禁止使用易产生火花的机械设备和工具

六、急救措施

皮肤接触	立即脱去污染衣物，用大量流动清水彻底冲洗。就医
眼睛接触	立即分开眼睑，用流动清水或生理盐水彻底冲洗。就医
吸入	迅速脱离现场至空气新鲜处，保持呼吸道通畅。就医
食入	用水漱口、禁止催吐。给饮牛奶或蛋清。就医
对施救者的忠告	根据需要使用个人防护设备

七、消防措施

灭火剂	一般用泡沫灭火器、二氧化碳灭火器、干粉灭火器或砂土灭火。实验室少量药品起火直接用灭火毯或砂土闷熄
灭火注意事项及防护	消防人员必须佩戴过滤式防毒面具或空气呼吸器、穿全身耐酸碱消防服，在上风向灭火
是否可用水灭火	否

八、泄漏应急处理

防护措施和装备	建议应急处理人员戴正压自给式呼吸器，穿防静电、防腐蚀工作服，戴橡胶耐酸碱手套。确保安全的情况下，尽可能阻断泄漏源
处置材料和方法	用砂土或其他不燃材料覆盖泄漏物，使用无静电工具收集，置于容器中
环保措施	防止泄漏物进入水体或下水道

九、废弃处置

处置方法	建议用焚烧法处置
污染包装物	将容器返还生产商或交给有资质的专业处理公司处置
废弃注意事项	处置前参阅国家和地方有关法律法规

乙酸乙酯

一、基本信息

化学品中文名称	乙酸乙酯	中文名称别名	醋酸乙酯
化学品英文名称		ethyl acetate; acetic ester	
CAS No.	141-78-6	UN No.	1173
分子式	$C_4H_8O_2$	分子量	88.12

二、危险性概述

GHS危险性分类	易燃液体，类别2；严重眼睛损伤/眼刺激，类别2；特异性靶器官毒性——次接触，类别3（麻醉效应）
GHS标签象形图	易燃物　　刺激性
是否易制毒/易制爆	否
燃烧及爆炸	高度易燃，其蒸气能与空气形成爆炸性混合物。遇高热或明火可能会产生膨胀或爆炸性分解
危险反应及分解产物	与禁配物接触有发生燃烧爆炸的危险
禁配物	强氧化剂、酸类、碱类
健康危害	对眼、鼻和咽喉有刺激作用。高浓度吸入具进行性麻醉作用，可能造成昏昏欲睡或眩晕。吞咽有害
环境危害	可能危害环境

三、理化特性

外观与性状	无色澄清液体，有芳香气味，易挥发		
熔点（凝固点）/℃	−83.6	爆炸上限（体积分数）/%	11.5
沸点/℃	77.2	爆炸下限（体积分数）/%	2.2
闪点/℃	7.2（OC）	自燃温度/℃	426.7
溶解性	微溶于水，溶于氯仿、乙醇、丙酮、乙醚、苯等多数有机溶剂		

四、个人防护

皮肤和身体	穿防静电工作服，戴橡胶耐油手套　　必须穿工作服　必须戴防护手套
眼睛	戴化学安全防护眼镜　　必须戴防护眼镜

呼吸	可能接触其蒸气时，必须佩戴过滤式防毒面具（半面罩）。紧急事态抢救或撤离时，佩戴空气呼吸器
设施配备	提供安全的淋浴和洗眼设备

五、使用与储存

使用注意事项	密闭操作，全面通风。远离火源、易燃物、可燃物。使用防爆型通风系统和设备。防止蒸气泄漏。避免与氧化剂、酸类、碱类接触
配制方法	可直接使用
储存注意事项	1.储存于阴凉、通风的专用库房。远离火种、热源。 2.保持容器密封。应与氧化剂、酸类、碱类分开存放，切忌混储。 3.采用防爆型照明、通风设施。禁止使用易产生火花的机械设备和工具

六、急救措施

皮肤接触	立即脱去污染的衣物，用肥皂水或流动的清水彻底冲洗。就医
眼睛接触	立即分开眼睑，用流动的清水或生理盐水彻底冲洗。就医
吸入	迅速脱离现场至空气新鲜处，保持呼吸道通畅。就医
食入	漱口、饮水。就医
对施救者的忠告	根据需要使用个人防护设备

七、消防措施

灭火剂	一般用泡沫灭火器、二氧化碳灭火器、干粉灭火器或砂土灭火。实验室少量药品起火直接用灭火毯或砂土闷熄
灭火注意事项及防护	消防人员必须佩戴过滤式防毒面具或空气呼吸器、穿全身防火防毒服，在上风向灭火。用水灭火无效
是否可用水灭火	否

八、泄漏应急处理

防护措施和装备	建议应急处理人员戴正压自给式呼吸器，穿防静电服，戴橡胶耐油手套，作业时使用的所有设备应接地。确保安全的情况下，尽可能阻断泄漏源
处置材料和方法	用砂土或其他不燃材料吸收，使用无静电工具收集，置于容器中
环保措施	防止泄漏物进入水体或下水道

九、废弃处置

处置方法	建议用焚烧法处置
污染包装物	将容器返还生产商或交给有资质的专业处理公司处置
废弃注意事项	处置前参阅国家和地方有关法律法规

异丙醇

一、基本信息

化学品中文名称	异丙醇	中文名称别名	2-丙醇
化学品英文名称	isopropanol alcohol；2-propanol		
CAS No.	67-63-0	UN No.	1219
分子式	C_3H_8O	分子量	60.11

二、危险性概述

GHS危险性分类	易燃液体，类别2；严重眼损伤/眼刺激，类别2；特异性靶器官毒性——次接触，类别3（麻醉效应）
GHS标签象形图	易燃物　　刺激性
是否易制毒/易制爆	否
燃烧及爆炸	高度易燃，其蒸气能与空气形成爆炸性混合物。受遇高热或明火可能会产生膨胀或爆炸性分解
危险反应及分解产物	与禁配物接触有发生燃烧爆炸的危险
禁配物	强氧化剂、酸类、酸酐、卤素
健康危害	直接接触可致严重眼刺激。吸入高浓度蒸气可致眩晕。长期接触造成轻微皮肤刺激。吞咽有害
环境危害	可能危害环境

三、理化特性

外观与性状	无色透明液体，有似乙醇和丙酮混合物的气味		
熔点（凝固点）/℃	−88.5	爆炸上限（体积分数）/%	12.7
沸点/℃	82.5	爆炸下限（体积分数）/%	2.0
闪点/℃	12（CC）	自燃温度/℃	456
溶解性	溶于水，溶于乙醇、乙醚、氯仿、苯等多数有机溶剂		

四、个人防护

皮肤和身体	穿防静电工作服，戴橡胶手套　　必须穿工作服　必须戴防护手套
眼睛	一般不需特殊防护，高浓度接触时可戴安全防护眼镜

呼吸	一般不需特殊防护，高浓度接触时可戴过滤式防毒面具（半面罩） 必须戴防毒面具
设施配备	提供安全的淋浴和洗眼设备

五、使用与储存

使用注意事项	密闭操作，全面通风。远离火源、易燃物、可燃物。使用防爆型通风系统和设备。防止蒸气泄漏。避免与氧化剂、酸类、卤素接触
配制方法	可直接使用
储存注意事项	1.储存于阴凉、通风的专用库房。远离火种、热源。 2.保持容器密封。应与氧化剂、酸类、卤素等分开存放，切忌混储。 3.采用防爆型照明、通风设施。禁止使用易产生火花的机械设备和工具

六、急救措施

皮肤接触	立即脱去污染的衣物，用肥皂水或流动的清水彻底冲洗。就医
眼睛接触	立即分开眼睑，用流动清水或生理盐水彻底冲洗。就医
吸入	迅速脱离现场至空气新鲜处，保持呼吸道通畅。就医
食入	漱口、饮水。就医
对施救者的忠告	根据需要使用个人防护设备

七、消防措施

灭火剂	一般用砂土或干粉灭火器、二氧化碳灭火器、泡沫灭火器灭火。实验室少量药品起火直接用灭火毯或砂土闷熄
灭火注意事项及防护	消防人员必须佩戴过滤式防毒面具或空气呼吸器、穿全身消防服，在上风向灭火
是否可用水灭火	否

八、泄漏应急处理

防护措施和装备	建议应急处理人员戴正压自给式呼吸器，穿防静电服，戴橡胶手套，作业时使用的所有设备应接地。确保安全的情况下，尽可能阻断泄漏源
处置材料和方法	用砂土或其他不燃材料吸收，使用无静电工具收集，置于容器中
环保措施	防止泄漏物进入水体或下水道

九、废弃处置

处置方法	建议用焚烧法处置
污染包装物	将容器返还生产商或交给有资质的专业处理公司处置
废弃注意事项	处置前参阅国家和地方有关法律法规

异戊醇

一、基本信息

化学品中文名称	异戊醇	中文名称别名	3-甲基-1-丁醇；3-甲基丁醇
化学品英文名称	isoamyl alcohol；3-methyl-1-butanol		
CAS No.	123-51-3	UN No.	1105
分子式	$C_5H_{12}O$	分子量	88.17

二、危险性概述

GHS危险性分类	易燃液体，类别3；急性毒性-经口，类别5；急性毒性-经皮，类别5；严重眼损伤/眼刺激，类别2A；特异性靶器官毒性—一次接触，类别1；特异性靶器官毒性—一次接触，类别3（呼吸道刺激，麻醉效应）
GHS标签象形图	易燃物　　刺激性　　健康危害
是否易制毒/易制爆	否
燃烧及爆炸	易燃，其蒸气能与空气形成爆炸性混合物。受遇高热或明火可能会产生膨胀或爆炸性分解
危险反应及分解产物	与禁配物接触有发生燃烧爆炸的危险
禁配物	强酸、强氧化剂、酸酐、酰基氯
健康危害	对眼、皮肤和呼吸道有刺激性，可致严重眼刺激。吸入蒸气（尤其长期接触）可能引起嗜睡、眩晕。吞咽可能有害
环境危害	可能危害环境

三、理化特性

外观与性状	无色液体，有不愉快的气味		
熔点（凝固点）/℃	−117.2	爆炸上限（体积分数）/%	9.0
沸点/℃	132.5	爆炸下限（体积分数）/%	1.2
闪点/℃	43（CC）	自燃温度/℃	347
溶解性	微溶于水，可混溶于乙醇、乙醚、苯、氯仿、石油醚，易溶于丙酮，溶于多数有机溶剂		

四、个人防护

皮肤和身体	穿防静电工作服，戴一般作业防护手套　　必须穿工作服　　必须戴防护手套
眼睛	必要时，戴化学安全防护眼镜　　必须戴防护眼镜

呼吸	可能接触其蒸气时，应该佩戴过滤式防毒面具（半面罩）。紧急事态抢救或撤离时，建议佩戴空气呼吸器 必须戴防毒面具
设施配备	加强通风，提供安全的淋浴和洗眼设备

五、使用与储存

使用注意事项	密闭操作，全面通风。远离火源、易燃物、可燃物。使用防爆型通风系统和设备。防止蒸气泄漏。避免与酸类、氧化剂、酸酐、酰基氯等物质接触
配制方法	可直接使用
储存注意事项	1.储存于阴凉、通风的库房。远离火种、热源。 2.保持容器密封。应与氧化剂、酸类等分开存放，切忌混储。 3.采用防爆型照明、通风设施。禁止使用易产生火花的机械设备和工具

六、急救措施

皮肤接触	立即脱去污染衣物，用大量流动清水彻底冲洗。就医
眼睛接触	立即分开眼睑，用流动清水或生理盐水彻底冲洗。就医
吸入	迅速脱离现场至空气新鲜处，保持呼吸道通畅。就医
食入	饮水，漱口。就医
对施救者的忠告	根据需要使用个人防护设备

七、消防措施

灭火剂	一般用泡沫灭火器、干粉灭火器、二氧化碳灭火器或砂土灭火。实验室少量药品起火直接用灭火毯或砂土闷熄
灭火注意事项及防护	消防人员必须佩戴空气呼吸器、穿全身防火防毒服，戴橡胶手套，在上风向灭火
是否可用水灭火	否

八、泄漏应急处理

防护措施和装备	建议应急处理人员戴正压自给式呼吸器，穿防静电服，戴防护手套，作业时使用的所有设备应接地。确保安全的情况下，尽可能阻断泄漏源
处置材料和方法	用砂土或其他不燃材料吸收，使用无静电工具收集，置于容器中
环保措施	防止泄漏物进入水体或下水道

九、废弃处置

处置方法	建议用焚烧法处置
污染包装物	将容器返还生产商或交给有资质的专业处理公司处置
废弃注意事项	处置前参照国家和地方有关法律法规

正丁醇

一、基本信息

化学品中文名称	正丁醇	中文名称别名	丁醇
化学品英文名称		*n*-butyl alcohol；1-butanol	
CAS No.	71-36-3	UN No.	1120
分子式	$C_4H_{10}O$	分子量	74.14

二、危险性概述

GHS危险性分类	易燃液体，类别 3；急性毒性-经口，类别 4；严重眼损伤/眼刺激，类别 1；皮肤腐蚀/刺激，类别 2；特异性靶器官毒性——次接触，类别 3（呼吸道刺激、麻醉效应）
GHS标签象形图	易燃物　　腐蚀性　　刺激性
是否易制毒/易制爆	否
燃烧及爆炸	易燃，其蒸气能与空气形成爆炸性混合物。受遇高热或明火可能会产生膨胀或爆炸性分解
危险反应及分解产物	与禁配物接触有发生燃烧爆炸的危险
禁配物	强氧化剂、强酸、酸酐、酰基氯
健康危害	对眼、鼻、咽喉有刺激作用，可致严重眼损伤。高浓度吸入有进行性麻醉作用，可能造成昏昏欲睡或眩晕。吞咽有害
环境危害	可能危害环境

三、理化特性

外观与性状	无色透明液体，具有特殊气味		
熔点（凝固点）/℃	−89.8	爆炸上限（体积分数）/%	11.3
沸点/℃	117.7	爆炸下限（体积分数）/%	1.4
闪点/℃	29	自燃温度/℃	355～365
溶解性	微溶于水，溶于乙醇、乙醚等多数有机溶剂		

四、个人防护

皮肤和身体	穿防静电工作服，戴一般作业防护手套　　必须穿工作服　　必须戴防护手套
眼睛	戴安全防护眼镜　　必须戴防护眼镜

呼吸	一般不需特殊防护，高浓度接触时可戴过滤式防毒面具（半面罩） 必须戴防毒面具
设施配备	提供安全的淋浴和洗眼设备

五、使用与储存

使用注意事项	密闭操作，全面通风。远离火源、易燃物、可燃物。使用防爆型通风系统和设备。防止蒸气泄漏。避免与氧化剂、酸类接触
配制方法	可直接使用
储存注意事项	1.储存于阴凉、通风的专用库房。远离火种、热源。 2.保持容器密封。应与氧化剂、酸类等分开存放，切忌混储。 3.采用防爆型照明、通风设施。禁止使用易产生火花的机械设备和工具

六、急救措施

皮肤接触	立即脱去污染的衣物，用肥皂水或流动的清水彻底冲洗。就医
眼睛接触	立即分开眼睑，用流动清水或生理盐水彻底冲洗。就医
吸入	迅速脱离现场至空气新鲜处，保持呼吸道通畅。就医
食入	漱口、饮水。就医
对施救者的忠告	根据需要使用个人防护设备

七、消防措施

灭火剂	一般用砂土或干粉灭火器、二氧化碳灭火器、泡沫灭火器灭火。实验室少量药品起火直接用灭火毯或砂土闷熄
灭火注意事项及防护	消防人员必须佩戴过滤式防毒面具或空气呼吸器、穿全身消防服，戴橡胶手套，在上风向灭火
是否可用水灭火	否

八、泄漏应急处理

防护措施和装备	建议应急处理人员戴正压自给式呼吸器，穿防静电服，戴橡胶手套，作业时使用的所有设备应接地。确保安全的情况下，尽可能阻断泄漏源
处置材料和方法	用砂土或其他不燃材料吸收，使用无静电工具收集，置于容器中
环保措施	防止泄漏物进入水体或下水道

九、废弃处置

处置方法	建议用焚烧法处置
污染包装物	将容器返还生产商或交给有资质的专业处理公司处置
废弃注意事项	处置前参阅国家和地方有关法律法规

正丁硫醇

一、基本信息

化学品中文名称	正丁硫醇	中文名称别名	1-硫代丁醇
化学品英文名称	*n*-butyl mercaptan；1-butanethiol		
CAS No.	109-79-5	UN No.	2347
分子式	$C_4H_{10}S$	分子量	90.20

二、危险性概述

GHS危险性分类	易燃液体，类别2；急性毒性-经口，类别4；急性毒性-吸入，类别4；皮肤腐蚀/刺激，类别3；严重眼损伤/眼刺激，类别2B；生殖毒性，类别2；特异性靶器官毒性——次接触，类别2；特异性靶器官毒性——次接触，类别3（呼吸道刺激、麻醉效应）
GHS标签象形图	![易燃物] ![刺激性] ![健康危害] 易燃物　　刺激性　　健康危害
是否易制毒/易制爆	否
燃烧及爆炸	高度易燃，其蒸气能与空气形成爆炸性混合物
危险反应及分解产物	与禁配物接触有发生燃烧爆炸的危险。分解产物：硫化氢
禁配物	碱、强氧化剂、碱金属
健康危害	吸入本品蒸气时后，可引起头痛、恶心及麻醉作用。高浓度吸入后可因呼吸麻痹而死亡
环境危害	可能危害环境

三、理化特性

外观与性状	无色液体，有恶臭		
熔点（凝固点）/℃	−115.7	爆炸上限（体积分数）/%	无资料
沸点/℃	97.2～101.7	爆炸下限（体积分数）/%	无资料
闪点/℃	2（CC）	自燃温度/℃	225
溶解性	微溶于水，易溶于乙醇、乙醚等		

四、个人防护

皮肤和身体	穿防毒物渗透工作服，戴橡胶手套　　![必须穿工作服] ![必须戴防护手套] 必须穿工作服　　必须戴防护手套
眼睛	戴化学安全防护眼镜　　![必须戴防护眼镜] 必须戴防护眼镜

呼吸	空气中浓度超标时，应该佩戴过滤式防毒面具（半面罩）
	必须戴防毒面具
设施配备	提供安全的淋浴和洗眼设备

五、使用与储存

使用注意事项	密闭操作，局部排风。远离火源、易燃物、可燃物。使用防爆型通风系统和设备。防止蒸气泄漏。避免与氧化剂、碱类、碱金属接触
配制方法	可直接使用
储存注意事项	1.储存于阴凉、通风的专用库房。远离火种、热源。 2.保持容器密封。应与氧化剂、碱类、碱金属分开存放，切忌混储。 3.采用防爆型照明、通风设施。禁止使用易产生火花的机械设备和工具

六、急救措施

皮肤接触	立即脱去污染衣物，用大量流动清水彻底冲洗。就医
眼睛接触	立即分开眼睑，用流动清水或生理盐水彻底冲洗。就医
吸入	迅速脱离现场至空气新鲜处，保持呼吸道通畅。就医
食入	漱口、饮水。就医
对施救者的忠告	根据需要使用个人防护设备

七、消防措施

灭火剂	一般用泡沫灭火器、干粉灭火器、二氧化碳灭火器或砂土灭火。实验室少量药品起火直接用灭火毯或砂土闷熄
灭火注意事项及防护	消防人员必须佩戴空气呼吸器、穿全身防火防毒服，戴橡胶手套，在上风向灭火
是否可用水灭火	否

八、泄漏应急处理

防护措施和装备	建议应急处理人员戴正压自给式呼吸器，穿防静电服，戴乳胶手套。确保安全的情况下，尽可能阻断泄漏源
处置材料和方法	用砂土或其他不燃材料吸收，使用无静电工具收集，置于容器中
环保措施	防止泄漏物进入水体或下水道

九、废弃处置

处置方法	建议用焚烧法处置
污染包装物	将容器返还生产商或交给有资质的专业处理公司处置
废弃注意事项	处置前应参阅国家和地方有关法规

正硅酸乙酯

一、基本信息

化学品中文名称	正硅酸乙酯	中文名称别名	硅酸四乙酯；四乙氧基硅烷
化学品英文名称		ethyl silicate；tetraethyl orthosilicate	
CAS No.	78-10-4	UN No.	1292
分子式	$C_8H_{20}O_4Si$	分子量	208.37

二、危险性概述

GHS 危险性分类	易燃液体，类别 3；急性毒性-吸入，类别 4；严重眼损伤/眼刺激，类别 2；特异性靶器官系统毒性-—次接触，类别 3（呼吸道刺激）
GHS 标签象形图	 易燃物　　刺激性
是否易制毒/易制爆	否
燃烧及爆炸	易燃，其蒸气能与空气形成爆炸性混合物。受遇高热或明火可能会产生膨胀或爆炸性分解
危险反应及分解产物	与禁配物接触有发生燃烧爆炸的危险。分解产物：氧化硅
禁配物	强氧化剂、强酸、强碱
健康危害	对眼和呼吸道有刺激性。吞咽有害。进入血液可能损伤全身。直接接触可能会造成严重的炎症并伴随有疼痛
环境危害	可能危害环境

三、理化特性

外观与性状	无色透明液体，稍有气味		
熔点（凝固点）/℃	−77	爆炸上限（体积分数）/%	5.75
沸点/℃	165~169	爆炸下限（体积分数）/%	0.9
闪点/℃	43（OC）；37.2（CC）	自燃温度/℃	260
溶解性	微溶于水，但能逐渐被水分解成氧化硅；微溶于苯，能与乙醇、乙醚混溶		

四、个人防护

皮肤和身体	穿防静电工作服，戴橡胶耐油手套　　必须穿工作服　　必须戴防护手套
眼睛	戴化学安全防护眼镜　　必须戴防护眼镜

呼吸	空气中浓度超标时，应佩戴过滤式防毒面具（全面罩）
设施配备	加强通风，提供安全的淋浴和洗眼设备

五、使用与储存

使用注意事项	密闭操作，全面通风。远离火源、易燃物、可燃物。使用防爆型的通风系统和设备。防止蒸气泄漏。避免与氧化剂、酸类、碱类接触。尤其注意避免与水接触
配制方法	可直接使用
储存注意事项	1.储存于阴凉、干燥、通风良好的专用库房。远离火种、热源。 2.保持容器密封。应与氧化剂、酸类、碱类分开存放。切忌混储。 3.采用防爆型照明、通风设施。禁止使用易产生火花的机械设备和工具

六、急救措施

皮肤接触	立即脱去污染衣物，用大量流动清水彻底冲洗。就医
眼睛接触	立即分开眼睑，用流动清水或生理盐水彻底冲洗。就医
吸入	迅速脱离现场至空气新鲜处，保持呼吸道通畅。就医
食入	漱口，饮水。就医
对施救者的忠告	根据需要使用个人防护设备

七、消防措施

灭火剂	一般用二氧化碳灭火器、干粉灭火器或砂土灭火。实验室少量药品起火直接用灭火毯或砂土闷熄
灭火注意事项及防护	消防人员必须佩戴空气呼吸器、穿全身防火防毒服，戴橡胶手套，在上风向灭火
是否可用水灭火	否

八、泄漏应急处理

防护措施和装备	建议应急处理人员戴正压自给式呼吸器，穿防静电服，戴橡胶耐油手套，作业时使用的所有设备应接地。确保安全的情况下，尽可能阻断泄漏源
处置材料和方法	用砂土或其他不燃材料吸收，使用无静电工具收集，置于容器中
环保措施	防止泄漏物进入水体或下水道

九、废弃处置

处置方法	建议用焚烧法处置
污染包装物	将容器返还生产商或交给有资质的专业处理公司处置
废弃注意事项	处置前参照国家和地方有关法律法规

正己烷

一、基本信息

化学品中文名称	正己烷	中文名称别名	己烷
化学品英文名称		*n*-hexane；hexal hydride	
CAS No.	110-54-3	UN No.	1208
分子式	C_6H_{14}	分子量	86.2

二、危险性概述

GHS危险性分类	易燃液体，类别2；皮肤腐蚀/刺激，类别2；生殖毒性，类别2；特异性靶器官毒性——次接触，类别3（麻醉效应）；特异性靶器官毒性-反复接触，类别2；吸入危害，类别1；危害水生环境-急性危害，类别2；危害水生环境-长期危害，类别2
GHS标签象形图	易燃物　　健康危害　　刺激性　　环境危害
是否易制毒/易制爆	否
燃烧及爆炸	高度易燃，其蒸气能与空气形成爆炸性混合物。受遇高热或明火可能会产生膨胀或爆炸性分解
危险反应及分解产物	与禁配物接触有发生燃烧爆炸的危险
禁配物	强氧化剂、强酸、强碱、卤素
健康危害	对眼、皮肤和呼吸道有刺激性。吞咽及吸入可能造成昏昏欲睡或眩晕，严重时可能致命。长期或反复接触可能损害神经系统
环境危害	危害水生生物且毒害影响长期持续

三、理化特性

外观与性状	高度挥发性无色液体，有汽油味		
熔点（凝固点）/℃	−94.3～−95.3	爆炸上限（体积分数）/%	7.5
沸点/℃	69	爆炸下限（体积分数）/%	1.1
闪点/℃	−22	自燃温度/℃	225
溶解性	不溶于水，溶于乙醇、乙醚、丙酮和氯仿等多数有机溶剂		

四、个人防护

皮肤和身体	穿防静电工作服，戴橡胶耐油手套	必须穿工作服　　必须戴防护手套
眼睛	必要时，戴化学安全防护眼镜	必须戴防护眼镜

呼吸	空气中浓度超标时，应佩戴过滤式防毒面具（半面罩）。紧急事态抢救或撤离时，佩戴空气呼吸器 必须戴防毒面具
设施配备	提供安全的淋浴和洗眼设备

五、使用与储存

使用注意事项	密闭操作，全面通风。远离火源、易燃物、可燃物。使用防爆型通风系统和设备。防止蒸气泄漏。避免与氧化剂接触
配制方法	可直接使用
储存注意事项	1.储存于阴凉、通风的专用库房。远离火种、热源。 2.包装密封。应与氧化剂分开存放，切忌混储。 3.采用防爆型照明、通风设施。禁止使用易产生火花的机械设备和工具

六、急救措施

皮肤接触	立即脱去污染衣物，用大量流动清水彻底冲洗。就医
眼睛接触	立即分开眼睑，用流动清水或生理盐水彻底冲洗。就医
吸入	迅速脱离现场至空气新鲜处，保持呼吸道通畅。就医
食入	漱口、饮水。禁止催吐。就医
对施救者的忠告	根据需要使用个人防护设备

七、消防措施

灭火剂	一般用泡沫灭火器、二氧化碳灭火器、干粉灭火器或砂土灭火。实验室少量药品起火直接用灭火毯或砂土闷熄
灭火注意事项及防护	消防人员必须佩戴过滤式防毒面具或空气呼吸器、穿全身防火防毒服，戴橡胶手套，在上风向灭火
是否可用水灭火	否

八、泄漏应急处理

防护措施和装备	建议应急处理人员戴正压自给式呼吸器，穿防静电服，戴橡胶耐油手套，作业时使用的所有设备应接地。确保安全的情况下，尽可能阻断泄漏源
处置材料和方法	用砂土或其他不燃材料吸收，使用无静电工具收集，置于容器中
环保措施	防止泄漏物进入下水道，避免排放到周围环境中

九、废弃处置

处置方法	建议用焚烧法处置
污染包装物	将容器返还生产商或交给有资质的专业处理公司处置
废弃注意事项	处置前参阅国家和地方有关法律法规

正戊烷

一、基本信息

化学品中文名称	正戊烷	中文名称别名	戊烷
化学品英文名称		*n*-pentane；pentane	
CAS No.	109-66-0	UN No.	1265
分子式	C_5H_{12}	分子量	72.17

二、危险性概述

GHS 危险性分类	易燃液体，类别 2；特异性靶器官毒性——次接触，类别 3（麻醉效应）；吸入危害，类别 1；危害水生环境-急性危害，类别 2
GHS 标签象形图	易燃物　　刺激性　　健康危害
是否易制毒/易制爆	否
燃烧及爆炸	高度易燃，其蒸气能与空气形成爆炸性混合物。受遇高热或明火可能会产生膨胀或爆炸性分解
危险反应及分解产物	与禁配物接触有发生燃烧爆炸的危险
禁配物	强氧化剂、强酸、强碱、卤素
健康危害	吸入可引起眼与呼吸道黏膜轻度刺激症状和麻醉状态，可能会造成昏睡或眩晕，吞咽并进入呼吸道可能致命
环境危害	危害水生生物

三、理化特性

外观与性状	无色液体，有微弱的薄荷香味		
熔点（凝固点）/℃	−129.8	爆炸上限（体积分数）/%	7.8
沸点/℃	36.1	爆炸下限（体积分数）/%	1.5
闪点/℃	−40（CC）	自燃温度/℃	260
溶解性	微溶于水，溶于乙醇、乙醚、丙酮、苯、氯仿等多数有机溶剂		

四、个人防护

皮肤和身体	穿防静电工作服，戴橡胶耐油手套　　必须穿工作服　必须戴防护手套
眼睛	必要时，戴化学安全防护眼镜　　必须戴防护眼镜

呼吸	一般不需特殊防护。空气中浓度较高时，建议佩戴过滤式防毒面具（半面罩） 必须戴防毒面具
设施配备	提供安全的淋浴和洗眼设备

五、使用与储存

使用注意事项	密闭操作，全面通风。远离火源、易燃物、可燃物。使用防爆型通风系统和设备。防止蒸气泄漏。避免与氧化剂接触
配制方法	可直接使用
储存注意事项	1.储存于阴凉、通风良好的专用库房。远离火种、热源。 2.保持容器密封。应与氧化剂分开存放，切忌混储。 3.采用防爆型照明、通风设施。禁止使用易产生火花的机械设备和工具

六、急救措施

皮肤接触	立即脱去污染衣物，用大量流动清水彻底冲洗。就医
眼睛接触	立即分开眼睑，用流动清水或生理盐水彻底冲洗。就医
吸入	迅速脱离现场至空气新鲜处，保持呼吸道通畅。就医
食入	漱口，饮水。禁止催吐。就医
对施救者的忠告	根据需要使用个人防护设备

七、消防措施

灭火剂	一般用干粉灭火器、二氧化碳灭火器、泡沫灭火器后砂土灭火。实验室少量药品起火直接用灭火毯或砂土闷熄
灭火注意事项及防护	消防人员必须佩戴空气呼吸器，穿全身防火防毒服，戴橡胶手套，在上风向灭火
是否可用水灭火	否

八、泄漏应急处理

防护措施和装备	建议应急处理人员戴正压自给式呼吸器，穿防静电服，戴橡胶耐油手套，作业时使用的所有设备应接地。确保安全的情况下，尽可能阻断泄漏源
处置材料和方法	用砂土或其他不燃材料吸收，使用无静电工具收集，置于容器中
环保措施	防止泄漏物进入水体或下水道

九、废弃处置

处置方法	建议用焚烧法处置
污染包装物	将容器返还生产商或交给有资质的专业处理公司处置
废弃注意事项	处置前应参阅国家和地方有关法规

正溴丁烷

一、基本信息

化学品中文名称	正溴丁烷	中文名称别名	1-溴丁烷；溴正丁烷；溴代正丁烷；正丁基溴
化学品英文名称	1-bromobutane；butyl bromide		
CAS No.	109-65-9	UN No.	1126
分子式	C_4H_9Br	分子量	137.03

二、危险性概述

GHS危险性分类	易燃液体，类别 2；急性毒性-经口，类别 5；皮肤腐蚀-刺激，类别 2；严重眼损伤/眼刺激，类别 2A；危害水生环境-急性危害，类别 3
GHS标签象形图	易燃物　　刺激性
是否易制毒/易制爆	否
燃烧及爆炸	高度易燃，其蒸气能与空气形成爆炸性混合物。受遇高热或明火可能会产生膨胀或爆炸性分解
危险反应及分解产物	与禁配物接触有发生燃烧爆炸的危险。分解产物：溴化氢
禁配物	强氧化剂、强碱、钾、钠、镁
健康危害	直接接触造成皮肤、眼、呼吸道刺激。进入呼吸道可能造成麻醉作用，可能引起神志障碍
环境危害	危害水生生物

三、理化特性

外观与性状	无色透明液体		
熔点（凝固点）/℃	−112.4	爆炸上限（体积分数）/%	6.6（100℃）
沸点/℃	100～104	爆炸下限（体积分数）/%	2.6（100℃）
闪点/℃	18（OC）	自燃温度/℃	265
溶解性	不溶于水，微溶于四氯化碳，混溶于乙醇、乙醚、丙酮，溶于氯仿		

四、个人防护

皮肤和身体	穿防静电工作服，戴橡胶耐油手套　　必须穿工作服　必须戴防护手套
眼睛	戴化学安全防护眼镜　　必须戴防护眼镜

呼吸	空气中浓度超标时，应佩戴过滤式防毒面具（半面罩）。紧急事态抢救或撤离时，佩戴空气呼吸器 必须戴防毒面具
设施配备	提供安全的淋浴和洗眼设备

五、使用与储存

使用注意事项	密闭操作，加强通风。远离火源、易燃物、可燃物。使用防爆型通风系统和设备。防止蒸气泄漏。避免与氧化剂、碱类、活性金属粉末接触
配制方法	可直接使用
储存注意事项	1.储存于阴凉、通风的专用库房。远离火种、热源。 2.包装密封。应与氧化剂、碱类、活性金属粉末分开存放，切忌混储。 3.采用防爆型照明、通风设施。禁止使用易产生火花的机械设备和工具

六、急救措施

皮肤接触	立即脱去污染衣物，用大量流动清水彻底冲洗。就医
眼睛接触	立即分开眼睑，用流动清水或生理盐水彻底冲洗。就医
吸入	迅速脱离现场至空气新鲜处，保持呼吸道通畅。就医
食入	漱口、饮水。就医
对施救者的忠告	根据需要使用个人防护设备

七、消防措施

灭火剂	一般用泡沫灭火器、干粉灭火器、二氧化碳灭火器或砂土灭火。实验室少量药品起火直接用灭火毯或砂土闷熄
灭火注意事项及防护	消防人员必须佩戴过滤式防毒面具或空气呼吸器、穿全身消防服，戴橡胶手套，在上风向灭火
是否可用水灭火	否

八、泄漏应急处理

防护措施和装备	建议应急处理人员戴正压自给式呼吸器，穿防静电服，戴橡胶耐油手套，作业时使用的所有设备应接地。确保安全的情况下，尽可能阻断泄漏源
处置材料和方法	用砂土或其他不燃材料吸收，使用无静电工具收集，置于容器中
环保措施	防止泄漏物进入下水道，避免排放到周围环境中

九、废弃处置

处置方法	建议用焚烧法处置
污染包装物	将容器返还生产商或交给有资质的专业处理公司处置
废弃注意事项	处置前参阅国家和地方有关法律法规

重铬酸钾

一、基本信息

化学品中文名称	重铬酸钾	中文名称别名	红矾钾
化学品英文名称	potassium dichromate；potassium bichromate		
CAS No.	7778-50-9	UN No.	3086
分子式	$K_2Cr_2O_7$	分子量	294.20

二、危险性概述

GHS 危险性分类	氧化性固体，类别2；急性毒性-经口，类别3；急性毒性-经皮，类别4；急性毒性-吸入，类别2；皮肤腐蚀/刺激，类别1B；严重眼损伤/眼刺激，类别1；呼吸道致敏物，类别1；皮肤致敏物，类别1；生殖细胞致突变性，类别1B；致癌性，类别1A；生殖毒性，类别1B；特异性靶器官毒性——次接触，类别3（呼吸道刺激）；特异性靶器官毒性-反复接触，类别1；危害水生环境-急性危害，类别1；危害水生环境-长期危害，类别1
GHS 标签象形图	氧化性　有毒物　腐蚀性　健康危害　环境危害
是否易制毒/易制爆	本品是易制爆试剂。氧化性固体，类别2
燃烧及爆炸	助燃。与可燃物混合能形成爆炸性混合物
危险反应及分解产物	与禁配物接触有发生燃烧爆炸的危险
禁配物	强还原剂、易燃或可燃物、酸类、活性金属粉末、硫、磷
健康危害	急性中毒，吸入可引起急性呼吸道刺激症状、鼻出血、声音嘶哑、鼻黏膜萎缩，有时出现哮喘和紫绀。重者可发生化学性肺炎。六价铬为对人的确认致癌物
环境危害	危害水生生物且毒害影响长期持续

三、理化特性

外观与性状	橘红色结晶		
熔点（凝固点）/℃	398	爆炸上限（体积分数）/%	无意义
沸点/℃	500（分解）	爆炸下限（体积分数）/%	无意义
闪点/℃	无意义	自燃温度/℃	无意义
溶解性	溶于水，不溶于乙醇，溶于苯、二甲基亚砜		

四、个人防护

皮肤和身体	穿隔绝式防毒服，戴橡胶手套　　必须穿工作服　必须戴防护手套

眼睛	戴化学安全防护眼镜
	必须戴防护眼镜
呼吸	可能接触其粉末时，应该佩戴过滤式防尘呼吸器
设施配备	提供安全的淋浴和洗眼设备

五、使用与储存

使用注意事项	密闭操作，加强通风。远离火源、易燃物、可燃物。避免产生粉尘。避免与还原剂接触
配制方法	配制浓度 $0.1mol \cdot L^{-1}$ 溶液：溶解 29.42g $K_2Cr_2O_7$ 固体于水中，加水稀释至 1L
储存注意事项	1.本品为易制爆试剂，实行"五双"管理。 2.储存于阴凉、通风的专用库房。远离火种、热源。 3.包装密封。应与易（可）燃物、还原剂等分开存放，切忌混储

六、急救措施

皮肤接触	立即脱去污染的衣物，用肥皂水或清水彻底冲洗。就医
眼睛接触	立即分开眼睑，用流动清水或生理盐水彻底冲洗。就医
吸入	迅速脱离现场至空气新鲜处，保持呼吸道通畅。就医
食入	饮足量温水，催吐。用清水或1%硫代硫酸钠溶液洗胃。给饮牛奶或蛋清。就医
对施救者的忠告	根据需要使用个人防护设备

七、消防措施

灭火剂	本品不燃。一般用水雾、耐醇泡沫、干粉或二氧化碳灭火
灭火注意事项及防护	实验室少量药品起火直接用灭火毯或砂土闷熄。用水雾，耐醇泡沫，干粉或二氧化碳灭火
是否可用水灭火	是

八、泄漏应急处理

防护措施和装备	建议应急处理人员戴防尘口罩，穿防毒服，戴橡胶手套。确保安全的情况下，尽可能阻断泄漏源
处置材料和方法	用洁净的工具收集泄漏物，置于容器中
环保措施	防止泄漏物进入水体或下水道

九、废弃处置

处置方法	根据国家和地方有关法规的要求处置。或与制造商联系，确定处置方法
污染包装物	将容器返还生产商或交给有资质的专业处理公司处置
废弃注意事项	在规定的场所掩埋空容器

重铬酸钠

一、基本信息

化学品中文名称	重铬酸钠	中文名称别名	红矾钠
化学品英文名称		sodium dichromate; sodium bichromate	
CAS No.	10588-01-9	UN No.	3086
分子式	$Na_2Cr_2O_7 \cdot 2H_2O$	分子量	298.02

二、危险性概述

GHS 危险性分类	氧化性固体，类别 2；急性毒性-经口，类别 3；急性毒性-经皮，类别 4；急性毒性-吸入，类别 2；皮肤腐蚀/刺激，类别 1B；严重眼损伤/眼刺激，类别 1；呼吸道致敏物，类别 1；皮肤致敏物，类别 1；生殖细胞致突变性，类别 1B；致癌性，类别 1A；生殖毒性，类别 1B；特异性靶器官毒性-一次接触，类别 3（呼吸道刺激）；特异性靶器官毒性-反复接触，类别 1；危害水生环境-急性危害，类别 1；危害水生环境-长期危害，类别 1
GHS 标签象形图	氧化性　有毒物　腐蚀性　健康危害　环境危害
是否易制毒/易制爆	本品是易制爆试剂。氧化性固体，类别 2
燃烧及爆炸	助燃。与可燃物混合能形成爆炸性混合物
危险反应及分解产物	与禁配物接触有发生燃烧爆炸的危险
禁配物	强还原剂、醇类、水、活性金属粉末、硫、磷、强酸
健康危害	急性中毒，吸入可引起急性呼吸道刺激症状、鼻出血、声音嘶哑、鼻黏膜萎缩，有时出现哮喘和紫绀。重者可发生化学性肺炎。六价铬为对人的确认致癌物
环境危害	危害水生生物且毒害影响长期持续

三、理化特性

外观与性状	橘红色结晶，易潮解		
熔点（凝固点）/℃	357（无水）	爆炸上限（体积分数）/%	无意义
沸点/℃	400（分解）	爆炸下限（体积分数）/%	无意义
闪点/℃	无意义	自燃温度/℃	无意义
溶解性	溶于水，不溶于醇		

四、个人防护

皮肤和身体	穿隔绝式防毒服，戴橡胶手套　必须穿工作服　必须戴防护手套

眼睛	戴化学安全防护眼镜 必须戴防护眼镜
呼吸	可能接触其粉末时，应该佩戴过滤式防尘呼吸器
设施配备	提供安全的淋浴和洗眼设备

五、使用与储存

使用注意事项	密闭操作，加强通风。远离火源、易燃物、可燃物。避免产生粉尘。避免与还原剂、醇类接触
配制方法	配制浓度 $0.1mol \cdot L^{-1}$ 溶液：溶解 33g $Na_2Cr_2O_7 \cdot 2H_2O$ 固体于水中，加水稀释至 1L
储存注意事项	1.本品为易制爆试剂，实行"五双"管理。 2.储存于阴凉、干燥、通风良好的专用库房。远离火种、热源。 3.包装密封。应与还原剂、醇类等分开存放，切忌混储

六、急救措施

皮肤接触	立即脱去污染的衣物，用肥皂水或清水彻底冲洗。就医
眼睛接触	立即分开眼睑，用流动清水或生理盐水彻底冲洗。就医
吸入	迅速脱离现场至空气新鲜处，保持呼吸道通畅。就医
食入	饮足量温水，催吐。用清水或 1% 硫代硫酸钠溶液洗胃。给饮牛奶或蛋清。就医
对施救者的忠告	根据需要使用个人防护设备

七、消防措施

灭火剂	本品不燃。一般用水雾、耐醇泡沫、干粉或二氧化碳灭火
灭火注意事项及防护	实验室少量药品起火直接用灭火毯或砂土闷熄。如必要的话，戴自给式呼吸器去救火
是否可用水灭火	是

八、泄漏应急处理

防护措施和装备	建议应急处理人员戴防尘口罩，穿防毒服，戴橡胶手套。确保安全的情况下，尽可能阻断泄漏源
处置材料和方法	用洁净的工具收集泄漏物，置于容器中
环保措施	防止泄漏物进入水体或下水道

九、废弃处置

处置方法	根据国家和地方有关法规的要求处置。或与制造商联系，确定处置方法
污染包装物	将容器返还生产商或交给有资质的专业处理公司处置
废弃注意事项	把倒空的容器归还厂商或在规定场所掩埋空容器

附录 1　常用化学危险品储存禁忌物配存表（参考件）

化学危险品的种类和名称	配存序号	1	2	3	4	5	6	7	8	9	10	11	12	13	14	15	16	17	18	19	20	21	22	23	24	25	26	27	28	29
点火器材	1																													
起爆器材	2	×																												
炸药及爆炸性药品（不同品名不得在同一库内配存）	3	×	×																											
其他爆炸品	4	△	×	×																										
有机氧化剂	5	×	×	×	×																									
亚硝酸盐、亚氯酸盐、次亚氯酸盐①	6	△	△	△	△	×																								
其他无机氧化剂②	7	×	×	△	△	×	×																							
剧毒（液氯与液氨不能在一库内配存）	8	△	△	△	△	△	×	×																						
易燃	9	△	△	△	△	△	△	×	△																					
助燃（氧及氧空钢瓶不得与油脂在同一库内配存）	10	△	×	×	×	△	△	△	△	×																				
不燃	11					△	×	×	△	△	△																			
一级	12	△	×	×	×	△	△	×	△	△	×	△																		
二级	13	△	×	×	×	△	△	×	△	△	×	△	△																	
遇水燃烧物品（不得与含水液体货物在同一库内配存）	14	△	×	×	×	△	△	×	△	△	×	△	△	△																
易燃液体	15	△	×	×	×	△	△	×	△	△	×	△	△	△	△															
易燃固体（H 发孔剂不可与酸性腐蚀物品及有毒或易燃物类危险货物配存）	16	△	×	×	×	△	△	×	△	△	×	△	△	△	△	△														
氰化物	17	△	×	×	×	△	△	×	△	△	×	△	△	△	△	△	△													
其他毒害品	18	△	×	×	×	△	△	1)	△	△	×	△	×	×	×	×	×	△												
溴	19	×	×	×	×	△	△	×	△	△	×	△	×	×	×	×	×	△	△											
过氧化物	20	△	×	×	×	△	△	×	△	△	×	△	△	△	△	△	△	△	△	△										
硝酸、发烟硝酸、硫酸、发烟硫酸、氯磺酸	21	△	×	×	×	△	△	×	△	△	×	△	△	△	△	△	△	△	△	△	△									
其他酸性腐蚀物品	22	△	×	×	×	△	△	×	△	△	×	△	△	△	△	△	△	△	△	△	△	△								
生石灰、水合肼、漂白粉	23	△	×	×	×	△	△	×	△	△	×	△	△	△	△	△	△	△	△	×	×	×	×							
其他（无水肼、水合肼、氨水不得与氧化剂配存）	24	△	×	×	×	△	△	×	△	△	×	△	△	△	△	△	△	△	△	×	×	×	×	△						
饮食品、粮食、饲料、药品、药材类、食用油脂③⑤	25	×	×	×	×	×	×	×	×	×	×	×	×	×	×	×	×	×	×	×	×	×	×	×	×					
易燃物品	26	×	×	×	×	△	△	×	×	△	×	△	×	×	×	×	×	×	×	×	×	×	×	×	×	△				
非食用油脂	27	△	×	×	×	△	△	×	△	△	×	△	△	△	△	△	△	△	△	×	×	×	×	△	△	△	△			
活动物3)	28	×	×	×	×	×	×	×	×	×	×	×	×	×	×	×	×	×	×	×	×	×	×	×	×	×	×	×		
其他3)4)	29	△	×	×	×	△	△	×	△	△	×	△	△	△	△	△	△	△	△	△	△	△	△	△	△	△	△	△	△	
配存序号		1	2	3	4	5	6	7	8	9	10	11	12	13	14	15	16	17	18	19	20	21	22	23	24	25	26	27	28	29

左侧分类：化学危险品——爆炸品（1～4）、氧化剂（5～7）、剧毒（8）、压缩气体和液化气体（9～11）、自燃物品（12～13）、遇水燃烧物品（14）、易燃液体（15）、易燃固体（16）、毒害品（17～19）、腐蚀物品（酸性腐蚀物品 20～23、碱性及其他腐蚀物品 24）；普通物品（25～29）。

注：

① 除硝酸盐（如硝酸钠、硝酸钾、硝酸铵等）与硝酸、发烟硝酸可以配存外，其他情况均不得配存。

② 无机氧化剂不可与软的粉状可燃物（如煤粉、焦粉、炭黑、糖、淀粉、锯末等）配存。

③ 饮食品、粮食、饲料、药品、药材、食品中的物品及食品污染熏味的物品及畜禽产品不得与贴毒品标志及有恶臭易生张和生皮（或碎皮）等物品配存。

④ 饮食品、粮食、饲料、药品、药材、食用油脂按普通货物储存，非食用的化工原料、化学试剂、非食用药品应隔离 1m 以上。

1. 无配存符号表示可以配存。 2. △表示不可以配存。 3. ×表示不得在同一库内配存。 4. 有注释时按注释规定办理。

货物要件隔离 2m，堆码时至少隔离定办理。

附录2 各类商品适宜储存的温湿度条件表

类别	主要品种或品名	适宜温度/℃	适宜相对湿度/%
爆炸品	黑火药、化合物	≤32	≤80
	水作稳定剂的	≥1	<80
压缩气体和液化气体	易燃、不燃、有毒	≤30	—
易燃液体	低闪点	≤29	—
	中高闪点	≤37	—
易燃固体	易燃固体	≤35	—
	硝酸纤维素酯	≤25	≤80
	安全火柴	≤35	≤80
	红磷、硫化磷、铝粉	≤35	<80
自燃物品	黄磷	>1	—
	烃基金属化合物	≤30	≤80
	含油制品	≤32	≤80
遇湿易燃物品	遇湿易燃物品	≤32	≤75
氧化剂和有机过氧化物	氧化剂和有机过氧化物	≤30	≤80
	过氧化钠、镁、钙等	≤30	≤75
	硝酸锌、钙、镁等	≤28	≤75
	硝酸铵、亚硝酸钠	≤30	≤75
	盐的水溶液	>1	—
	结晶硝酸锰	<25	—
	过氧化苯甲酰	2~25	—
	过氧化丁酮等有机氧化剂	≤25	—
酸性腐蚀品	发烟硫酸、亚硫酸	0~30	≤80
	硝酸、盐酸及氢卤酸、氟硅（硼）酸、氯化硫、磷酸等	≤30	≤80
	磺酰氯、氯化亚砜、氧氯化磷、氯磺酸、溴乙酰、三氯化磷等多卤化物	≤30	≤75
	发烟硝酸	≤25	≤80
	液态溴、溴水	0~28	—
	甲酸、乙酸、乙酸酐等有机酸类	≤32	≤80
碱性腐蚀品	氢氧化钾（钠）、硫化钾（钠）	≤30	≤80
其他腐蚀品	甲醛溶液	10~30	—
毒害性商品	易挥发的毒害性商品	≤32	≤85
	易潮解的毒害性商品	≤35	≤80

附录3 危险化学商品混存性能互抵表

类别	爆炸性物品				氧化剂				压缩气体和液化气体				自燃物品		遇水燃烧物品		易燃液体		易燃固体		毒性物品				腐蚀性物品				放射性物品
	点火器材	起爆器材	爆炸及爆炸性药品	其他爆炸品	一级无机	一级有机	二级无机	二级有机	剧毒	易燃	助燃	不燃	一级	二级	一级	二级	一级	二级	一级	二级	剧毒无机	剧毒有机	有毒无机	有毒有机	酸性无机	酸性有机	碱性无机	碱性有机	
爆炸性物品 点火器材	○																												
起爆器材	○	○																											
爆炸及爆炸性药品	○	×	○																										
其他爆炸品	○	×	×	○																									
氧化剂 一级无机	×	×	×	×	①																								
一级有机	×	×	×	×	×	○																							
二级无机	×	×	×	×	○	×	②																						
二级有机	×	×	×	×	×	○	×	×																					
压缩气体和液化气体 剧毒（液氯和液氨有抵触）	×	×	×	×	×	×	×	×	○																				
易燃	×	×	×	×	×	×	×	×	×	○																			
助燃	×	×	×	×	分	分	分	分	×	×	○																		
不燃	×	×	×	×	分	分	分	分	○	○	○	○																	
自燃物品 一级	×	×	×	×	×	×	×	×	×	×	×	×	○																
二级	×	×	×	×	×	×	×	×	×	×	×	×	×	○															
遇水燃烧物品 一级	×	×	×	×	×	消	×	×	消	×	×	×	消	×	○														
二级	×	×	×	×	×	×	×	×	×	×	×	×	×	×	×	○													
易燃液体 一级	×	×	×	×	×	×	×	×	×	×	×	×	×	×	×	×	○												
二级	×	×	×	×	×	×	×	×	×	×	×	×	×	×	×	×	○	○											

类别	点火器材	起爆器材	爆炸及爆炸性药品	其他爆炸品	一级无机	一级有机	二级无机	二级有机	剧毒	易燃	助燃	不燃	自燃一级	自燃二级	遇水一级	遇水二级	易燃液体一级	易燃液体二级	易燃固体一级	易燃固体二级	剧毒无机	剧毒有机	有毒无机	有毒有机	酸性无机	酸性有机	碱性无机	碱性有机	放射性物品
爆炸性物品					**氧化剂**				**压缩气体和液化气体**				**自燃物品**		**遇水燃烧物品**		**易燃液体**		**易燃固体**		**毒性物品**				**腐蚀性物品**				
易燃固体 一级	×	×	×	×	分	×	分	×	×	分	分	分	×	×	×	×	消	消	○	○	○	○	○	○	×	×	×	×	×
易燃固体 二级	×	×	×	×	×	×	分	分	×	分	分	分	×	×	×	×	消	消	○	○	○	○	○	○	×	×	×	×	×
毒害性物品 剧毒无机	×	×	×	×	×	×	×	消	分	分	分	分	×	×	×	×	×	×	○	○	○	○	○	○	×	×	×	×	×
毒害性物品 剧毒有机	×	×	×	×	×	×	×	消	分	分	分	分	×	×	×	×	×	×	○	○	○	○	○	○	×	×	×	×	×
毒害性物品 有毒无机	×	×	×	×	×	×	×	消	分	分	分	分	×	×	×	×	×	×	○	○	○	○	○	○	×	×	×	×	×
毒害性物品 有毒有机	×	×	×	×	×	×	×	消	分	分	分	分	×	×	×	×	×	×	○	○	○	○	○	○	×	×	×	×	×
腐蚀性物品 酸性 无机	×	×	×	×	分	×	分	×	×	分	×	分	×	×	消	消	消	消	分	分	×	×	×	×	○	×	×	×	×
腐蚀性物品 酸性 有机	×	×	×	×	×	×	×	×	×	分	×	分	×	×	消	消	消	消	分	分	×	×	×	×	×	○	×	×	×
腐蚀性物品 碱性 无机	×	×	×	×	×	×	×	×	×	分	×	分	×	×	消	消	消	消	分	分	×	×	×	×	×	×	○	×	×
腐蚀性物品 碱性 有机	×	×	×	×	×	×	×	×	×	分	×	分	×	×	消	消	消	消	分	分	×	×	×	×	×	×	×	○	×
放射性物品	×	×	×	×	×	×	×	×	×	×	×	×	×	×	×	×	×	×	×	×	×	×	×	×	×	×	×	×	○

说明：

"○" 表示可以混存。

"×" 表示不可以混存。

"分" 指应按化学危险品的分类进行分区分类储存。如果物品不多或仓位不够时，因其性能并不互相抵触，条件许可时可以混存。

"消" 指两种物品性能并不互相抵触，但消防施救方法不同，条件许可时最好分存。

① 说明过氧化钠等过氧化物不宜和其他无机氧化剂混存。

② 说明具有还原性的亚硝酸钠等硝酸盐类，不宜和其他无机氧化剂混存。

凡混存物品，货架与货架之间应留有 1m 以上的距离，并要求包装容器完整，不使两种物品发生接触。

附录4 部分商品消防方法

1. 易燃易爆性商品消防方法

类别	品名	灭火方法	备注
爆炸物	黑火药	雾状水	
	化合物	雾状水、水	
压缩气体和液化气体	压缩气体和液化气体	大量水	冷却钢瓶
易燃液体	中、低、高闪点	泡沫、干粉	
	甲醇、乙醇、丙酮	抗溶泡沫	
易燃固体	易燃固体	水、泡沫	
	发乳剂	水、干粉	禁用酸碱泡沫
	硫化磷	干粉	禁用水
自燃物品	自燃物品	水、泡沫	
	烃基金属化合物	干粉	禁用水
遇湿易燃物品	遇湿易燃物品	干粉	禁用水
	钠、钾	干粉	禁用水、二氧化碳、四氯化碳
氧化剂和有机过氧化物	氧化剂和有机过氧化物	雾状水	
	过氧化钠、钾、镁、钙等	干粉	禁用水

2. 部分腐蚀性商品消防方法

品名	灭火剂	禁用
发烟硝酸 硝酸	雾状水、砂土、二氧化碳	高压水
发烟硫酸 硫酸	干砂、二氧化碳	水
盐酸	雾状水、砂土、干粉	高压水
磷酸 氢氟酸 氢溴酸 液态溴 氢碘酸 氟硅酸 氟硼酸	雾状水、砂土、二氧化碳	高压水
高氯酸 氯磺酸	干砂、二氧化碳	
氯化硫	干砂、二氧化碳、雾状水	高压水
磺酰氯 氯化亚砜	干砂、干粉	水
氯化铬酰 三氯化磷 三溴化磷	干粉、干砂、二氧化碳	水
五氯化磷 五溴化磷	干粉、干砂	水

品名	灭火剂	禁用
四氯化硅 三氯化铝 四氯化钛 五氯化锑 五氧化磷	干砂、二氧化碳	水
甲酸	雾状水、二氧化碳	高压水
溴乙酰	干砂、干粉、泡沫	高压水
苯磺酰氯	干砂、干粉、二氧化碳	水
乙酸 乙酸酐 氯乙酸 三氯乙酸 丙烯酸	雾状水、砂土、二氧化碳、泡沫	高压水
氢氧化钠 氢氧化钾 氢氧化锂	雾状水、砂土	高压水
硫化钠 硫化钾 硫化钡	砂土、二氧化碳	水或酸、碱式灭火机
水合肼	雾状水、泡沫、干粉、二氧化碳	
氨水	水、砂土	
次氯酸钙	水、砂土、泡沫	
甲醛	水、泡沫、二氧化碳	

3.部分毒害性商品消防方法

类别	品名	灭火剂	禁用
无机剧毒 害性商品	砷酸、砷酸钠	水	
	砷酸盐、砷及其化合物、亚砷酸、亚砷酸盐	水、砂土	
	亚硒酸盐、亚硒酸酐、硒及其化合物	水、砂土	
	硒粉	砂土、干粉	水
	氯化汞	水、砂土	
	氯化物、氰熔体、淬火盐	水、砂土	酸碱泡沫
	氢氰酸溶液	二氧化碳、干粉、泡沫	
有机剧毒 害性商品	敌死通、氯化苦、氟磷酸异丙酯，1240 乳剂、3911、1440	砂土、水	
	四乙基铅	干砂、泡沫	
	马钱子碱	水	
	硫酸二甲酯	干砂、泡沫、二氧化碳、雾状水	
	1605 乳剂，1059 乳剂	水、砂土	酸碱泡沫

类别	品名	灭火剂	禁用
无机有毒害性商品	氟化钠、氟化物、氟硅酸盐、氧化铅、氯化钡、氧化汞、汞及其化合物、碲及其化合物、碳酸铍、铍及其化合物	砂土、水	
有机有毒害性商品	氰化二氯甲烷、其他含氰的化合物	二氧化碳、雾状水、砂土	
	苯的氯代物（多氯代物）	砂土、泡沫、二氧化碳、雾状水	
	氯酸酯类	泡沫、水、二氧化碳	
	烷烃（烯烃）的溴代物，其他醛、醇、酮、酯、苯等的溴化物	泡沫、砂土	
	各种有机物的钡盐、对硝基苯氯（溴）甲烷	砂土、泡沫、雾状水	
	砷的有机化合物、草酸、草酸盐类	砂土、水、泡沫、二氧化碳	
	草酸酯类、硫酸酯类、磷酸酯类	泡沫、水、二氧化碳	
	胺的化合物、苯胺的各种化合物、盐酸苯二胺（邻、间、对）	砂土、泡沫、雾状水	
	二氨基甲苯，乙萘胺、二硝基二苯胺、苯肼及其化合物、苯酚的有机化合物、硝基的苯酚钠盐、硝基苯酚、苯的氯化物	砂土、泡沫、雾状水、二氧化碳	
	糠醛、硝基萘	泡沫、二氧化碳、雾状水、砂土	
	滴滴涕原粉、毒杀酚原粉、666原粉	泡沫、砂土	
	氯丹、敌百虫、马拉松、烟雾剂、安妥、苯巴比妥钠盐、阿米妥及其钠盐、赛力散原粉、1-萘甲腈、炭疽芽孢苗、鸟来因、粗蒽、依米丁及其盐类、苦杏仁酸、戊巴比妥及其钠盐	水、砂土、泡沫	

附录5 我国《危险化学品目录》中危险化学品的详细分类

更详细分类及解释请参见相应国家标准。

1 物理危险

爆炸物：不稳定爆炸物，1.1、1.2、1.3、1.4、1.5、1.6。

不稳定爆炸物 对热不稳定和/或对正常搬运和使用过程中太敏感的爆炸物。

1.1项 具有整体爆炸危险的物质、混合物和制品（整体爆炸是实际上瞬间引燃几乎所有内装物的爆炸）；

1.2项 具有进射危险但无整体爆炸危险的物质、混合物和物品；

1.3项 具有燃烧危险和较小的爆轰危险或较小的进射危险或两者兼有，但没有整体爆炸危险的物质、混合物和物品：

1）燃烧产生显著辐射热；

2）一个接一个地燃烧，同时产生较小的爆轰或进射作用或两者兼有；

1.4项 不存在显著爆炸危险的物质、混合物和物品，如被点燃或引爆也只存在较小危险，并且可以最大限度地控制在包装件内，抛出碎片的质量和抛射距离不超过有关规定：外部火烧不会引发包装件内装物发生整体爆炸；

1.5 项　具有整体爆炸危险，但本身又很不敏感的物质或混合物，虽然具有整体爆炸危险，但极不敏感，以至于在正常条件下引爆或由燃烧转至爆轰的可能性非常小；

1.6 项　极不敏感且无整体爆炸危险的物品，这些物品只含极不敏感爆轰物质或混合物和那些被证明意外引发的可能性几乎为零的物品。

易燃气体：类别 1、类别 2、化学不稳定性气体类别 A、化学不稳定性气体类别 B。

类别 1　在 20℃和标准大气压 101.3kPa 时的气体：

a）在与空气的混合物中体积分数为 13％或更少时可点燃的气体；或

b）不论易燃下限如何，与空气混合，可燃范围至少为 12 个百分点的气体；

类别 2　在 20℃和标准大气压 101.3kPa 时，除类别 1 中的气体之外，与空气混合时有易燃范围的气体；

化学不稳定性气体类别 A　在 20℃和标准大气压 101.3kPa 时化学不稳定性的易燃气体；

化学不稳定性气体类别 B　在温度超过 20℃和/或气压高于 101.3kPa 时化学不稳定性的易燃气体。

气溶胶（又称气雾剂）：类别 1、类别 2、类别 3

类别 1　含易燃成分不大于 85％，且燃烧热小于 30kJ·g^{-1}；或在点火距离试验中，发生点火的距离不小于 75cm；

类别 2　在点火距离试验中，发生点火的距离小于 75cm，且燃烧热小于 20kJ·g^{-1}；或燃烧热小于 20kJ·g^{-1}，且发生点火的距离大于 15cm；或燃烧热小于 20kJ·g^{-1}，且发生点火的距离小于 15cm，同时在密闭空间点火试验中，时间当量不大于 300s·m^{-3} 或燃爆密度不大于 300s·m^{-3}；

类别 3　含易燃成分不大于 1％，且燃烧热小于 20kJ/g；或类别 1、类别 2 以外的。

氧化性气体：类别 1

类别 1　一般通过提供氧气，比空气更能导致或促使其他物质燃烧的任何气体。

加压气体：压缩气体、液化气体、冷冻液化气体、溶解气体

压缩气体　在－50℃加压封装时完全是气态的气体；包括所有临界温度不大于－50℃的气体；

液化气体　在高于－50℃的温度下加压封装时部分是液体的气体。它又分为：

a）高压液化气体：临界温度在－50℃和 65℃之间的气体；

b）低压液化气体：临界温度高于 65℃的气体。

冷冻液化　气体封装时由于其温度低而部分是液体的气体；

溶解气体　加压封装时溶解于液相溶剂中的气体。

易燃液体：类别 1、类别 2、类别 3、类别 4

类别 1　闪点小于 23℃且初沸点不大于 35℃；

类别 2　闪点小于 23℃且初沸点大于 35℃；

类别 3　闪点不小于 23℃且不大于 60℃；

类别 4　闪点大于 60℃且不大于 93℃。

易燃固体：类别 1、类别 2

类别 1　燃烧速率试验

除金属粉末之外的物质或混合物：

a）潮湿部分不能阻燃，而且

b）燃烧时间小于45s或燃烧速率大于2.2mm/s；

金属粉末：

燃烧时间不大于5min；

类别2　燃烧速率试验

除金属粉末之外的物质或混合物：

a）潮湿部分可以阻燃至少4min，而且

b）燃烧时间小于45s或燃烧速率大于2.2mm/s；

金属粉末：

燃烧时间大于5min且不大于10min。

自反应物质和混合物：A型、B型、C型、D型、E型、F型、G型

A型　任何自反应物质或混合物，如在包装件中可能起爆或迅速爆燃，将定为A型自反应物质；

B型　具有爆炸性质的任何自反应物质或混合物，如在包装件中不会起爆或迅速爆燃，但在该包装件中可能发生热爆炸，将定为B型自反应物质；

C型　具有爆炸性质的任何自反应物质或混合物，如在包装件中不可能起爆或迅速爆燃或发生热爆炸，将定为C型自反应物质；

D型　任何自反应物质或混合物，在实验室试验中：

1）部分地起爆，不迅速爆燃，在封闭条件下加热时不呈现任何剧烈效应；

2）根本不起爆，缓慢爆燃，在封闭条件下加热时不呈现任何剧烈效应；或

3）根本不起爆和爆燃，在封闭条件下加热时呈现中等效应；

将定为D型自反应物质；

E型　任何自反应物质或混合物，在实验室试验中，根本不起爆也根本不爆燃，在封闭条件下加热时呈现微弱效应或无效应，将定为E型自反应物质；

F型　任何自反应物质或混合物，在实验室试验中，根本不在空化状态下起爆也根本不爆燃，在封闭条件下加热时只呈现微弱效应或无效应，而且爆炸力弱或无爆炸力，将定为F型自反应物质；

G型　任何自反应物质或混合物，在实验室试验中，既绝不在空化状态下起爆也绝不爆燃，在封闭条件下加热时显示无效应，而且无任何爆炸力，将定为G型自反应物质，但该物质或混合物应是热稳定的（50kg包装件的自加速分解温度为60℃～75℃），对于液体混合物，所用脱敏稀释剂的沸点大于或等于150℃。如果混合物不是热稳定的，或者所用脱敏稀释剂的沸点低于150℃，则该混合物应定为F型自反应物质。

自燃液体：类别1

类别1　液体加至惰性载体上并暴露在空气中5min内燃烧，或与空气接触5min内燃着或碳化滤纸。

自燃固体：类别1

类别1　该固体与空气接触后5min内发生燃烧。

自热物质和混合物：类别1、类别2

类别1　用边长25mm立方体试样在140℃下做试验时取得肯定结果；

类别2　a）用边长100mm立方体试样在140℃下做试验时取得肯定结果，用边长25mm立方体试样在140℃下做试验取得否定结果，并且该物质或混合物将装在体积大于

$3m^3$ 的包装件内；或

b）用边长 100mm 立方体试样在 140℃下做试验时取得肯定结果，用边长 25mm 立方体试样在 140℃下做试验取得否定结果，用边长 100mm 立方体试样在 120℃下做试验取得肯定结果，并且该物质或混合物将装在体积大于 450L 的包装件内；或

c）用边长 100mm 立方体试样在 140℃下做试验时取得肯定结果，用边长 25mm 立方体试样在 140℃下做试验取得否定结果，并且用边长 100mm 立方体试样在 100℃下做试验取得肯定结果。

遇水放出易燃气体的物质和混合物：类别 1、类别 2、类别 3

类别 1　在环境温度下遇水起剧烈反应并且所产生的气体通常显示自燃的倾向，或在环境温度下遇水容易发生反应，释放易燃气体的速度等于或大于每千克物质在任何 1min 内释放 10L 的任何物质或混合物；

类别 2　在环境温度下遇水容易发生反应，释放易燃气体的最大速度等于或大于每千克物质每小时释放 20L，并且不符合类别 1 的标准的任何物质或混合物；

类别 3　在环境温度下遇水容易发生反应，释放易燃气体的最大速度等于或大于每千克物质每小时释放 1L，并且不符合类别 1 和类别 2 的任何物质或混合物。

氧化性液体：类别 1、类别 2、类别 3

类别 1　受试物质（或混合物）与纤维素之比按质量 1∶1 的混合物进行试验时可自燃；或受试物质与纤维素之比按质量 1∶1 的混合物的平均压力上升时间小于 50％高氯酸与纤维素之比按质量 1∶1 的混合物的平均压力上升时间的任何物质或混合物；

类别 2　受试物质（或混合物）与纤维素之比按质量 1∶1 的混合物进行试验时，显示的平均压力上升时间小于或等于 40％氯酸钠水溶液与纤维素之比按质量 1∶1 的混合物的平均压力上升时间；并且不属于类别 1 的标准的任何物质或混合物；

类别 3　受试物质（或混合物）与纤维素之比按质量 1∶1 的混合物进行试验时，显示的平均压力上升时间小于或等于 65％硝酸水溶液与纤维素之比按质量 1∶1 的混合物的平均压力上升时间；并且不符合类别 1 和类别 2 的标准的任何物质或混合物。

氧化性固体：类别 1、类别 2、类别 3

类别 1　受试样品（或混合物）与纤维素 4∶1 或 1∶1（质量比）的混合物进行试验时，显示的平均燃烧时间小于溴酸钾与纤维素之比按质量 3∶2（质量比）的混合物的平均燃烧时间的任何物质或混合物；

类别 2　受试样品（或混合物）与纤维素 4∶1 或 1∶1（质量比）的混合物进行试验时，显示的平均燃烧时间等于或小于溴酸钾与纤维素 2∶3（质量比）的混合物的平均燃烧时间，并且未满足类别 1 的标准的任何物质或混合物；

类别 3　受试样品（或混合物）与纤维素 4∶1 或 1∶1（质量比）的混合物进行试验时，显示的平均燃烧时间等于或小于溴酸钾与纤维素 3∶7（质量比）的混合物的平均燃烧时间，并且未满足类别 1 和类别 2 的标准的任何物质或混合物。

有机过氧化物：A 型、B 型、C 型、D 型、E 型、F 型、G 型

A 型　任何有机过氧化物，如在包件中可能起爆或迅速爆燃，将定为 A 型有机过氧化物；

B 型　任何具有爆炸性质的有机过氧化物，如在包装件中既不起爆也不迅速爆燃，但在该包装件中可能发生热爆炸，将定为 B 型有机过氧化物；

C 型　任何具有爆炸性质的有机过氧化物，如在包装件中不可能起爆或迅速爆燃或发生

热爆炸，将定为 C 型有机过氧化物；

D 型　任何有机过氧化物，如果在实验室试验中：

1）部分起爆，不迅速爆燃，在封闭条件下加热时不呈现任何剧烈效应；或者

2）根本不起爆，缓慢爆燃，在封闭条件下加热时不呈现任何剧烈效应；或者

3）根本不起爆或爆燃，在封闭条件下加热时呈现中等效应；

将定为 D 型有机过氧化物；

E 型　任何有机过氧化物，在实验室试验中，既绝不起爆也绝不爆燃，在封闭条件下加热时只呈现微弱效应或无效应，将定为 E 型有机过氧化物；

F 型　任何有机过氧化物，在实验室试验中，既绝不在空化状态下起爆也绝不爆燃，在封闭条件下加热时只呈现微弱效应或无效应，而且爆炸力弱或无爆炸力，将定为 F 型有机过氧化物；

G 型　任何有机过氧化物，在实验室试验中，既绝不在空化状态下起爆也绝不爆燃，在封闭条件下加热时显示无效应，而且无任何爆炸力，将定为 G 型有机过氧化物，但该物质或混合物应是热稳定的（50kg 包装件的自加速分解温度为 60℃或更高），对于液体混合物，所用脱敏稀释剂的沸点不低于 150℃。如果有机过氧化物不是热稳定的，或者所用脱敏稀释剂的沸点低于 150℃，将定为 F 型有机过氧化物。

金属腐蚀物：类别 1

类别 1 在试验温度 55℃下，钢或铝表面的腐蚀速率超过每年 6.25mm。

2　健康危害

急性毒性：类别 1、类别 2、类别 3、类别 4、类别 5

详见国家标准。

皮肤腐蚀/刺激：类别 1A、类别 1B、类别 1C、类别 2、类别 3

详见国家标准。

严重眼损伤/眼刺激：类别 1、类别 2A、类别 2B

详见国家标准。

呼吸道或皮肤致敏：呼吸道致敏物 1A、呼吸道致敏物 1B、皮肤致敏物 1A、皮肤致敏物 1B

详见国家标准。

生殖细胞致突变性：类别 1A、类别 1B、类别 2

详见国家标准。

致癌性：类别 1A、类别 1B、类别 2

详见国家标准。

生殖毒性：类别 1A、类别 1B、类别 2、附加类别

详见国家标准。

特异性靶器官毒性——次接触：类别 1、类别 2、类别 3

详见国家标准。

特异性靶器官毒性-反复接触：类别 1、类别 2

详见国家标准。

吸入危害：类别 1、类别 2

详见国家标准。

3 环境危害

危害水生环境-急性危害：类别1、类别2、类别3；危害水生环境-长期危害：（一）不能快速降解物质，已掌握充分的慢性毒性资料，类别1、类别2；（二）可快速降解的物质，已掌握充分的慢性毒性资料，类别1、类别2、类别3

详见国家标准。

对臭氧层的危害：类别1

详见国家标准。

附录6　我国《易制毒化学品的分类和品种目录》 2018版

易制毒化学品的分类和品种目录（2018更新）

第一类

1. 1-苯基-2-丙酮

2. 3,4-亚甲基二氧苯基-2-丙酮

3. 胡椒醛

4. 黄樟素

5. 黄樟油

6. 异黄樟素

7. N-乙酰邻氨基苯酸

8. 邻氨基苯甲酸

9. 麦角酸*

10. 麦角胺*

11. 麦角新碱*

12. 麻黄素、伪麻黄素、消旋麻黄素、去甲麻黄素、甲基麻黄素、麻黄浸膏、麻黄浸膏粉等麻黄素类物质*

13. 4-苯胺基-N-苯乙基哌啶

14. N-苯乙基-4-哌啶酮

15. N-甲基-1-苯基-1-氯-2-丙胺

第二类

1. 苯乙酸

2. 醋酸酐

3. 三氯甲烷

4. 乙醚

5. 哌啶

6. 溴素

7. 1-苯基-1-丙酮

第三类

1. 甲苯

2. 丙酮

3. 甲基乙基酮

4. 高锰酸钾

5. 硫酸

6. 盐酸

说明：

一、第一类、第二类所列物质可能存在的盐类，也纳入管制。

二、带有 * 标记的品种为第一类中的药品类易制毒化学品，第一类中的药品类易制毒化学品包括原料药及其单方制剂。

以上管制类易制毒化学品必须经学校途径购买，不得私购！

附录 7　我国《易制爆危险化学品名录》 2017 版

中华人民共和国公安部公告

根据《危险化学品安全管理条例》（国务院令第 591 号）第 23 条规定，公安部编制了《易制爆危险化学品名录》（2017 年版），现予公布。

公安部

2017 年 5 月 11 日

易制爆危险化学品名录（2017 年版）

序号	品名	别名	CAS 号	主要的燃爆危险性分类
1 酸类				
1.1	硝酸		7697-37-2	氧化性液体，类别 3
1.2	发烟硝酸		52583-42-3	氧化性液体，类别 1
1.3	高氯酸［浓度＞72%］	过氯酸	7601-90-3	氧化性液体，类别 1
	高氯酸［浓度50%～72%］			氧化性液体，类别 1
	高氯酸［浓度≤50%］			氧化性液体，类别 2
2 硝酸盐类				
2.1	硝酸钠		7631-99-4	氧化性固体，类别 3
2.2	硝酸钾		7757-79-1	氧化性固体，类别 3
2.3	硝酸铯		7789-18-6	氧化性固体，类别 3
2.4	硝酸镁		10377-60-3	氧化性固体，类别 3
2.5	硝酸钙		10124-37-5	氧化性固体，类别 3
2.6	硝酸锶		10042-76-9	氧化性固体，类别 3
2.7	硝酸钡		10022-31-8	氧化性固体，类别 2

序号	品名	别名	CAS 号	主要的燃爆危险性分类
2.8	硝酸镍	二硝酸镍	13138-45-9	氧化性固体，类别2
2.9	硝酸银		7761-88-8	氧化性固体，类别2
2.10	硝酸锌		7779-88-6	氧化性固体，类别2
2.11	硝酸铅		10099-74-8	氧化性固体，类别2
3　氯酸盐类				
3.1	氯酸钠		7775-09-9	氧化性固体，类别1
	氯酸钠溶液			氧化性液体，类别3*
3.2	氯酸钾		3811-04-9	氧化性固体，类别1
	氯酸钾溶液			氧化性液体，类别3*
3.3	氯酸铵		10192-29-7	爆炸物，不稳定爆炸物
4　高氯酸盐类				
4.1	高氯酸锂	过氯酸锂	7791-03-9	氧化性固体，类别2
4.2	高氯酸钠	过氯酸钠	7601-89-0	氧化性固体，类别1
4.3	高氯酸钾	过氯酸钾	7778-74-7	氧化性固体，类别1
4.4	高氯酸铵	过氯酸铵	7790-98-9	爆炸物，1.1项 氧化性固体，类别1
5　重铬酸盐类				
5.1	重铬酸锂		13843-81-7	氧化性固体，类别2
5.2	重铬酸钠	红矾钠	10588-01-9	氧化性固体，类别2
5.3	重铬酸钾	红矾钾	7778-50-9	氧化性固体，类别2
5.4	重铬酸铵	红矾铵	7789-09-5	氧化性固体，类别2*
6　过氧化物和超氧化物类				
6.1	过氧化氢溶液（含量＞8％）	双氧水	7722-84-1	(1) 含量≥60％ 氧化性液体，类别1 (2) 20％≤含量＜60％ 氧化性液体，类别2 (3) 8％＜含量＜20％ 氧化性液体，类别3
6.2	过氧化锂	二氧化锂	12031-80-0	氧化性固体，类别2
6.3	过氧化钠	双氧化钠；二氧化钠	1313-60-6	氧化性固体，类别1
6.4	过氧化钾	二氧化钾	17014-71-0	氧化性固体，类别1
6.5	过氧化镁	二氧化镁	1335-26-8	氧化性液体，类别2
6.6	过氧化钙	二氧化钙	1305-79-9	氧化性固体，类别2
6.7	过氧化锶	二氧化锶	1314-18-7	氧化性固体，类别2
6.8	过氧化钡	二氧化钡	1304-29-6	氧化性固体，类别2
6.9	过氧化锌	二氧化锌	1314-22-3	氧化性固体，类别2
6.10	过氧化脲	过氧化氢尿素；过氧化氢脲	124-43-6	氧化性固体，类别3

序号	品名	别名	CAS 号	主要的燃爆危险性分类
6.11	过乙酸［含量≤16％，含水≥39％，含乙酸≥15％，含过氧化氢≤24％，含有稳定剂］	过醋酸；过氧乙酸；乙酰过氧化氢	79-21-0	有机过氧化物 F 型
	过乙酸［含量≤43％，含水≥5％，含乙酸≥35％，含过氧化氢≤6％，含有稳定剂］			易燃液体，类别 3 有机过氧化物，D 型
6.12	过氧化二异丙苯［52％＜含量≤100％］	二枯基过氧化物；硫化剂 DCP	80-43-3	有机过氧化物，F 型
6.13	过氧化氢苯甲酰	过苯甲酸	93-59-4	有机过氧化物，C 型
6.14	超氧化钠		12034-12-7	氧化性固体，类别 1
6.15	超氧化钾		12030-88-5	氧化性固体，类别 1
7 易燃物还原剂类				
7.1	锂	金属锂	7439-93-2	遇水放出易燃气体的物质和混合物，类别 1
7.2	钠	金属钠	7440-23-5	遇水放出易燃气体的物质和混合物，类别 1
7.3	钾	金属钾	7440-09-7	遇水放出易燃气体的物质和混合物，类别 1
7.4	镁		7439-95-4	（1）粉末：自热物质和混合物，类别 1 遇水放出易燃气体的物质和混合物，类别 2 （2）丸状、旋屑或带状：易燃固体，类别 2
7.5	镁铝粉	镁铝合金粉		遇水放出易燃气体的物质和混合物，类别 2 自热物质和混合物，类别 1
7.6	铝粉		7429-90-5	（1）有涂层：易燃固体，类别 1 （2）无涂层：遇水放出易燃气体的物质和混合物，类别 2
7.7	硅铝 硅铝粉		57485-31-1	遇水放出易燃气体的物质和混合物，类别 3
7.8	硫黄	硫	7704-34-9	易燃固体，类别 2
7.9	锌尘		7440-66-6	自热物质和混合物，类别 1；遇水放出易燃气体的物质和混合物，类别 1
	锌粉			自热物质和混合物，类别 1；遇水放出易燃气体的物质和混合物，类别 1
	锌灰			遇水放出易燃气体的物质和混合物，类别 3

序号	品名	别名	CAS 号	主要的燃爆危险性分类
7.10	金属锆		7440-67-7	易燃固体，类别 2
	金属锆粉	锆粉		自燃固体，类别 1，遇水放出易燃气体的物质和混合物，类别 1
7.11	六亚甲基四胺	六甲撑四胺；乌洛托品	100-97-0	易燃固体，类别 2
7.12	1,2-乙二胺	1,2-二氨基乙烷；乙撑二胺	107-15-3	易燃液体，类别 3
7.13	一甲胺［无水］	氨基甲烷；甲胺	74-89-5	易燃气体，类别 1
	一甲胺溶液	氨基甲烷溶液；甲胺溶液		易燃液体，类别 1
7.14	硼氢化锂	氢硼化锂	16949-15-8	遇水放出易燃气体的物质和混合物，类别 1
7.15	硼氢化钠	氢硼化钠	16940-66-2	遇水放出易燃气体的物质和混合物，类别 1
7.16	硼氢化钾	氢硼化钾	13762-51-1	遇水放出易燃气体的物质和混合物，类别 1
8 硝基化合物类				
8.1	硝基甲烷		75-52-5	易燃液体，类别 3
8.2	硝基乙烷		79-24-3	易燃液体，类别 3
8.3	2,4-二硝基甲苯		121-14-2	
8.4	2,6-二硝基甲苯		606-20-2	
8.5	1,5-二硝基萘		605-71-0	易燃固体，类别 1
8.6	1,8-二硝基萘		602-38-0	易燃固体，类别 1
8.7	二硝基苯酚［干的或含水＜15％］		25550-58-7	爆炸物，1.1 项
	二硝基苯酚溶液			
8.8	2,4-二硝基苯酚［含水≥15％］	1-羟基-2,4-二硝基苯	51-28-5	易燃固体，类别 1
8.9	2,5-二硝基苯酚［含水≥15％］		329-71-5	易燃固体，类别 1
8.10	2,6-二硝基苯酚［含水≥15％］		573-56-8	易燃固体，类别 1
8.11	2,4-二硝基苯酚钠		1011-73-0	爆炸物，1.3 项
9 其他				
9.1	硝化纤维素［干的或含水（或乙醇）＜25％］	硝化棉	9004-70-0	爆炸物，1.1 项
	硝化纤维素［含氮≤12.6％，含乙醇≥25％］			易燃固体，类别 1

序号	品名	别名	CAS 号	主要的燃爆危险性分类
9.1	硝化纤维素 ［含氮≤12.6％］	硝化棉	9004-70-0	易燃固体，类别1
	硝化纤维素 ［含水≥25％］			易燃固体，类别1
	硝化纤维素 ［含乙醇≥25％］			爆炸物，1.3 项
	硝化纤维素［未改型的，或增塑的，含增塑剂＜18％］			爆炸物，1.1 项
	硝化纤维素溶液 ［含氮量≤12.6％，含硝化纤维素≤55％］	硝化棉溶液		易燃液体，类别2
9.2	4,6-二硝基-2-氨基苯酚钠	苦氨酸钠	831-52-7	爆炸物，1.3 项
9.3	高锰酸钾	过锰酸钾；灰锰氧	7722-64-7	氧化性固体，类别2
9.4	高锰酸钠	过锰酸钠	10101-50-5	氧化性固体，类别2
9.5	硝酸胍	硝酸亚氨脲	506-93-4	氧化性固体，类别3
9.6	水合肼	水合联氨	10217-52-4	
9.7	2,2-双(羟甲基)1,3-丙二醇	季戊四醇、四羟甲基甲烷	115-77-5	

注：1.各栏目的含义：

"序号"：《易制爆危险化学品名录》(2017 年版)中化学品的顺序号。

"品名"：根据《化学命名原则》(1980 年版)确定的名称。

"别名"：除"品名"以外的其他名称，包括通用名、俗名等。

"CAS 号"：Chemical Abstract Service 的缩写，是美国化学文摘社对化学品的唯一登记号，是检索化学物质有关信息资料最常用的编号。

"主要的燃爆危险性分类"：根据《化学品分类和标签规范》系列标准 (GB30000.2—2013～GB30000.29—2013) 等国家标准，对某种化学品燃烧爆炸危险性进行的分类。

2.除列明的条目外，无机盐类同时包括无水和含有结晶水的化合物。

3.混合物之外无含量说明的条目，是指该条目的工业产品或者纯度高于工业产品的化学品。

4.标记"＊"的类别，是指在有充分依据的条件下，该化学品可以采用更严格的类别。

参 考 文 献

[1] GB/T16483—2008 化学品安全技术说明书内容和项目顺序
[2] GB13690—2009 化学品分类和危险性公示通则
[3] GB30000.2—2013 化学品分类和标签规范 第2部分：爆炸物
[4] GB30000.3—2013 化学品分类和标签规范 第3部分：易燃气体
[5] GB30000.4—2013 化学品分类和标签规范 第4部分：气溶胶
[6] GB30000.5—2013 化学品分类和标签规范 第5部分：氧化性气体
[7] GB30000.6—2013 化学品分类和标签规范 第6部分：加压气体
[8] GB30000.7—2013 化学品分类和标签规范 第7部分：易燃液体
[9] GB30000.8—2013 化学品分类和标签规范 第8部分：易燃固体
[10] GB30000.9—2013 化学品分类和标签规范 第9部分：自反应物质和混合物
[11] GB30000.10—2013 化学品分类和标签规范 第10部分：自燃液体
[12] GB30000.11—2013 化学品分类和标签规范 第11部分：自燃固体
[13] GB30000.12—2013 化学品分类和标签规范 第12部分：自热物质和混合物
[14] GB30000.13—2013 化学品分类和标签规范 第13部分：遇水放出易燃气体的物质和混合物
[15] GB30000.14—2013 化学品分类和标签规范 第14部分：氧化性液体
[16] GB30000.15—2013 化学品分类和标签规范 第15部分：氧化性固体
[17] GB30000.16—2013 化学品分类和标签规范 第16部分：有机过氧化物
[18] GB30000.17—2013 化学品分类和标签规范 第17部分：金属腐蚀物
[19] GB30000.18—2013 化学品分类和标签规范 第18部分：急性毒性
[20] GB30000.19—2013 化学品分类和标签规范 第19部分：皮肤腐蚀/刺激
[21] GB30000.20—2013 化学品分类和标签规范 第20部分：严重眼损伤/眼刺激
[22] GB30000.21—2013 化学品分类和标签规范 第21部分：呼吸道或皮肤致敏
[23] GB30000.22—2013 化学品分类和标签规范 第22部分：生殖细胞致突变性
[24] GB30000.23—2013 化学品分类和标签规范 第23部分：致癌性
[25] GB30000.24—2013 化学品分类和标签规范 第24部分：生殖毒性
[26] GB30000.25—2013 化学品分类和标签规范 第25部分：特异性靶器官毒性 一次接触
[27] GB30000.26—2013 化学品分类和标签规范 第26部分：特异性靶器官毒性 反复接触
[28] GB30000.27—2013 化学品分类和标签规范 第27部分：吸入危害
[29] GB30000.28—2013 化学品分类和标签规范 第28部分：对水生环境的危害
[30] GB30000.29—2013 化学品分类和标签规范 第29部分：对臭氧层的危害
[31] GB15258—2009 化学品安全标签编写规定
[32] GB15603—1995 常用化学危险品贮存通则
[33] GB12268—2012 危险货物品名表
[34] GB17914—2013 易燃易爆性商品储存养护技术条件
[35] GB17915—2013 腐蚀性商品储存养护技术条件
[36] GB17916—2013 毒害性商品储存养护技术条件
[37] 胡忆沩，陈庆，杨梅.危险化学品安全实用技术手册.北京：化学工业出版社，2018.
[38] 国际化学品安全规划署，欧洲联盟委员会合编.国际化学品安全卡.北京：化学工业出版社，2014.
[39] 吕超.危险化学品应急处置便携手册.北京：化学工业出版社，2018.
[40] 宋天佑，程鹏，徐家宁等.无机化学.第三版.北京：高等教育出版社，2015.
[41] 范勇，屈学俭，徐家宁.基础化学实验（无机化学实验分册）.北京：高等教育出版社，2015.
[42] 王英华，魏士刚，徐家宁.基础化学实验（化学分析实验分册）.北京：高等教育出版社，2015.
[43] 张锁秦，张广良，宋志光等.基础化学实验（有机化学实验分册）.北京：高等教育出版社，2017.